La Cristo en el Antiguo Testamento Parte III

Jesucristo en los Libros Proféticos

José A. Quiñones

José A Quiñones

Propiedad intelectual protegida por José A. Quiñones

Las Pisadas de Cristo en el Antiguo Testamento

El Ministerio de Jesucristo en los Libros Proféticos – Parte III

Por José A. Quiñones

Impreso en los Estados Unidos

IBSN 978-1-7941-0961-2

Todos los derechos reservados por parte del autor. Ninguna parte del contenido de este libro puede ser reproducido en ninguna forma sin el permiso del autor. Las expresiones y opiniones en este libro no son necesariamente las del publicador.

Si no está indicado, las citas bíblicas son de la versión Santa Biblia, Reina-Valera. Edición 2015, Letra Grande, Editorial Mundo Hispano.

Para más información:

Email: quinonesramos@gmail.com

Índice

Introducción...7

1 Situación Espiritual en Israel.....19

2 Nacimiento de Jesús.......41

3 Juan el Bautista: Precursor de Jesucristo...52

4 Reinado de Jesucristo: Reino de Dios....64

5 El Retoño de Jehová.......79

6 Un Rey Justo.............88

7 Jesucristo: Piedra de Tropiezo para Israel...98

8 Gracia para Todos: Perdón de Pecados..106

9 El Siervo del Señor: Introducción.......118

10 El Siervo del Señor: Presentación...126

11 El Siervo del Señor: Desprecio y Rechazo..134

12 El Siervo del Señor: Sufrimiento...143

13 El Siervo del Señor: Sacrificio.........151

14 El Siervo del Señor: Inocente y Humilde..162

15 El Siervo del Señor: Justicia de Dios.....173

16 El Siervo del Señor: Triunfante...183

17 El Nuevo Pacto......192

18 Resurrección de Jesucristo.....204

19 Unificación del Reino y el Sacerdocio...213

20 Restauración y Reunificación de Israel....227

21 Jerusalén: Ciudad Eterna....242

22 Victoria Final del Cordero....257

23 Últimas Palabras......274

Notas......279

Bibliografía......281

Este libro lo dedico:

A mi Salvador Jesús quien murió por mí en la vergonzosa cruz y a mi esposa Anna Teresa Quiñones. Mi Señor Jesucristo voluntariamente fue a la cruz tomando mi lugar. Sin ese amor expresado en su sacrificio estuviera muerto en mis pecados y transgresiones. Mi esposa ha sido de mucho apoyo en todo lo que he emprendido, tanto en lo espiritual como en lo material. Con la intervención del Todopoderoso hemos criado una familia ejemplar.

INTRODUCCIÓN

Si al poeta le menosprecian su inspiración, o al escritor lo restringen, o al periodista lo censuran; el pueblo quedará mal informado e indefenso encaminado hacia una dictadura. La democracia, que como dijo Abraham Lincoln, *nunca debe desaparecer de la faz de la tierra*, se ha deteriorado y en algunos países ya ha desaparecido. Aún en nuestros días los gobiernos democráticos no son tan eficientes por las influencias de los grandes intereses económicos creados para socavarla. Y en algunas naciones, la voz del periodista la han apagado. Tristemente moribunda, pues el deceso de periodistas ya es alarmante.

Al profeta de Dios no lo pueden callar, y quien lo haga, enfrenta la justicia divina del Creador quien tiene todo el poder y autoridad para tomar cualquier acción contra quienes pongan trabas a los pregoneros de su mensaje. Un ejemplo fue Joacim, rey de Judá, quien quemó el rollo que había escrito Baruc, secretario de Jeremías, que contenía la Palabra de Dios que había revelado al profeta. El mensaje alertaba a Israel, a Judá y a todas las naciones enemigas sobre el mal que vendría sobre ellos si no se arrepentían de su mal camino. Mientras se leían ante el rey las planas del rollo que contenía el mensaje de Dios recibido por Jeremías, Joacim se burlaba cortando cada plana con un cortaplumas y tirándolas al fuego. Por tal acción el Señor lo castigó fuertemente: "*Será enterrado con un entierro de asno, arrastrado y echado más allá de las puertas de Jerusalén."* Y, *"Por tanto, así ha dicho el SEÑOR con respecto a Joacim, rey de Judá: No tendrá quien se siente sobre el trono de David, y su cadáver será echado al calor del día y a la helada de la noche."* (Jeremías 22:19; 36:30).

El lamento de Jesucristo por la ciudad eterna fue, *"¡Jerusalén, Jerusalén, que matas a los profetas y apedreas a los que te son enviados! ¡Cuántas veces quise juntar a tus hijos, así como la gallina junta a sus pollitos debajo de sus alas, y no quisiste!"* (Mateo 23:37). Las autoridades religiosas en Jerusalén trataron de hacer callar a los apóstoles, ya enviados de antemano por Jesús, porque temieron que los apóstoles llenaran toda la ciudad con el mensaje del evangelio. Los gobernantes en turno no pudieron detenerlos de cumplir con las órdenes del Maestro y la respuesta que Pedro y Juan les dio fue: *"Juzguen ustedes si es justo delante de Dios obedecerles a ustedes antes que a Dios. Porque nosotros no podemos dejar de decir lo que hemos visto y oído."* (Hechos 4:19b-20).

La carencia del mensaje profético en Israel era una desgracia, semejante a una represión a la libertad de expresión en un país. Decía el salmista que ya no se veían señales ni profeta entre el pueblo (Salmo 74:9; cf. Lamentaciones 2:9; Ezequiel 7:26).

En toda la Biblia nos encontramos con el género profético, siendo Abraham, el padre de la nación judía y conocido como "el hebreo", el primero que fue llamado *profeta* por Dios, — acontecimiento ocurrido en Gerar, ciudad relacionada con una situación un tanto incómoda para Sara su mujer a quien el rey Abimelec había tomado para hacerla su esposa, ya que Abraham por miedo había indicado que Sara era su hermana (Génesis 20:6-7).

Al comparar la Biblia con enseñanzas de otras religiones globales la diferencia sobresaliente es la profecía y *su cumplimiento*. Cualquier escrito *antiguo* puede ser moral o aceptarse como venido de alguna divinidad o de la mitología, pero lo que lo autentica (sin dejar duda alguna) es lo profético; y si no contiene acontecimientos proféticos que se puedan comprobar como ya cumplidos, no quedará en la mente del lector como un documento verdadero. El futuro es la vindicación del profeta.

El término profeta, en hebreo *nabí*, significa hablar en el nombre de Dios, ser un representante de Él. A Moisés, también profeta, Dios le dijo que a faraón dijera todas las cosas que Dios le mandó (Éxodo 7:2; cf. Oseas 12:13). Así, encontramos varias frases que describen la relación entre el mensajero (o profeta) y Dios: *varón de Dios* (1 Samuel 2:27a), *santo hombre de Dios* (2 Reyes 4:9), *sus siervos los profetas* (Amós 3:7). "¡No toquen a mis ungidos, ni hagan mal a mis profetas!", dijo el Señor (Salmo 105:15).

En el hebreo se encuentran dos palabras adicionales relacionadas con la profecía. *Roeh* o vidente, del verbo *raah* o ver, que está relacionado con las cosas físicas, lo que vemos. El significado de *vidente* se refiere entonces a la habilidad que Dios otorga a sus siervos para ver cosas que otros no pueden llegar a percibirlas. La otra es *hozeh* del verbo *haza* que también significa *ver*, se refiere a la persona que tiene el don de tener visiones de eventos futuros, ejemplo de ello es el profeta Isaías, quien habla del *valle de la visión* (22:1; cf. 1 Crónicas 29:29).

Llamamiento del Profeta

Todo profeta al servicio de Dios fue llamado por Él. Jeremías tuvo la particularidad que su llamado fue antes de su nacimiento: "*Antes que yo te formara en el vientre, te conocí; y antes que salieras de la matriz, te consagré y te di por profeta a las naciones.*" (Jeremías 1:5).

En el caso del segundo profeta en la Biblia, Moisés, encontramos un ejemplo donde el profeta resiste su llamado. Cuando Dios lo llamó para ser la Voz del Altísimo ante el faraón egipcio con el fin de que dejara salir a los israelitas de Egipto, Moisés dio excusas sin valor alguno fruto de la incertidumbre y del miedo, pero al fin, fue Dios quien prevaleció (Éxodo 3:10-21; 4:1-17). Otros profetas no celebraron su llamado como se celebra un ascenso a una buena posición con un buen sueldo y dejaron saber su inquietud. Eliseo mostró preocupación cuando los hijos de los profetas le anunciaron el arrebatamiento al cielo del profeta Elías (su mentor) quedando Eliseo como el profeta del reino del norte (2 Reyes 2:1-5). El profeta Isaías, después de su llamamiento y haber presenciado una visión de Dios, clamó y dijo, "¡*Ay de mí que soy muerto!*" (6:5a). Las burlas y críticas de los adversarios de Jeremías hicieron que se desahogara confesando su frustración y quejándose; diciéndole a Dios que lo sedujo siendo Dios más fuerte que él, que la Palabra de Jehová le había sido para afrenta y escarnio cada día y sentía un fuego ardiente dentro de su corazón y que lo sentía en sus huesos (Jeremías 20:7-9). Si las respuestas a nuestras peticiones son opuestas a nuestros deseos; podemos reaccionar. ¡No es un atrevimiento ser sincero cuando oramos a Dios!

La función del profeta es una posición de intermediario, esto es, es un vocero entre Dios y el pueblo. El mensaje recibido de parte de Dios tiene solo un destinatario: Israel. En el Nuevo Testamento es la Iglesia. Pablo en su exhortación sobre los dones espirituales a la iglesia de Corinto dice: *el que profetiza, edifica a la iglesia* (1 Corintios 14:4).

El Mensaje de los Profetas

Cada profeta es diferente de sus predecesores en el sentido que cada uno sirve al Señor en una época y circunstancias no similares. Por ejemplo: el trabajo de Moisés como profeta de Dios en Egipto fue muy distinto y prominente al de cualquier otro profeta en la historia de Israel. Él estuvo a cargo de una tarea enorme y desafiante: enfrentarse cara a cara con el faraón egipcio y liberar a un pueblo esclavizado por más de 400 años. Su labor no se trató de ser un simple pregonero y que la audiencia respondiera positivamente, sino que enfrentó a un dictador que no razonaba con misericordia y le era indiferente las condiciones de vida de los israelitas. La encomienda de Dios a Moisés fue liberar al pueblo de Israel esclavizado por más de cuatrocientos años y llevarlo por el desierto hasta que entraran a la tierra prometida cumpliendo así con la meta impuesta por el Señor. Como diría un jefe de una empresa establecida en el mercado a sus subordinados: *métodos validados, estándares claros, metas cumplidas —resultados cuantificados.*

Durante la amenaza e invasión del imperio de Asiria a los dos reinos de Israel, —Norte y Sur— los profetas Isaías, Amos, Oseas y Miqueas fueron las voces de alerta al pueblo Israelita para que volviera a Jehová y se arrepintiera del mal camino e idolatría que practicaba. Tenían que evitar caer en la trampa de predicar un mensaje acomodaticio y agradable a los oídos llenos de vanidad evitando la presión de los que les decían a los profetas: *"No nos profeticen cosas rectas. Dígannos, más bien, cosas halagüeñas; profeticen cosas ilusorias"* (Isaías 30:10).

Dios dejó claro en su Palabra cómo debía tratarse el mensaje de un falso profeta. En los días de Jeremías hubo falsos y engañadores profetas contando sueños cuyo origen no era de Dios. El Señor estableció que tal profeta no enviado por Él contara su sueño y el oyente lo comparara con Su Palabra (Jeremías 23:25-29). Si un profeta o soñador de sueños llevaba al pueblo un mensaje persuadiéndolos a adorar otros dioses, el tal profeta tenía que ser sentenciado a muerte (Deuteronomio 13:1-5; 18:20). De la misma manera en el Nuevo Testamento los apóstoles Pablo y Pedro amonestaron a la grey a no escuchar falsos maestros y profetas que no hablan con inspiración divina y traen enseñanzas opuestas a lo revelado por el Espíritu Santo, a los cuales Pablo llamó "lobos rapaces" (Hechos 20:28-31; 2 Pedro 2:1-3).

La Reacción del Profeta

El profeta de Dios no podía ser un comediante con el mensaje recibido de Dios. No era una predicación para cumplir parte de sus responsabilidades. Su profesión tampoco era una de estatus sino de misión, enmarcada en una sola sentencia: *Así dice el Señor,* no era negociar o agradar a la audiencia. El profeta no esperaba una palmadita en el hombro como señal de aceptación de su mensaje. Reaccionaba fuerte a la condición rebelde del pueblo. Arremetía contra el pecado de injusticia contra el pobre. El mensaje del profeta era cuantioso cuando atacaba la idolatría y acometía fuertemente el culto superficial de una adoración que no se originaba en el corazón.

Isaías fue un profeta con un mensaje directo. Estaba muy molesto con la falta de espiritualidad en el pueblo y arremetió contra todo habitante en Israel. Él dice que Jehová estaba hastiado de los sacrificios de animales. Al pueblo lo compara con el buey para decirles que ese animal conoce a su dueño, pero Israel no tiene conocimiento de Dios. Aún les dice que toda cabeza está enferma y que Dios aborrece y está cansado de las celebraciones de las fiestas (Isaías 1:3, 5, 11-13-15). Hasta llega a decirles que Israel se ha convertido en una ramera (1:21). Al igual que Isaías, Jeremías no calló ante el pecado de idolatría tan arraigado en el corazón del pueblo israelita (Isaías 2:8; 44:9-20, Jeremías 10:1-16).

En ocasiones (como fue el caso de Ezequiel) el profeta no puede reaccionar al mensaje transmitido de parte del Señor. Dios le dice que va a quitarle de la tierra a su esposa y Ezequiel debe permanecer como si nada hubiera ocurrido en su familia, *"Oh hijo de hombre, he aquí que yo te quito de golpe la delicia de tus ojos.*

Pero tú no harás duelo ni llorarás ni correrán tus lágrimas. Gime en silencio; no guardes el luto por los muertos. Cíñete el turbante y pon las sandalias en tus pies. No te cubras los labios ni comas pan de duelo." (24:16-17; cf. 3:22-27; 4:1-17; 5:1-4).

Labor del Profeta después que Israel Pide un Rey

El rey de Israel como máxima autoridad política, tenía la responsabilidad de velar por la espiritualidad y santidad de un pueblo que Dios llamó a ser santo. Por abuso de poder del rey, el oficio del sumo Sacerdote dejó de ser lo que Dios estableció desde que Moisés recibió la Ley, un intercesor entre Dios y el pueblo israelita; dejó de ser la oficina espiritual del pueblo. El sacerdocio representaba el departamento más importante: el de la adoración. Ese abandono puede verse reflejado en lo que señaló Jesús quien dijo que Él vino a cumplir la Ley (Mateo 5:17); pues desde el primer rey de Israel hasta Jesús no se dedicaron a buscar de Dios diligentemente en la Ley revelada en el Monte Sinaí, no la cumplieron y sirvieron a otros dioses provocando a ira al Señor. Se olvidaron de que eran un pueblo santo, diferente a las demás naciones como testimonio de que su Dios es único e incomparable. Bien lo dijo Balaam, profeta madianita, sobre lo distintivo de Israel, *"He aquí un pueblo que ha de habitar solitario y que no ha de ser contado entre las naciones."* (Números 23:9).

Y Cristo logró lo que el rey y el sumo Sacerdote no pudieron lograr —acercar al pueblo a Dios— pues estos se desviaron de las enseñanzas escritas en la Ley de Dios. Por la subordinación del sumo Sacerdote al rey, los esfuerzos y recursos fueron destinados al fortalecimiento de la nación en lo económico y militar lo cual desencadenó en perversión del pueblo practicando la idolatría, que más adelante sería la razón por la cual Israel se dividiría en dos reinos. Ese vacío de llevar el mensaje de la Ley de Dios al pueblo (responsabilidad de los altos funcionarios del gobierno, principalmente los sacerdotes) fue llenado por el profeta que se convirtió en vocero directamente de Dios a Israel. Debido a que rechazaron a Dios como el rey de Israel, el profeta se convirtió entonces en un intermediario entre Dios y el pueblo. Ese rechazo que fue devastador para Samuel —pues el pueblo no quiso oír su voz (1 Samuel 8:19)— fortaleció al oficio de profeta para sostener y preservar la dinastía davídica hasta que llegara el Cristo, la descendencia de David según la carne (Hechos 2:30). ¡Misterios de Dios!

El Futuro: La Prueba del Profeta

La validación de data científica es lo que hace que el científico sea verdadero y llegue a ser reconocido. La verificación minuciosa de los hechos noticiosos eleva al periodista al nivel de seriedad que se espera en esa profesión. La información sensacional es una desgracia y solo es para llenar el bolsillo de quienes corren el negocio de la información periodística.

El profeta de Dios es diferente. Lo que diga tiene que cumplirse, de lo contrario, es un buscón más que vendrá a juicio por su falsedad. Bien claro lo dejó establecido Moisés al juzgar el mensaje del profeta: *"Cuando un profeta hable en el nombre del SEÑOR y no se cumpla ni acontezca lo que dijo, esa es la palabra que el SEÑOR no ha hablado. Con soberbia la habló aquel profeta; no tengas temor de él."* (Deuteronomio 18:22). Un ejemplo de *cumplimiento literal* de un evento futuro, de los muchos que encontramos en la Biblia, es la predicción de Isaías acerca del regreso de los judíos a Jerusalén llevados cautivos a Babilonia. Dicha profecía fue anunciada alrededor de 150 años antes de que esta se cumpliese (Isaías 44:28). Otra profecía cuyo cumplimiento nos asombra es el hecho de que David describe la crucifixión de Jesús en el Salmo 22 —una práctica de ejecución desconocida en esos días. Nos imaginamos a un David con muchas incógnitas sobre la crucifixión de ese personaje misterioso que presenta en dicho salmo. ¡Misterios de Dios!

Comunicación Entre el Profeta y Dios

Para que un trabajo tan importante como es el de comunicar el mensaje de Dios, y que alcanzara al pueblo sin ataduras o alteración alguna y sin tecnología como existe actualmente, el Señor usó varios métodos de comunicación o medios informativos que fueron todo un éxito con el fin de que la instrucción, predicciones y advertencias llegaran al pueblo intactas.

El profeta Amós declaró que Jehová no haría nada sin antes revelar su Palabra a sus siervos los profetas (3:7). Difícil es imaginarnos la reacción del profeta oyendo la voz de Dios, teniendo en cuenta que cuando Moisés estuvo ante la presencia de Dios por 40 días y 40 noches y regresó al pueblo en el Monte Sinaí, no podían mirarle directamente al rostro por la emanación de tanta luz (Éxodo 34:28-35).

Algunos de los métodos o formas de comunicación encontrados en la Biblia son:

a) **La Visión**. Esta forma de comunicación la ilustra el profeta Isaías en su libro detallando exactamente cómo sucedió. Nos dice él literalmente que en visión vio *al Señor sentado sobre un trono alto* y que *oyó la voz del Señor* (6:1, 8).

b) **Los Sueños**. Son muy comunes en la Escritura siendo notable el sueño que tuvo Jacob en Betel de una escalera apoyada en la tierra y el otro extremo en el cielo y ángeles subían y bajaban (Génesis 28:10-21). Dice la Escritura, "*y él les dijo: —Oigan mis palabras: Si tuvieran un profeta del SEÑOR, yo me manifestaría a él en visión o hablaría con él en sueños.*" (Números 12:6).

c) **La Inspiración**. Esta palabra *inspiración* no aparece en el Antiguo Testamento, pero sí su concepto queda implicado. En la inspiración, el Espíritu de Dios es enviado al profeta, quien recibe el mensaje de Dios (Números 11:25; 1 Samuel 10:6). Así, expresiones como "vino la palabra del SEÑOR a Jeremías" y "vino allí sobre mí la mano del SEÑOR y me dijo" —atestiguan la inspiración divina (Jeremías 36:27; Ezequiel 3:22). En dicha inspiración el ser interior del profeta no se vuelve un robot, pues no pierde su libre albedrío. Como dijo Pablo, *los espíritus de los profetas, están sujetos a los profetas* (1 Corintios 14:32).

d) **La Revelación**. La palabra revelación, en griego *apocalipsis*, quiere decir *el descubrir algo que está tapado con un velo o un pedazo de tela*. Como, por ejemplo, una estatua recién construida cubierta por un paño y que se revela al público por primera vez. Así, de esta manera Jesucristo es el apocalipsis de Dios (Apocalipsis 1:1a) que vino a revelar a su Padre al mundo, la misma imagen de la substancia de Dios (Colosenses 1:15-19).

e) **El uso de la Parábola.** La parábola es una corta historia con el propósito de ilustrar una situación o el mensaje recibido de Dios (Oseas 12:10). El propósito es que el recipiente reflexione sobre el mensaje presentado. El ejemplo clásico lo encontramos cuando el profeta Natán le relata a David una situación de un hombre pobre que tenía solo una corderita y un hombre rico que poseía muchas ovejas y vacas para que llegara a comprender la magnitud de su acción adúltera que cometió con Betsabé (esposa de su fiel soldado Urías el heteo) a quien más adelante ordena asesinar para esconder su horrendo pecado (2 Samuel 12:1-15). Una variación de este género es lo que se conoce como la *parábola demostrada o actuada* usando ilustraciones físicas como objetos o personas. Un ejemplo de este tipo de parábola es el anuncio de la división de Israel en dos reinos (reino del Norte y del Sur) a causa de la falta de Salomón quien adoró a otros dioses e introdujo la idolatría en Israel. El profeta Ahías, el silonita, tomó una capa y se cubrió con ella y se fue a encontrar con Jeroboam, quien más tarde llegó a ser el primer rey del reino del Norte. Ahías rompió la capa que llevaba en doce pedazos y le dijo a Jeroboam que tomara diez pedazos para él en representación del reino del Norte; los otros dos pedazos restantes fueron dados a Salomón los cuales representaban al reino del Sur o Judá, el cual incluía a la tribu de Judá y la de Benjamín (1 Reyes 11:9-13, 29-36).

El Alcance de la Profecía

La Profecía es *dualista* y con ello quiero explicar que tiene una aplicación para el presente y el futuro o también aplicada a un personaje actual y uno en el futuro muy distante. Este el caso del profeta Natán cuando le informa directamente a David que Dios tiene planes de establecer en el futuro una dinastía de su descendencia (la de David) con el propósito de enviar al Mesías a la tierra. Después que David tiene la gran idea de construir una casa a Jehová, pues se lamentaba que él vivía en una mansión y el Arca de Dios —donde se encontraba la presencia de Dios— estaba entre cortinas, Dios le informa a través de Natán que Dios es el que va a construir una casa para David. Ahora bien, *esta casa*, tiene dos vertientes: primero, la casa que ideó David (el Templo) la construyó su hijo Salomón, pero en el mensaje del profeta se incluye otra versión de casa, una dinastía, la descendencia de David hasta la venida de su Hijo, Jesucristo (2 Samuel 7: 1, 11, 12-16). También, en esta misma narración profética se asegura que el reino terrenal de David es *eterno*. Lo cual es verdad, en el sentido de que *eternidad* en el idioma hebreo se interpreta también como cubriendo una época o tiempo de principio a fin. La profecía de Natán se cumplió literalmente en David pues tal *casa* se refería a la dinastía davídica de donde descendió nuestro Señor Jesús, pero, para que la casa llegase a ser eterna —para siempre— Jesús tenía que venir y ser proclamado como rey — sentado en el Trono de Dios (2 Samuel 7:14; Salmo 89:20-21, 36; Isaías 9:7; Juan 12:34; 1 Corintios 15:25).

Los Profetas en el Nuevo Testamento

Comenzando con los evangelios vemos la presencia del profeta en la persona de Juan el Bautista. Su padre también era profeta (Lucas 1:67). Fue un hombre con un mensaje directo a la clase religiosa de su época. Jesús dijo que todos los profetas y la ley profetizaron hasta Juan el Bautista (Mateo 11:13). Lucas también menciona a Ana hija de Fanuel como profetisa (2:36). La multitud judía al escuchar las palabras de Jesús se convencieron de que era profeta y exclamaron diciendo, "*¡Verdaderamente, este es el profeta!*" (Juan 7:40b).

El Espíritu Santo es el motor de la profecía. Sin Él no se puede recibir el mensaje profético. Los apóstoles recibieron el Espíritu Santo en el día de Pentecostés y profetizaron la nueva era del evangelio y lo que el profeta Joel había recibido mediante el Espíritu, un mensaje futurista. Ezequiel es el profeta que más énfasis hace en la acción del Espíritu Santo en el mensaje de los profetas. Dice que el Espíritu de Dios vino sobre él, se le afirmaron sus pies y pudo oír a quien le hablaba, —a Dios (2:2). También dice que el Espíritu lo elevó y oyó una voz de gran estruendo (3:12) y que lo alzó entre el cielo y la tierra para ver las visiones sobre la ciudad de Jerusalén (8:3). Los evangelistas Mateo, Marcos y Lucas nos dicen que Jesús fue llevado e impulsado por el Espíritu Santo al desierto para ser tentado; el mismo Espíritu de Dios estaba tomando acción en el cumplimiento de las profecías sobre el ministerio de Jesucristo.

En general, en la iglesia había cristianos con el don de profecía de parte del Espíritu Santo con un papel muy importante en la edificación de los miembros. De ellos, Pablo dice: "el que profetiza habla a los hombres para edificación, exhortación y consolación." (1 Corintios 14:3).

1

SITUACIÓN ESPIRITUAL EN ISRAEL

"Crié hijos y los engrandecí, pero ellos se rebelaron contra mí"

(Isaías 1:2b)

En el tiempo previo al establecimiento de la monarquía israelita durante el periodo del gobierno de los jueces, el autor (Samuel) resumió en una frase la situación caótica que se vivía en Israel: *"En aquellos días no había rey en Israel y cada cual hacía lo que bien le parecía"* (Jueces 17:6; 18:1; 19:1; 21:25). En este periodo hubo escasez de profetas, pues solo se menciona en el libro de los Jueces a un profeta, pero no se da a conocer su nombre (6:8). Aquel ambiente espiritual y glorioso de un pueblo educado en las cosas sagradas bajo el mando de Josué de quien se escribió al final de su libro que Israel honró a Jehová durante toda la incumbencia de él y que continuó hasta la próxima generación —¡llegó a su fin! (Josué 24:31). Las siguientes generaciones olvidaron la buena ejecutoria del gran conquistador Josué y no fueron fieles ni honraron al Creador (Jueces 2:10).

En sus pensamientos y con un corazón separado de Jehová terminaron haciendo lo que les venía en gana, creando una anarquía política que intentaron resolver ellos mismos seleccionando un rey, lo cual llegó a ser un total fracaso (Jueces 8:22-23;

9:1-57; 17:6). Cayeron en un círculo vicioso repetido durante la época de los jueces en Israel: Se olvidaban de Dios, servían a dioses ajenos, sufrían en mano de sus enemigos, Dios los liberaba a través de un juez, no aseguraban la paz honrando a Jehová y Él volvía a entregarlos a sus enemigos como castigo (Jueces 3:7, 12, 15; 4:1).

Tal anarquía política, la cual alcanzó también a la institución sacerdotal, duró hasta la aparición del profeta Samuel, cuando Israel oficialmente y en forma atrevida pidió a Samuel que se les nombrara un rey para ser como las demás naciones con un monarca, pero, sin la dirección y cuidado de Jehová (1 Samuel 2:12-17; 8:5). El plan de Dios con su pueblo siempre ha sido que sea un pueblo de gente santa, separado del pecado, cuyo modo de vivir no sea igual al mundo que nos rodea. Esa frase, "ser como las demás naciones", no encaja con la naturaleza de Dios. Pablo dijo que sin la santidad nadie verá al Señor (Hebreos 12:14).

Las razones para el establecimiento de un rey en Israel fueron muy políticas y con poca espiritualidad (1 Samuel 9:16). La exigencia del pueblo fue una queja directamente a Samuel por la actitud descarada de sus propios hijos los cuales fueron nombrados jueces por él mismo. De ellos se dijo que *se volvieron tras la avaricia dejándose sobornar y pervirtiendo el derecho* (1 Samuel 8:3). Tal demanda de parte del pueblo israelita fue un total rechazo al gobierno Divino. El mismo Dios habló a Samuel diciéndole que les nombrara un rey pues el rechazo no fue hacia Samuel sino a Jehová (1 Samuel 8:1-7, 19-21). El pueblo no supo apreciar que durante la administración del profeta Samuel, los eternos rivales de Israel fueron vencidos por Dios y la mano de Jehová de los ejércitos dominó a los filisteos durante toda la vida del profeta (1 Samuel 7:3, 13-14).

Cuando se establece el primer rey de Israel, Saúl, el estado espiritual del pueblo era precario. Un rey elegido no siguiendo las guías dadas por Moisés acerca de la coronación de un monarca.

Se dejaron llevar por sentimientos carnales viendo la vida secular de sus vecinos fundada en la fuerza de un ejército nacional ignorando la santa Escritura que dice que las batallas pertenecen a Jehová (Números 21:14; 1 Samuel 17:47; 18:17; Salmo 24:8). Más tarde el salmista declara el privilegio de cualquier nación en tener a Jehová como Rey y Protector, cuando exclama, "*¡Bienaventurada la nación de la cual el SEÑOR es Dios, el pueblo al cual escogió como posesión suya!*" (33:12).

Moisés en una forma profética anticipando que en el futuro el pueblo que él mismo liberó de la esclavitud en Egipto iba a ser tentado imitando la vida libertina y materialista de sus naciones vecinas; tomó tiempo para explicarle a Israel la forma o protocolo para el establecimiento de un rey; también incluyó las consecuencias de elegir un gobierno humano y no por la autoridad de Dios. Moisés fue muy claro en cuanto al comportamiento de un rey terrenal. Les dijo lo que el *rey no debía hacer*: tener muchos caballos, ni hacer volver al pueblo a Egipto con el fin de adquirir tales caballos, tener muchas mujeres y tampoco amontonar mucha plata para sí mismo. *En el lado positivo*, era responsabilidad del rey tener una copia personal de la Ley de Jehová y leerla todos los días de su vida, pero no sucedió así; a tal punto que en los días del rey Josías, el sumo Sacerdote Hilcías, encontró de casualidad una copia de la Ley en el Templo. Este hallazgo se le dio a conocer al rey quien al oír las palabras sagradas quedó muy sorprendido dando a entender que era la primera vez que escuchaba el mensaje de la Ley de Dios (Deuteronomio 17:14-20; 2 Reyes 22:8-13).

Samuel (también por orden de Dios) antes de nombrar al primer rey de Israel advirtió al pueblo de la carga económica que conllevaría elegir a tal gobernante: sostener a un ejército y servicio militar obligatorio al mismo, emplear a mujeres y hombres para trabajar para el rey, y lo peor, imponer una carga tributaria a través del sistema de diezmos (1 Samuel 8:9-18). Muy bien acertó el rey David diciendo que una nación es bienaventurada teniendo a Jehová como su Dios. ¡Y sí que es verdad, pues obedeciendo a Dios *no aumentan los impuestos, aumentan las bendiciones*!

El Primer Rey de Israel

Saúl fue el primer rey y bajo su reinado Israel de nuevo sucumbió ante los filisteos a lo largo de su incumbencia. Aunque al comienzo Saúl demostró humildad y el pueblo estaba confiado en su líder no pudo llegar a una estabilidad política para lo cual fue elegido. Su reinado duró brevemente dos años, —muy corto cuando lo comparamos con David y Salomón pues cada uno de ellos reinó 40 años. Cuando Goliat desafió al ejército israelita Saúl tembló como un perrito cuando lo bañan. Goliat de gigante sólo tenía la estatura pues cuando se enfrentó a David, su estatura no le sirvió de nada pues el pequeño David le propinó un nocaut. La administración del gobierno israelita bajo el mando de Saúl estuvo marcada por ser una de escaza espiritualidad e indiferencia hacia Dios. No encontramos en todo el relato de su historia que Saúl haya hecho una oración al Señor en tiempos difíciles, tampoco que se haya dirigido a Dios con honor y respeto de la manera como lo hacía David. Él (David) se dirigía a Jehová con mucho respeto y devoción. Lo llamaba *Dios viviente, Jehová de los ejércitos, Jehová Dios de Israel, Señor Jehová, Jehová es mi roca, Jehová, Dios mío* y otros (1 Samuel 17:26, 45; 23:11; 2 Samuel 7:18; 22:2; Salmo 7:1).

Después que David derrotó a Goliat la celebración que David recibió fue de gran elogio. Saúl se llenó de celo y envidia que nunca pudo controlar y que lo llevó a quitarse la vida como un hombre ateo que nunca buscó ayuda más arriba de sus cabellos. Y con tal alejamiento espiritual no era posible que bajo su reinado Israel caminara confiando en Jehová. Jesús dijo que el árbol malo no puede dar buenos frutos (Mateo 7:18).

David: Un Varón Conforme al Corazón de Dios

Las oportunidades que se nos presentan hay que aprovecharlas para triunfar en la vida, que no tengamos que vivir como dice el refrán, *de cheque a cheque* y, otro que dice, *no hay que dormirse en las pajas*. David fue nombrado rey después que Saúl fue desechado por haber desobedecido a Dios. Esto sucedió cuando fue comisionado con la tarea militar de destruir a la descendencia de Amalec por lo que este le había hecho a Israel cuando subía de Egipto hacia la Tierra Prometida.

David como iniciación a su reinado se enfrentó a Goliat en una pelea dispareja o fuera de división si consideramos la estatura de los dos contrincantes. ¡Y esta fue la oportunidad de su vida! David entró a la pelea valientemente; sin que un cabello se le moviera y sus piernas firmes. Confiando en el Dios de las batallas, Jehová de los ejércitos. La victoria sobre el gigante filisteo fue para que visiblemente no quedara duda en Saúl, en el pueblo israelita, en su propia familia y también en Samuel quien lo ungió como rey. Que no quedara duda de que David tenía toda capacidad y habilidad de reinar y llevar a Israel a alcanzar su época dorada en su historia. Aprovechó la oportunidad y su estrategia fue una lección para todos los futuros reyes de Israel, y digo yo, que con ese triunfo estableció una política nacional que después de su muerte los reyes de Israel no la siguieron. Y tal política, en cuanto a los reyes en el poder cuando se enfrentaran a sus enemigos grandes o pequeños se puede resumir de la siguiente manera cuando al gigantón en palabras simples le dijo David que él lo enfrentaba en el *Nombre de Jehová* y que *Jehová no salva con espada ni con lanza* pues *de Jehová es la batalla* (1 Samuel 17:45, 47). A lo que se le puede añadir lo dicho por el salmista, *"El rey no se salva por la multitud del ejército ni escapa el valiente por la mucha fuerza."* (Salmo 33:16; cf. 34:6).

David por su dedicación y devoción a Dios llegó a coronarse como el mejor rey de Israel. Lo intrigante de David es que en su vida personal fue todo un fracaso. Como padre no tuvo control de su familia por haber excedido lo que ya Moisés había escrito relacionado a la elección de un rey, eso de tener muchas mujeres. Sus hijos, de distintas esposas, no pudieron formar unidad familiar que reflejara los frutos de un hombre que dijo: *"Jehová es mi pastor, nada me faltará"* (Salmo 23:1).

Absalón, tercer hijo de David, se sublevó contra él causando un estado de emergencia nacional que obligó la huida del rey y, no solo esto, sino que ignominiosamente Absalón llegó a violar sexualmente a las concubinas de su padre públicamente ante los ojos de Israel (2 Samuel 15:1-18; 16:21-22).

Adonías, el consentido de papá, pues su padre nunca lo reprendió. Tuvo la osadía de usurpar el trono substituyendo a David como rey, aunque tal intento fue un fracaso (1 Reyes 1:5-11). Y para colmo, David pecó contra Dios al dejar correr sus apetitos sexuales y, en un acto de abuso de poder político, cometió adulterio con Betsabé quien era la esposa de un fiel soldado suyo, Urías el heteo; y para encubrir este crimen como guapetón de barrio dio órdenes a su general del ejército, Joab, que pusiera a Urías al frente de la batalla para que muriera, y así sucedió (2 Samuel 11:1-27).

En David encontramos esta ambivalencia: Un hombre que abrazó y besó el pecado con toda pasión; y, por otro lado, un ser que nunca abandonó a Dios no importando las circunstancias, y de quien se dice en la Biblia: "un varón conforme al corazón de Dios". Aun así, Dios lo escogió como símbolo mesiánico para representar a su Hijo, estableciendo con él una dinastía real para siempre cumpliéndose con la llegada de Jesucristo a la tierra donde vivió treinta y tres años, murió y resucitó y se sentó en el Trono divino eternamente (2 Samuel 7:13; 1 Corintios 15:20-28).

Durante el reinado de David, Israel vivió una integridad nacional asemejándose a los días de Josué. Aunque David fue un "hombre conforme al corazón de Dios", reinó el poder militar y político más que la espiritualidad y devoción del pueblo hacia Dios. Participó en numerosas guerras tanto así que el derramamiento de sangre fue tal que cuando David quiso edificar el

Templo fue ésta la razón por la cual Dios no aceptó y la tarea de construirle templo a Jehová fue ejecutada por su hijo Salomón (1 Crónicas 22:7-8; 28:3).

Puesto que el pueblo rechazó el gobierno divino y exigió un rey terrenal, la adoración que anteriormente estaba a cargo del sumo Sacerdote y sacerdotes, pasó a ser una dependencia del gobierno real. David fue el que tomó control total del culto a Dios y lo organizó de tal forma que quien nombraba al Sacerdote (durante la época de los reyes) era el rey en poder (1 Crónicas 18:14-17; 23:1-32; 24:1-31; 25:1-31).

Y murió aquel, *"el dulce cantor de Israel"*, el que derramó tanta sangre y de quien Dios mismo anunció que de la descendencia de David según la carne enviaría a su Hijo Jesucristo para sentarse en su Trono eternamente (Hechos 2:29-32). ¡Misterios de Dios!

Salomón

Con Salomón se depreció la plata pues durante su reinado acumuló tanto oro que la plata *no era apreciable* (1 Reyes 10:21). A Salomón lo podríamos llamar *hijo de consolación* pues su padre David había perdido el hijo que tuvo en adulterio con Betsabé. A tal hijo Dios le permitió su muerte. David al consolar a Betsabé se llegó a ella y de esa unión nació Salomón (2 Samuel 12:24-25). Salomón llegó al trono después que su medio hermano Adonías intentó usurparlo como sucesor de David (1 Reyes 1:5-53). Durante el reinado de Salomón, *"Judá e Israel vivieron seguros, cada uno debajo de su parra y debajo de su higuera, desde Dan hasta Beerseba, todos los días de Salomón"* (1 Reyes 4:25).

El pecado destruye. Destruyó la paz y comunicación entre el primer matrimonio y Dios. El mismo Creador tuvo que echarlos fuera del Huerto y cerrar la entrada al mismo (Génesis 3:23-24). Cuando Samuel se encuentra con Saúl después que desobedeció la orden de Dios de exterminar a Amalec, en su discurso a Saúl, le deja claro que el pecado de *adivinación* es igual a la rebelión y que la *obstinación* es igual al pecado de idolatría (1 Samuel 15:23). Salomón después de viejo y haber demostrado una gran devoción y culto a Dios le acompañaron las mujeres y fueron ellas las que lo empujaron a la idolatría razón por la cual Dios dividió a Israel en dos reinos que se conocieron como: el Reino del Sur y el Reino del Norte (1 Reyes 11:1-40).

Con Salomón Israel gozó de Paz, mucha prosperidad y admiración de parte de las naciones vecinas, pero fue la *idolatría*, el segundo mandamiento del decálogo, la que hizo provocar a Jehová cuyo nombre es *Celoso* (Éxodo 34:14) y quizás razón principal por la cual Salomón aun con tanta sabiduría no fue inmortalizado en el Salón de la Fama de los Héroes con Fe en el capítulo once de la Epístola a los Hebreos.

La espiritualidad del pueblo fue una de complacencia y satisfacción personal pero lejos de Dios, —siendo esta fruto de la prosperidad. Después de la muerte de Salomón Israel nunca más pudo vivir la época de oro que disfrutaron durante el reinado de David y principios del reinado de su hijo Salomón. Como dice el dicho, *lo bueno dura poco.* Salomón escribió unas palabras en el libro de Eclesiastés muy sabias y proféticas pues dijo que vio en la tierra a aquellos que reciben de Dios riquezas, bienes y honra, pero Dios no les da la facultad de disfrutar tales bendiciones, sino que los extraños las disfrutan (6:1-2). Al final del periodo de los reyes fueron los babilonios los que disfrutaron de esas riquezas de oro y plata acumuladas por Salomón, las llevaron a Babilonia y destruyeron a la ciudad de Jerusalén y el majestuoso Templo construido por Salomón.

El Reino Dividido

Después de la muerte de Salomón la idolatría —como carcoma — azotó tanto al reino del norte (Israel) como al reino del sur (Judá). Dijo el autor de la Epístola a los Hebreos que "el que se acerca a Dios" debe hacerlo con fe, confiando y creyendo que Dios es Todopoderoso para darnos una vida satisfactoria e íntegra (Hebreos 11:6). La idolatría es todo lo contrario, quita nuestra fe y dependencia en Dios y nos convencemos de que ya podemos vivir independientemente de nuestro Creador.

Los dos reinos vivieron una anarquía política, vacía de adoración a Dios, confiando en lo militar. Lo peor de todo fue el no consultar a Dios en asuntos de guerra como lo había instruido Moisés (Deuteronomio 20:1-20). Recordemos que Moisés comenzó su discurso sobre cómo las futuras generaciones, incluyendo a los futuros monarcas, se organizarían para ir a la guerra, dejando bien claro que <u>lo primero</u> era depender de Dios y nunca confiar en el ejército nacional y mucho menos hacer alianzas con otras naciones: "*Cuando salgas a la guerra contra tus enemigos y veas caballos y carros, un pueblo más numeroso que tú no tengas temor de ellos, porque contigo está el SEÑOR tu Dios que te sacó de la tierra de Egipto*" (v.1).

La salida de los israelitas de Egipto fue con mano fuerte y los egipcios con sus impresionantes caballos y soldados como un ejército invencible, fueron impotentes ante el despliegue de las huestes celestiales que lograron que los israelitas abandonaran Egipto a pie. Cruzaron el mar Rojo en tierra seca y los egipcios fueron sembrados en las aguas porque estas volvieron a su lugar. Ese grandioso hecho debió haber sido como un manual de operaciones militares que todo funcionario o rey en Israel debió haber practicado por todas las futuras generaciones. Y la segunda orden dada por Dios en labios de Moisés a seguir ante un inminente ataque bélico fue aún mejor, pues ellos no debían atemorizarse ni desalentarse pues Jehová de los ejércitos pelearía en toda batalla por ellos (Deuteronomio 20:2-4).

Y ese mensaje no llegó. Ni se enseñó. Quizás lo leyeron como lectura antifonal. Se hicieron alianzas con los enemigos. En una ocasión, Ben-adad rey de Siria amenazó al reino de Israel (del Norte) y a su rey Acab en un tono muy atrevido y desafiante diciéndole, "*Así ha dicho Ben-hadad: 'Tu plata y tu oro son míos; tus mujeres y los mejores de tus hijos son míos*" (1 Reyes 20:3). Ante esta amenaza el rey Acab, que de rey no demostraba mucho pues su esposa Jezabel era quien llevaba las riendas del reino y lo incitaba a ser lo malo, —razón por la cual Acab llegó a ser uno de los peores reyes en el reino del norte (1 Reyes 21:25-26)— no consultó a Dios, pero los ancianos y todo el pueblo demostraron más sabiduría y confianza en Dios que Acab (1 Reyes 20:1-6, 8). Jezabel, convencida de que Jehová no era el Creador y Dios de Israel, introdujo dioses paganos a tutiplén, y pensando que tales dioses estaban desempleados, con su descarada e ignorante actitud saturó a Israel de ídolos. Tan mala fue, que en el Nuevo Testamento, Jezabel se usa como símbolo de fornicación e idolatría (Apocalipsis 2:20). En fin, Acab y su mujer, se entregaron a los demonios y contaminaron al reino del Norte con la idolatría.

Los reyes de Israel en su mayoría continuaron desenfrenados adorando a dioses ajenos y deshonrando a Dios hasta que finalmente Dios envió a los asirios a ocupar a Samaria (la capital del reino del norte) y llevaron a la mayor parte de la población cautiva a Asiria. En el reino del Norte, quedaron los pobres y la ciudad de Samaria hubo que repoblarla con gente extranjera *en lugar de los hijos de Israel* (2 Reyes 17:24-40). Encontramos un resumen de las razones por las cuales Dios decidió eliminar el reino del Norte y llevar a sus habitantes en cautiverio al imperio asirio. En unos pocos versículos y detalladamente, el autor del *segundo* libro de los Reyes (17:7-23) nos ofrece razones justificadas por lo cual Dios tomó tal decisión:

    1) **Los israelitas pecaron contra Jehová** olvidándose de la gran liberación de Egipto. Tal acontecimiento era parte de la celebración anual de la fiesta de la Pascua y que tenía que enseñarse a las futuras generaciones, fiesta que dejaron de celebrar durante el periodo de los jueces y de los reyes (2 Reyes 23:21-23; Éxodo 12:24-27).

    2) **Adoraron a dioses ajenos** y todo el "ejército de los cielos" siguiendo costumbres y mandamientos de otras naciones —otros mandamientos establecidos por sus propios reyes y no encontrados en la Ley de Dios.

José A Quiñones

3) **Hicieron cosas secretas** como si Dios no lo iba a notar. Edificaron lugares altos y quemaron incienso en los mismos.

4) **Imitaron la manera de vivir de las naciones vecinas** haciendo pasar por fuego a sus hijos y se entregaron a la adivinación.

El destino del reino del Sur (Judá) no fue diferente. La mayoría de los reyes siguieron los mismos pasos de los líderes del reino del Norte con la misma conducta de abrazar la idolatría a manera de rebelarse contra el Creador. Aunque el hacha cayó primero sobre el reino Septentrional siendo llevado cautivo al imperio asirio en el 721 a.C., ya para el 586 a.C. el reino del Sur había arribado en la capital del próximo imperio reinante o Babilonia. El Salmo 137 recoge la situación tan humillante de los cautivos llevados a Babilonia. En forma muy poética se expresa el sentimiento profundo de los judíos junto a los ríos de Babilonia al recordar a Jerusalén y al Monte de Sión. Los babilonios como sus superiores y asoladores les pedían que cantaran en medio de la tristeza los cánticos que acostumbraban a cantar en su tierra en Israel. A lo cual los cautivos respondían, *"¿Cómo cantaremos las canciones del SEÑOR en tierra de extraños?"* (v. 4).

A Judá lo gobernaron de todos lados; o sea, buenos, no muy buenos y malos reyes que se convencieron de que las naciones, por el hecho de desplegar grandes ejércitos, eran poderosas para derrotar al remanente de la nación israelita. Nunca se convencieron de que la forma de ganar una guerra era como dijo el salmista, *"bienaventurada la nación cuyo Dios es Jehová"* (Salmo 33:12). Pues, aunque los enemigos del pueblo judío hubiesen desarrollado las mejores estrategias militares y presentaran grandes ejércitos en la batalla, no les era necesario hacer alianzas con las llamadas potencias militares de aquella época como Egipto, Asiria o Babilonia; las cuales por el miedo de los de Judá se enriquecieron con el oro de la casa de Dios o Templo (2 Crónicas 32:20-23; 36:17-21). El profeta Isaías tronó contra aquellos del pueblo de Dios que confiaban en los caballos y los jinetes del ejército egipcio y no miraban al Santo de Israel (Isaías 30:1-3, 7; 31:1-3; cf. Jeremías 2:18).

Josías fue un rey excepcional en medio de un pueblo que era intimidado por el poder militar de las naciones vecinas y que se fijaba en lo externo y no en lo que hay dentro del corazón. Él, teniendo como ejemplo a su padre el rey Amón, quien fue un gran idólatra, fue todo lo contrario. Demostró que la espiritualidad de un pueblo es lo que puede abrir las ventanas de los cielos y llegar a ser una nación segura y próspera para honrar a Dios de hecho y de palabra.

La maldad tiene efectos ambiguos en cualquier descendencia familiar. Hay padres que mueren por las garras del alcoholismo y en algunos casos sus hijos llegan a odiar el alcohol y, en otros, sucumben en el mismo vicio porque, lamentablemente, hay descendientes que siguen el mismo rumbo de su progenitor.

Manasés fue el abuelo de Josías quien fue totalmente distinto a su nieto. En el principio de su recuento biográfico y como una información periodística sensacional se dice, sin reserva alguna, que Manasés "hizo lo malo ante los ojos del SEÑOR" (2 Reyes 21:2). La lista atascada de pecados demuestra que no tenía el menor respeto a Dios. Dicha lista era demasiado vergonzosa para un rey de una nación de la cual Dios exigía que fuera un *pueblo santo*. Su corta biografía termina tristemente así: "*Aparte de esto, Manasés derramó muchísima sangre inocente, hasta llenar Jerusalén de un extremo a otro*" (2 Reyes 21:16). El padre de Josías, Amón, fue una copia exacta de Manasés. Lo poco que se escribió de Amón, en la versión del segundo libro de Reyes (21:19-26) el autor sólo dedica unos *siete* versículos y la del segundo libro de Crónicas (33:21-25) unos míseros *cuatro*, demuestra que fue un abominable y despreciado rey.

Josías fue un buen rey comenzando a reinar a los ocho años y sin preámbulo alguno se dice: "Él hizo lo recto ante los ojos del SEÑOR" y su buena ejecutoria comparaba con la de David (2 Reyes 22:2). El rey Josías hizo muchas reformas conducidas a restaurar la espiritualidad de los judíos entre las cuales sobresale que "derribó los altares de prostitución idolátrica"; sacó la imagen de la diosa Asera —diosa cananea de la fertilidad la cual se encontraba en la casa del Señor (2 Reyes 23:4-15). La condición espiritual de los reyes de Israel anterior a Josías era tan decadente que cuando el sacerdote Hilcías encuentra el *rollo de la Ley* y se lo hace saber a Josías, es leído al pueblo y se dan cuenta que la Pascua no se había celebrado desde los días *cuando gobernaban los jueces en Israel* (2 Reyes 23:21-23). ¡Qué vergüenza! Olvidarse de la fiesta nacional que conmemoraba el nacimiento de Israel como nación libre y soberana. Moisés precisamente había ordenado que los futuros reyes en Israel adquirieran su propia copia de la Ley para enseñarla al pueblo (Deuteronomio 17:18).

El Profeta en el Periodo de los Reyes

El profeta en su desempeño como representante de Dios durante esta etapa de atención al poder militar y no al Señor, exhorta y corrige al pueblo. Fue este el instrumento efectivo en hacer que la justicia de Dios se cumpliera. Los reyes con poderes absolutos gobernaban a su antojo no considerando que por encima de ellos estaba la autoridad suprema de Dios. La labor profética en este periodo fue muy efectiva por el despliegue a través de los libros históricos de mensajeros de Dios que no comprometieron la verdad cuando tenían que confrontar a cualquier rey en una situación de corrupción o pecados de la carne y el corazón.

Samuel. Encontramos a Samuel cuyo nombre significa *pedido de Dios*, como el primer profeta de Israel en este periodo. Su primera tarea fue corregir las muchas faltas en el oficio del sacerdocio, cuando los hijos del sumo Sacerdote Elí andaban en caminos perversos profanando el culto a Dios (1 Samuel 2:12, 22-25). Samuel tuvo la distinción de ser juez, sacerdote y profeta durante la transición de un gobierno judicial a uno real. Después de la muerte de Elí, Samuel comienza su servicio al Señor como juez y profeta, hasta su muerte (1 Samuel 4:1, 7:15-17). Su éxito fue tal que durante toda su vida los filisteos fueron sometidos a Israel y no volvieron a entrar y atacar al territorio de israelita (1 Samuel 7:13-14). Samuel también tuvo el privilegio de ungir a los primeros dos reyes de Israel: a Saúl y a David. Cuando Saúl desobedece a Dios lo enfrentó con toda autoridad y lo destronó con mucha valentía dejando claro que obedecer a Dios es la primera orden a cumplir (1 Samuel 15:22). En el lado opuesto, sus hijos, no siguieron sus pasos al no servir de todo corazón a Dios y dejándose llevar por la avaricia, pervirtieron el derecho dejándose sobornar y fue la razón dada por Israel al profeta Samuel para que les nombrara un rey como tenían sus naciones vecinas (1 Samuel 8:1-9).

Una Compañía de Profetas (1 Samuel 10:1-7). Después que Samuel unge a Saúl como rey le da tres señales para que, al cumplirse, Saúl se convenciera de que su investidura como el Rey de Israel era de parte de Dios. En la última de las tres señales Saúl llega a una ciudad cerca al *collado de Dios* donde se encuentra con una *compañía de profetas* los cuales estaban tocando instrumentos musicales y profetizaban. En este tipo de reunión de profetas la danza musical servía como introducción al ambiente extático, como antesala a un culto profético para recibir el mensaje de Dios. Sus integrantes vivían en una forma de comunidad cerca a ciudades, a los cuales también se les conocían como *los hijos de los profetas* (2 Reyes 2:3, 15; 4: 38-40).

Así, como al Señor Jesucristo se le conoció también como *hijo de carpintero* significando distinción o importancia, en la Biblia encontramos a grupos llamados: hijos de los *perfumistas*, *plateros* y *cantores* (Nehemías 3:8, 31; 12:28). Samuel mismo, que su residencia era en Naiot (un barrio dentro de la comarca de la ciudad de Ramá) dirigía un grupo de profetas (1 Samuel 7:17; 19:18-20; 20:1). El propósito de estas *comunidades de profetas* era participar en reuniones espirituales en forma de culto, alabar a Dios con instrumentos musicales, meditación bajo la dirección de un profeta mayor como Samuel y también ejercer el don profético con propósitos especiales como fue la unción de Saúl (1 Samuel 19:20; 1 Crónicas 25:1).

Natán. Este profeta sobresalió y vivió en la época de David y Salomón. En un momento en que a Dios ya le había dado paz a David y este tuvo la gran idea de construirle una casa al Señor — idea que comunicó al profeta Natán quien instantáneamente le dio la aprobación sin consultarlo con Dios. La intervención de Jehová fue rápida y el plan fue aprobado con una modificación: Dios, no David, era el que construiría la casa para David (2 Samuel 7:1-17). Como dice el dicho: *El hombre propone y Dios dispone*.

Cuando David adultera con Betsabé y manda a asesinar al esposo de esta (Urías el heteo) Dios envía a *Natán* para que lo amoneste y le reproche su pecado usando la parábola de la corderita (2 Samuel 12:1-15). Natán participó junto al sacerdote Sadoc y Benaía en la organización del culto de la adoración divina que hizo David. Cuando Adonías usurpaba el trono substituyendo a David su padre, en el trono, Natán intervino para que Salomón fuera el sucesor de David (2 Crónicas 29:25; 1 Reyes 1:5-53).

Elías y Eliseo. A este dúo de profetas les tocó vivir durante una época en la cual el culto a otros dioses llegó al colmo. Ambos profetizaron en el reino del Norte. Elías, llamado también *el tisbita* (ya que era de Tisbe una localidad en la región de Galaad) fue de los dos el más poderoso en hacer milagros y reprendiendo la infidelidad de Israel hacia Dios. Enfrentó al malvado e idólatra rey Acab, de quien se dice que fue el rey más malo de todos los que gobernaron antes que él (1 Reyes 16:29-34). Predijo una sequía, multiplicó la harina y el aceite en casa de la viuda de Sarepta y resucitó al hijo de ella que había enfermado y muerto de una enfermedad muy grave (1 Reyes 17:1-7, 8-24).

Elías demostró su celo por Dios y su pueblo, degollando a todos los profetas que Jezabel (esposa de Acab) tenía en Israel a su servicio y dando culto al dios Baal (1 Reyes 18:20-40). Aunque era un ser valiente, siervo de Dios y después que a Jezabel se le informara lo que Elías había hecho con los profetas servidores de

Baal y ella desata una persecución contra Elías buscándole para darle muerte, entró en un estado de depresión que hasta llegó a desear la muerte (1 Reyes 19:1-18).

El profeta sufre y se frustra, pero Dios lo levanta. La respuesta de Dios a Pablo, cuando este oró por su aguijón en su carne fue; *"Bástate mi gracia, porque mi poder se perfecciona en la debilidad"*, y él mismo experimentó que, cuando estaba en debilidad, entonces era más fuerte (2 Corintios 12:9, 19). Elías fue todo un campeón, terminó su vida aquí en la tierra en buena lid. El Señor lo transformó en un abrir y cerrar de ojos; Dios se lo llevó al cielo.

Eliseo sucedió a Elías como profeta en Israel después que Elías subiera al cielo en un carro de fuego sin sufrir muerte (2 Reyes 2:11-12). Al igual que su homólogo Elías en su profesión, hizo *muchos* milagros como prueba de que el Señor lo había designado para contrarrestar el empuje de un culto idolátrico al dios Baal, que no cesaba y que llevó al pueblo israelita al cautiverio. Entre otros milagros, Eliseo sanó aguas amargas con sal (2 Reyes 2:19-22), a unos muchachos que se burlaron de él los maldijo los cuales recibieron maldición de parte de Dios (2:23-25), predijo la victoria de Israel sobre Moab (3:4-27), multiplicó el aceite de una viuda (4:1-7), anunció el nacimiento del hijo de la mujer sunamita y cuando el niño enfermó de muerte lo resucitó (4:8-37), y usó harina como antídoto para sanar un potaje que estaba contaminado (4:38-41). Esto tiene un parecido al milagro de la *multiplicación de los Panes* por Jesús —Eliseo alimentó a 100 hombres con solo 20 panes (4:42-44). A Naamán, general del ejército sirio, sanó de lepra después que cumplió la orden del profeta de que se sumergiere en el río Jordán siete veces (2 Reyes 5:1-15); hizo flotar un hacha que había caído al fondo del río Jordán (6:1-7) y anunció la derrota y exterminación de la casa de Acab (9:1-10:28). Después que Eliseo murió y fue sepultado, un cadáver que había sido arrojado súbitamente en el sepulcro de él, al tocar los huesos de Eliseo, el cadáver revivió (13:20-21).

Se encuentran otros profetas de menor envergadura en el periodo de los reyes. Al final del reinado de Salomón, Ahías el silonita, fue el profeta que Dios usó para anunciar a Jeroboam la división de la nación de Israel en dos reinos (1 Reyes 11:29-39, 14:1-5). Otro fue Jehú, hijo de Hanani, quien profetizó durante los reinados de Baasa, Ela y Zimri en el reino del Norte (1 Reyes 16:1-7, 12-13). También encontramos en los días del rey Josías a una profetisa de nombre Hulda, mujer de Salum encargado del vestuario en el Templo, la cual fue consultada por el sacerdote Hilcías referente al libro de la Ley encontrado en la casa de Jehová cuando llevaban a cabo la tarea que el rey había ordenado de remodelar el Templo (2 Reyes 22:14-20).

Y así, aunque profetas no faltaron que anunciaran y exhortaran a Israel de su dejadez espiritual y el castigo (cautiverio) inminente, triunfaron los enemigos de Israel porque a Jehová lo abandonaron. El profeta Oseas, también de la época al final del reino del Norte sentenció que Israel fue destruido porque le faltó conocimiento (Oseas 4:6). Y, todo comenzó con el atrevimiento del pueblo, al pedirle al profeta Samuel que les nombrara un rey para ser como las demás naciones sabiendo que Jehová reinaba sobre ellos. ¡Qué absurdo! ¡Y cuántas veces habremos desechado el consejo de la Palabra pensando en el amigo muy exitoso que no honra a Dios! El salmista acertó muy bien con las siguientes palabras:

"Por eso los entregué a la dureza de su corazón, y caminaron según sus propios consejos. ¡Oh, si mi pueblo me hubiera escuchado; si Israel hubiera andado en mis caminos…! En un instante habría yo sometido a sus enemigos y habría vuelto mi mano contra sus adversarios." (Salmo 81:12-14).

Los Profetas Frente a la Idolatría

Israel vivió alrededor de cuatrocientos años en Egipto —la cuna de la idolatría. Se dice que en ese país adoraban aproximadamente a unos 2,000 dioses. Era de esperarse que por tanto tiempo en presencia de tantos ídolos el corazón de los israelitas se inclinara a ellos siendo este un problema que no desapareció de la mente de los judíos hasta que fueron exiliados.

Moisés tuvo que enfrentarse al pueblo, pues lo hicieron enojar a tal extremo que rompió las tablas con los diez mandamientos cuando los israelitas construyeron un becerro de oro para adorarlo. Elías (profeta con mucho celo por el Señor) ardió también en ira pues Israel por influencia de la esposa del rey Acab, tenía cantidades de dioses a quienes les rendían adoración. Muy celoso por la casa de Jehová, reunió a unos cuatrocientos cincuenta profetas de Baal y, en una frenética ceremonia a sus dioses, los degolló.

¿Por qué estaba tan arraigada la idolatría pagana en los israelitas y en los países con quienes tuvieron ciertas vivencias en Egipto, Asiria, Siria y Babilonia? Ken Spiro[1], dice que se debió a que aquellos adoradores eran *buenos adoradores.* Tanto el gobierno como sus habitantes estaban entregados de corazón a todos los dioses que le rendían culto. A los ídolos los glorificaban con sus trabajos, el gobierno le construía costosas imágenes, palacios, figuras de animales, estatuas y costeaba la adoración a cargo de profetas y sacerdotes. No era una adoración como se hace hoy en día, es decir, ir a un lugar de reunión, escuchar una exhortación, sacar unas pequeñas monedas del bolsillo y regresar a casa a seguir una rutina de vida preocupándonos por las necesidades cotidianas hasta la siguiente semana, si es que somos muy fieles. ¡Israel se nutrió con tanta idolatría!

Los profetas mayores como Isaías, Jeremías y Ezequiel vivieron en medio de un pueblo acostumbrado al culto de dioses paganos. Un tema que Isaías acentuó fue la creación y funcionamiento del universo para demostrar la grandeza de Dios comparada a los dioses que no se mueven ni sienten. Dios reta al pueblo para que examine si a través de esos dioses a quienes adoraban podían conocer el futuro. Les dijo que los dioses le digan lo que "ha pasado desde el principio" (Isaías 41:22). El Señor mismo dice que los dioses son vanidad: *"He aquí que todos son iniquidad, y la obra de ellos nada es. Viento y vanidad son sus imágenes de fundición."* (v. 29). Tratar de comprender a un universo que nos dicen los astrónomos que tiene aproximadamente 100 billones de galaxias es casi imposible, pero más difícil es entender a un humano que deje de adorar al Dios creador de la vida y del universo, por una imagen construida por otro ser humano y quizás de materiales baratos. ¡Qué horror y qué absurdo!

El Arca del Pacto y los Profetas

El Arca del Pacto, también conocida como el Arca de Dios o del Testimonio, era un cofre de dos codos y medio su largo, y un codo y medio de alto y ancho. Fue construida de madera de acacia y recubierta de oro por dentro y por fuera, fue puesta en el Lugar Santísimo por el rey Salomón. De acuerdo con el autor de la Epístola a los Hebreos, dentro del Arca (en un principio) había una urna de oro que contenía una porción del maná, la vara de Aarón que reverdeció, y las tablas del pacto o los diez mandamientos (9:4).

El Arca simbolizaba la presencia de Dios (en medio del pueblo de Israel), su protección y acción Divina —les daba confianza a los israelitas cuando se enfrentaban a sus enemigos. Ejemplo de ello fue la toma de Jericó que fue todo un éxito. Dios ordenó a Josué que siete sacerdotes (cada uno tocando una bocina y caminando delante del Arca) rodearan los muros de la ciudad por siete días (Josué 6:10). Era más que un simple cofre. Si la comparamos a la comunicación digital y a los avances de la tecnología de hoy, podríamos decir que era un Smart Box o *caja inteligente*, pues durante la travesía de Israel por el desierto el Arca buscaba como un GPS el mejor lugar para que ellos descansaran: *"Así partieron del monte del SEÑOR para tres días de camino.*

El arca del pacto del SEÑOR iba delante de ellos durante los tres días de camino, <u>buscando para ellos un lugar donde descansar</u>.", énfasis mío (Números 10:33).

¿Qué sucedió con el Arca después que los babilonios destruyeron el Templo de Salomón? El Arca desapareció, y hasta el día de hoy nadie sabe de su paradero. Se dice que los babilonios se la llevaron junto con los utensilios de oro y plata que sacaron del Templo destruido o que los judíos la escondieron antes de la destrucción del Templo. Nadie tiene una explicación de cómo desapareció o en dónde se encuentra en la actualidad[2].

El Arca era la presencia o la *Shekhinah* de Dios entre su pueblo. Era la Casa Blanca donde residía Dios y se comunicaba con el sumo Sacerdote y en donde se tomaban las decisiones y se administraba al gobierno de Israel. Cuando Israel pidió a Samuel que le nombrara un rey (siendo que Jehová era su Rey) ignorantemente estaban exigiendo que Dios habitara en el cielo, y ellos se encargarían de la administración del gobierno en la tierra para así ser como las demás naciones (1 Samuel 8:1-21). ¡Qué triste!

Una vez el Arca desapareció, la comunicación directa con el pueblo se interrumpió y también se fueron los profetas, solo hubo profetas durante el exilio y regreso del remanente y durante la reconstrucción del Templo destruido por los babilonios. Los últimos profetas en el Antiguo Testamento, que vivieron al final de los setenta años del exilio, fueron Hageo, Zacarías, y Malaquías. La gloria del primer Templo, el mensaje directo de Dios y la espiritualidad no pudieron ser restaurados. ¡Y el profeta guardó silencio!

El Templo restaurado y que más tarde Herodes el Grande remodeló (conocido como el segundo Templo) y que fue una casa más grande que el primero, no pudo igualar la gloria del anterior. El lugar Santísimo ahora estaba vacío, el Arca ya no se encontraba allí. No había profetas que se comunicaran con Dios, hasta la llegada de Juan el Bautista, profeta que anunció la llegada del Mesías.

Y, ¿Dónde está el Arca? En el Cielo. "*Y fue abierto el templo de Dios que está en el cielo, y se hizo visible el <u>Arca de su pacto</u> en su templo.*", énfasis mío (Apocalipsis 11:19).

2

NACIMIENTO DE JESÚS

"Porque un niño nos es nacido, un hijo nos es dado, y el dominio estará sobre su hombro."

(Isaías 9:6)

De acuerdo con el profeta Amós nunca Jehová hará cosa alguna relacionada al destino de los seres humanos sin antes comunicarlo a sus siervos los profetas. En el Antiguo Testamento hay alrededor de 400 profecías relacionadas con Jesucristo desde su nacimiento hasta el fin, cuando haya puesto a todos sus enemigos bajo sus pies. El Antiguo Testamento es la historia de Jesús, —Israel fue el vehículo que Dios usó para anunciarlo y traerlo a la tierra según la carne. Ese personaje misterioso que guío a Israel por el desierto y los alimentó con la bebida espiritual que salía de la roca la cual es Cristo (1 Corintios 10:4) —el Varón con una espada encendida que se presentó a Josué antes de comenzar la conquista de la Tierra de Prometida (Josué 5:13-15). El mismo que estuvo en la mente del salmista David (y en otros autores de los salmos) los cuales dieron destellos acerca de la aparición del Mesías o el Cristo en el mundo, pues en el libro de los Salmos encontramos unos 25 salmos, muy proféticos, considerados mesiánicos y que están relacionados con el ministerio terrenal de Jesús y su coronación como el Rey de reyes; el que creó todo el universo y sobre quien descansan todas las cosas de manera que el universo funcione a perfección (Colosenses 1:15-17; Hebreos 1:2).

No nos ha de sorprender que todos los profetas y mensajeros de Dios antes de la aparición de Jesús se maravillaran estando atónitos. Trataron de averiguar con diligencia quién era ese misterioso Personaje y los recipientes de la Salvación para el tiempo futuro. Pedro lo explica en detalle: *"Acerca de esta salvación han inquirido e investigado diligentemente los profetas que profetizaron de la gracia que fue destinada para ustedes. Ellos escudriñaban para ver qué persona y qué tiempo indicaba el Espíritu de Cristo que estaba en ellos, quien predijo las aflicciones que habían de venir a Cristo y las glorias después de ellas."* (1 Pedro 1:10-11). Y en el siguiente versículo (12), Pedro continúa diciendo que: *"A ellos les fue revelado que, no para sí mismos sino para ustedes administraban las cosas que ahora les han sido anunciadas por los que les han predicado el evangelio por el Espíritu Santo enviado del cielo; cosas que hasta los ángeles anhelan contemplar"*. Ahora como pueblo de Dios, los que recibimos y aceptamos el evangelio de Jesucristo disfrutamos esas bendiciones antes anunciadas. ¡Misterios de Dios!

Anuncio del Nacimiento de Jesús

Isaías fue uno de los profetas del s. VIII a.C., que en un mensaje dirigido a Acaz, rey de Judá, tuvo el gran honor de hacer un anuncio que dividiría la historia en dos tiempos: antes y después de Jesucristo. Él anunció el nacimiento del Salvador del mundo, Jesucristo Hombre.

La situación de Judá cuando Isaías pronuncia esta noticia era desafiante y peligrosa pues el rey de Siria y el del reino del Norte (también llamado Israel) habían hecho alianza para atacar a Jerusalén, pero no pudieron tomarla porque Dios se interpuso y dijo al profeta que no se preocupara por esos reyes a los cuales Dios llamó *dos cabos de tizón que humean* (Isaías 7:4). Jehová es el Dios de la profecía y del futuro, nadie va a interrumpir sus planes futuros.

De acuerdo con la versión del libro de los Reyes de Israel; aparentemente Acaz no mostró mucha fe en la palabra del profeta y, para enfrentarlos, confió en una alianza militar con el rey del imperio de Asiria y no en Jehová (2 Reyes 16:7-9). Y para convencer al rey Acaz de la intervención de Dios en ese conflicto bélico Isaías le dice a Acaz que pida una señal del cielo o de la tierra (Isaías 7:1-16). La señal dada al rey fue: *"La virgen concebirá y dará a luz un hijo, y le pondrá por nombre Emanuel."* (v. 14) pues Dios destruiría a los ejércitos atacantes y ante tal amenaza su corazón se le estremeció como se estremecen los arboles del monte (7:2).

La Virgen

¿Quién es esta virgen? Es probable que a esa doncella tanto Isaías como Acaz la conocieran, de lo contrario, no hubiese sido señal para ellos. Aunque la profecía mesiánica tiene una aplicación dualista (cumplimiento inmediato y futuro) en el texto de este anuncio profético no es claro quién es la virgen para que el rey pudiera ver el cumplimiento de la señal. El término hebreo para *virgen* es *almah* el cual puede significar una mujer joven casada o soltera. La versión Septuaginta (versión griega del Antiguo Testamento) redujo el término hebreo a una *virgen*. El pasaje de Isaías no aporta para identificar con claridad si hubo tal mujer que él conocía, la cual dio a luz un hijo. Lo más probable es que sí la hubo, pues el mensaje de la señal fue que Dios protegería a Judá y tal auguro sí se cumplió (v. 16).

Nacimiento Virginal. ¿Qué es un nacimiento virginal? En una concepción normal un hombre se une a una mujer y el resultado es la procreación de un bebé, pero se da otro escenario en el cual no hay intervención del varón. El óvulo en una mujer se desarrolla en embrión sin la presencia del espermatozoide y se desarrolla un bebé. Y es lo que en el griego se conoce como *par-*

thenogenesis o *creación virginal,* un nacimiento sin fertilización.

¿Qué sucedió en el nacimiento de Jesús? De acuerdo con el evangelista Mateo, citando a Isaías, dice *"He aquí, la virgen concebirá y dará a luz un hijo"* (1:23). No fue una inseminación artificial como las que se realizan hoy en día en el laboratorio. No hubo presencia de esperma. Fue un *milagro* —profetizado, testificado y registrado en la historia. La costumbre en la Biblia es trazar la descendencia de una persona a través del padre, no de la madre. Mateo hace claro que Jesús nació de la virgen María y no de su esposo José (1:16). Desde la caída del hombre y de la mujer en el pecado, se anunció la enemistad entre la simiente de la mujer (Jesús) y la de Satanás (Génesis 3:15).

En el embarazo de María no hubo intervención de hombre. La versión de Mateo dice que María, *se halló que había concebido del Espíritu Santo* antes de vivir juntos como pareja matrimonial. Y después añade que no la conoció (conocer también se usa en la Biblia para designar un encuentro sexual entre una pareja) indicando que no tuvieron relaciones sexuales hasta que ella dio a luz a su hijo Jesucristo quien era el **primogénito** (1:18, 25). Después que María dio a luz a Jesús y antes que José tuviera relaciones sexuales con ella, María era una virgen, pues no conoció varón alguno en ese periodo de tiempo.

La virginidad en la Biblia representa pureza. En el nacimiento de Jesús se tenían que cumplir dos profecías referentes al nacimiento y muerte de su cuerpo. *Primero*, para que la encarnación de Dios fuera una realidad Dios necesitaba habitar en un cuerpo inmaculado, santo, y libre de pecado. Del cuerpo de Jesús se profetizó que no vería o sufriría corrupción alguna, esto es, después de tres días en el sepulcro el cuerpo de Cristo no sufriría descomposición; y prueba de ello es que Tomás (el incrédulo) pudo tocar las heridas del Jesús resucitado (Juan 20:25, 27; Hechos 2:27, 30-31; Salmo 16:10). Y *segundo*, ese cuerpo también tenía que desarrollarse sin conocer el pecado porque en él habitó la Divinidad y así fue profetizado por Isaías *"Se dispuso con los impíos su sepultura, y con los ricos estuvo en su muerte. Aunque nunca hizo violencia, ni hubo engaño en su boca"* (53:9; 1 Pedro 2:22).

Emanuel

El profeta anunció que el nombre del niño (Jesús) sería Emanuel que traducido es "Dios con nosotros". De acuerdo con el evangelio según Juan, el Verbo o Palabra de Dios fue hecho carne, es decir, la encarnación de la Divinidad o Dios habitando en un *cuerpo santo* pues el cuerpo de Jesús no fue entregado al pecado. Pablo hablando de la elección de los judíos valida lo dicho por su homólogo, el apóstol Juan: *"De ellos son los patriarcas; y de ellos, según la carne, proviene el Cristo, quien es **Dios** sobre todas las cosas"* (Romanos 9:5).

Examinando el contexto histórico en que se da esta promesa y profecía —una alianza de dos reyes— el de Siria y el reino del Norte (Israel) decididos a destruir y guerrear contra Judá y su rey Acaz, nos ayuda a entender lo que significa "Dios con nosotros". Dios nunca abandona a los suyos en medio de las guerras y dificultades. Pero Acaz fue un idólatra y no confió en Dios. David dijo de sí mismo que en el día de angustia buscaba a Jehová y preguntaba en su oración, *"¿Qué puede hacerme el hombre?"* (Salmo 56:11; 77:2). Una característica muy particular de David fue que cuando cayó en las garras del pecado no se apartó del Señor y tampoco Dios lo desechó para siempre como fue el caso de Saúl que mantuvo una relación muy distante con Dios (2 Samuel 12:13-14; Salmo 55). De igual manera Pablo, cuyo domicilio mayormente era en las cárceles, expresó su confianza en Dios declarando que Él no nos abandona en medio de las dificultades.

Dios está ahí, cerca y no lejos. No abandona. Se acerca y se preocupa. No es indiferente. Abraza. Nos llama aunque no respondamos. Es nuestro mejor vecino pues no hay separación. Pablo después de hacer varias preguntas en cuanto a la fidelidad de Dios en nuestras pruebas, las cuales contesta positivamente, dice: *"Más bien, en todas estas cosas somos más que vencedores por medio de aquel que nos amó. Por lo cual estoy convencido de que ni la muerte ni la vida ni ángeles ni principados ni lo presente ni lo porvenir ni poderes ni lo alto ni lo profundo ni ninguna otra cosa creada nos podrá separar del amor de Dios, que es en Cristo Jesús, Señor nuestro"* (Romanos 8:37-39). No hay duda de que Dios está con nosotros: el *Verbo hecho carne habitó entre nosotros.* Dios nos ha sellado con el Espíritu Santo y Jesús dijo *"—Si alguno me ama, mi palabra guardará. Y mi Padre lo amará, y vendremos a él y haremos nuestra morada con él."* (Juan 14:23). ¡Misterios de Dios!

Niñez de Jesucristo

Lugar de Nacimiento. Los profetas no pasaron por alto un pequeño detalle como fue el lugar de nacimiento del Salvador. Fue en Belén de Judea —no muy lejos, al sur de Jerusalén y ciudad natal del rey David símbolo real del Mesías (1 Samuel 16:1; 17:12). Belén, en hebreo Beth-lehem, significa *casa de pan,* una ciudad de Judá, también llamada Efrata cuyo significado es *fructífero* (Génesis 35:16, 19). Aparece en la Escritura por primera vez en el libro de Génesis con relación a la muerte y sepultura de Raquel esposa de Jacob (Israel) y madre de Benjamín y José (30:22-24; 35:19; 48:7). Recogiendo estos significados podemos concluir que el mejor lugar para el nacimiento del Salvador de la humanidad nos prueba que Jesucristo vino a dar vida y vida en abundancia, y Él es, el pan de vida que descendió del cielo (Juan 6:48-51; 7:42; 10:10). Casi 800 años antes, su lugar de su nacimiento fue anunciado por el profeta Miqueas: *"Pero tú, oh Belén Efrata, aunque eres pequeña entre las familias de Judá, de ti me saldrá el que será el gobernante de Israel, cuyo origen es antiguo desde los días de la eternidad."* (5:2).

Presentación del Niño en el Templo. Para cumplir con el mandamiento de circuncidar al *octavo día* a los niños recién nacidos (Génesis 17:12; Levítico 12:3b), los padres del Salvador acudieron al Templo para circuncidarlo y ponerle el nombre *Jesús* ya anunciado por el ángel antes que fuese concebido (Lucas 2:21; cf. 1:59). Notemos que el octavo día viene siendo el primer día de la semana. En la cultura judía el *octavo día* (8) se interpreta como un *nuevo comienzo o principio.* No debe tomarse como coincidencia que el valor de las letras del nombre nuevo "Jesús" en el idioma griego -ΙΗΣΟΥΣ- sumen ochocientos ochenta y ocho (888). La suma de los valores numéricos de cada letra griega nos da dicho valor: iota, 10; eta, 8; sigma, 200; ómicron, 70; upsilon, 400; sigma, 200. Juan escribió que en el principio —era el Verbo y que habitó entre nosotros. ¡Misterios de Dios!

María había de cumplir con la ley de dedicar a Jehová todo primer nacido como lo era el caso de Jesús quien era su primogénito (Éxodo 13:2, 13). Tal dedicación conllevaba una ceremonia en la Casa de Dios después de los días de la purificación de la madre, unos cuarenta días en el caso de un niño varón (Levítico 12:2-4). En la ceremonia de presentación de un primogénito al Señor se ofrecían un cordero de un año para holocausto y un palomino o una tórtola para expiación. Si los padres eran pobres y no tenían lo suficiente para ofrecer un cordero entonces la ofrenda era de solo, *dos tórtolas o dos pichones de paloma, el uno para el holocausto y el otro para el sacrificio por el pecado* (Levítico 12:6-8). La ofrenda en la presentación de Cristo en el Templo por sus padres fue una *ofrenda de pobres.* Jesús nació en un hogar pobre, pero fue sepultado entre los ricos (Isaías 53:9).

Para el Salvador y Creador del universo no hubo lugar en el mesón, siendo rico se hizo pobre —el Verbo hecho carne. Nunca conoció el pecado y Dios lo hizo pecado por nosotros: *"Porque conocen la gracia de nuestro Señor Jesucristo que, siendo rico, por amor de ustedes se hizo pobre para que ustedes con su pobreza fueran enriquecidos."* (2 Corintios 8:9; cf. 5:21).

Simón, un hombre justo y piadoso de Jerusalén, que también esperaba la gran salvación de Jesucristo para Israel y toda la humanidad, ya profetizada por Isaías, fue al Templo y tomó al niño Jesús en sus brazos citando las palabras del profeta: *"Ahora, Soberano Señor, despide a tu siervo en paz conforme a tu palabra; porque mis ojos han visto tu salvación que has preparado en presencia de todos los pueblos: luz para revelación de las naciones y gloria de tu pueblo Israel"*. (Lucas 2:29-32; Isaías 40:5; 42:6; 46:13; 52:10).

La Huida del Niño a Egipto. Y después de la caída de la primera pareja, como ya estaba profetizado en el libro de Génesis comenzó la enemistad entre la simiente de la mujer (Jesús) y Satanás quien movió sus fichas en sus intentos para destruir los planes de Dios (3:15). Jeremías ya había pronosticado que Herodes se enojaría tanto que en su temor e ira mandaría matar a los niños; y así sucedió, cuando llegaron los magos del oriente a Jerusalén preguntando por el rey de los judíos que había nacido, el maligno zarandeó a Herodes al aterrorizarlo por el hecho de que el verdadero Rey había nacido y que lo destronaría; pero ya Dios tenía un plan para disipar las artimañas de Satanás (31:15; Mateo 2:2, 13-14).

Mateo es el único que presenta en su evangelio la huida a Egipto explicando que un ángel de Dios le avisó a José en sueños que tomara al niño y huyera al país egipcio por causa de Herodes quien buscaría al niño para matarlo (2:13-15).

¿Por qué Dios escondió a Jesús en ese país siendo que los Israelitas no debían regresar a Egipto donde habían sido esclavos por cuatro siglos? (Deuteronomio 17:16). Sucedió así, para identificar a Jesús con Israel de acuerdo con lo que dijo el profeta Oseas (11:1).

La historia de Israel a través de las edades ha sido un círculo, aunque sus enemigos no han logrado acabar del todo con su existencia. La situación con los judíos a través de los tiempos es que triunfan; los envidian, los persiguen, los expulsan y hacen guerra contra ellos, pero no los pueden exterminar y renacen de nuevo como el árbol talado cuyo tronco dejan y reverdece. El Mesías arribó a este mundo como un niño. Herodes lo quiso matar. Sus padres lo llevaron a Egipto para protegerlo y después de que el maldito Herodes había muerto cesa el peligro de muerte, regresaron a Israel y se cumplió la profecía de Oseas cuando dice: *"Cuando era muchacho yo lo amé, y de Egipto llamé a mi hijo"* (11:1).

Jesús crece en gracia y sabiduría para con Dios y a los doce años tuvo un encuentro con los intelectuales de la clase religiosa en Jerusalén dejándolos maravillados con su disertación. A los treinta años inicia su ministerio y es tentado por el diablo. Los fariseos no lo dejaron quieto y fueron una oposición no muy pequeña a su ministerio. Satanás pensó que en la cruz terminaba todo, pero lo que murió en la cruz fue la cubierta del Verbo hecho carne. Al tercer día resucitó, a los cuarenta días subió al cielo y se sentó a la derecha del Padre. Y el diablo quedó burlado, fracasaron todos sus malignos intentos. ¡Ja, cuánto lo sentimos!

En la Escritura encontramos a Israel como símbolo del Mesías. A Israel Dios lo declara su primogénito al igual que a Jesús. Israel es una nación diferente a todas las naciones. Su especial tesoro es un reino de sacerdotes y gente santa (Éxodo 4:22, 19:5-6; 1 Pedro 2:9; Apocalipsis 1:6; 5:10). El título de *primogénito* a Jesucristo le da supremacía sobre toda la creación y seres celestiales igualándose a Dios (Romanos 8:9; 1 Corintios 15:25-28; Colosenses 1:15-20; Hebreos 1:6; Apocalipsis 1:5).

Israel llegó refugiado a Egipto. Esto fue un plan que ya Dios había concretado enviando a José (que fue vendido por sus propios hermanos porque le tenían envidia) llegando a Egipto donde logró ser segundo después del faraón. La historia narra que una gran sequía obligó a la familia de la futura nación de Dios a descender a buscar alimento en el país egipcio. Y encontraron suficiente alimento, pero un nuevo faraón puso en el olvido la contribución de los israelitas a la economía egipcia y fueron hechos esclavos. Y como dijo Oseas: *"Por medio de un profeta el SEÑOR hizo subir a Israel de Egipto, y por el profeta fue guardado"* (12:13). Dios a través de Moisés llamó a Israel de

Egipto; y el profeta Oseas anticipó que Dios llamaría a su Hijo de Egipto: *"Cuando Israel era muchacho yo lo amé; y de Egipto llamé a mi hijo"* (11:1). ¡Misterios de Dios!

3

JUAN EL BAUTISTA: PRECURSOR DE JESUCRISTO

"Yo soy la voz de uno que proclama en el desierto: "Enderecen el camino del Señor"
(Juan 1:23)

En la ceremonia de algún evento importante se escoge a quien va a presentar al orador principal. No es una tarea fácil, aunque se percibe con poca importancia porque la expectativa es hacia el orador invitado. Tengo la experiencia de haber asistido a una conferencia donde la presentación del orador y sus credenciales fue de duración casi igual al mensaje que este presentó. Definitivamente se trataba de una persona de renombre y que había dedicado toda su vida al mundo de los negocios. ¡Un campeón!

Juan el Bautista fue un profeta sin igual. De él sabemos que aunque fue un celoso con un mensaje fogoso y que impactó eficientemente a su audiencia, a tal punto que se compungieron y respondieron diciendo: *Maestro, ¿Qué haremos?* —nunca hizo un milagro (Juan 10:41). Aun así, su ministerio como precursor del Mesías cumplió con los planes de Dios. De la misma manera, Noé fue pregonero de justicia, un gran hombre de Dios, pero sólo su familia y animales entraron al Arca y se salvaron. A ningún otro humano pudo convencer a que entrara en el Arca.

Juan fue el último de los profetas del Antiguo Testamento pues Lucas dice que *la ley y los profetas* llegaron hasta Juan el Bautista y podemos concluir que su ministerio profético fue antes de que el Nuevo Testamento entrara en vigencia. Es decir, que muriera y resucitara Jesús (16:16; Hebreos 9:15-17). Sus progenitores, ambos de edad avanzada, eran muy consagrados, andando irreprensiblemente delante del Señor. Su pare Zacarías fue sacerdote de la clase de Abías; y de su mujer Elisabet se dice que era estéril y descendiente de las hijas de Aarón (Lucas 1:5-7). David ya había organizado a los sacerdotes en unos 24 turnos o clases, así cada turno servía dos veces al año en el templo (1 Crónicas 24:1-31). Zacarías pertenecía a la octava clase, la de Abías; y por el hecho de que había tantos sacerdotes, cada sacerdote alcanzaba a ofrecer el incienso una vez y quizás dos en toda su vida (1 Crónicas 24:1-6, 10). Fue durante ese *gran y único momento* en su servicio sacerdotal en el altar del incienso en el Templo que un ángel del Señor le anunció que su esposa (siendo estéril) daría a luz un hijo y que su nombre sería *Juan* (Lucas 1:8-13).

El profeta Juan pasó la mayor parte de su vida en el desierto hasta que se presentó al pueblo judío con su fuerte mensaje como el precursor de Jesucristo (Lucas 1:80). Él mismo manifestó que no conoció a Jesús hasta que ambos se encontraron en el Bautismo de Jesucristo (Juan 1:31, 33). Zacarías su padre, quedó mudo porque al igual que Abraham y Sara, Zacarías y Elisabet eran de edad avanzada para procrear hijos y él dudó del anuncio del ángel del Señor acerca del nacimiento de Juan. Cuando Zacarías recupera su voz, declara que su hijo era el precursor de Jesucristo ya anunciado por los profetas: *"Y tú, niño, serás llamado profeta del Altísimo porque irás delante del Señor para preparar sus caminos"* (Lucas 1:76, cf. v. 19-20).

El autor de su muerte fue Herodes Antipas llamado también el

Tetrarca. Su padre, Herodes el grande, fue quien mandó matar a los niños y por cuyo motivo José y María huyeron a Egipto para librarlo de tal matanza. Jesús sin reserva alguna lo llamó una *zorra,* y sí que lo fue, pues también lo usó como ejemplo de maldad al compararlo con la levadura, símbolo en la Escritura de pecado; Él dijo a sus discípulos que se cuidaran de la levadura de los fariseos y de la levadura de Herodes (Lucas 13:31-32; Marcos 8:15).

Ambiente Político y Religioso

En los días de la entrada de Juan al escenario político y religioso en Israel había mucha tensión. En lo político-religioso el país estaba viviendo el colonialismo bajo la ocupación del imperio romano; una verdadera sopa con ingredientes principales de la clase política y religiosa. Existió un movimiento, conocido como *los zelotes* o *zelotas* (significa "uno que es celoso de Dios), por cierto, muy extremista, fundado por Judas el galileo. El término *zelote* se usó para traducir la palabra aramea *cananista.* Uno de los discípulos de Jesús era un zelote llamado "Simón el Zelote o el cananeo" (Mateo 10:4; arcos 3:18; Lucas 6:15). Ellos defendían el uso de la violencia para adelantar su lucha nacionalista de liberar a Israel de la opresión bajo los romanos.

Los saduceos considerados un partido político que mezclaba la religión y la política para preservar el judaísmo, eran la *clase sacerdotal.* Estos fueron los descendientes del sumo Sacerdote *Sadoq* quien ejerció su sacerdocio en los tiempos de Salomón. Eran los aristócratas, la nobleza. Los pragmáticos que su filosofía de gobernar era buscando la aceptación de Roma para no agudizar la opresión romana; una forma de perpetuar el colonialismo. En realidad, eran los liberales de aquella época en Israel. Su religiosidad era cuestionable pues no creían en la resurrección de entre los muertos, ángeles o espíritus (Hechos 23:6-8). En cuanto a la interpretación bíblica (la Torah o Ley en el Antiguo Testamento) aceptaban la Ley de Moisés *escrita* y rechazaban la Ley o*ral*. Fueron los más que fustigaron a Jesús durante su juicio ante las autoridades romanas.

El Sanedrín era semejante a una corte suprema en la ciudad de Jerusalén. En un principio en el Antiguo Testamento era un grupo de 23 jueces en cada ciudad. En la nación de Israel la composición del Sanedrín era un grupo de 71 integrantes incluyendo al sumo Sacerdote. Algunos de los miembros del Sanedrín eran miembros del partido de los saduceos. Su desintegración dio comienzo debido a la destrucción del Templo en el 70 d.C. por los romanos, —luego movieron la sede a la ciudad de Yavneh. Con el correr del tiempo y hasta que llegó a su final jornada, el Sanedrín fue rondando por varias ciudades. Esta corte religiosa estuvo en operación hasta el año 425 d.C. cuando su último presidente, Gamaliel VI fue asesinado por Teodosio II, quedando como una entidad ilegal bajo las leyes imperiales de Roma.

Los Fariseos eran el grupo muy religioso, legalista y celoso de la Ley escrita y, a diferencia de los saduceos, aceptaban la Ley oral como inspirada de Dios. A algunos dentro de este partido eran escribas y se les consideraban los idealistas dentro de la sociedad judía. Su nombre de fariseos era muy apropiado pues su raíz es *perusim* del vocablo en hebreo *paras* que significa "separar". Y sí, que eran separatistas. El Señor Jesús les dedicó casi todo el capítulo 23 en el evangelio de Mateo en una disertación donde se condena su extremismo y prácticas religiosas. Dicho por Jesús, eran unos hipócritas y con tales prácticas y enseñanzas lo que lograban los fariseos era hacer a un prosélito hijo del infierno:" "*¡Ay de ustedes, escribas y fariseos, hipócritas! Porque recorren mar y tierra para hacer un solo prosélito y, cuando lo logran, le hacen un hijo del infierno dos veces más que ustedes.*" (23:15).

Y finalmente, en la sociedad judía existió una comunidad que practicaba el ascetismo como respuesta a la dominación romana, conocidos como los *esenios*. Operaron como un grupo separado totalmente de los demás y viviendo una vida monástica. Su origen se remonta después de la revuelta de los macabeos (166-159 a.C.). En su misión como grupo se asemejaron a la de Juan el Bautista pues también se retiraban al desierto *preparando el camino al Señor*.

Misión de Juan el Bautista

La misión de Juan como precursor del Señor Jesús la encontramos en la profecía de Isaías (40:3) en un contexto histórico muy significativo, mayormente para los exiliados en Babilonia. Los capítulos 40-66 del libro de Isaías se conocen como el Deutero-Isaías o segundo Isaías debido a la creencia que un segundo autor escribió tal colección de dichos capítulos. Tradicionalmente se cree que los primeros 39 capítulos fueron escritos por el Isaías perteneciente a la generación de profetas del s. VIII (799-700 a.C.) que incluía además a Amós, Oseas y Miqueas. Los primeros 8 capítulos del segundo Isaías (40-48) contienen un mensaje de consolación y una descripción del amor de Dios por su pueblo exiliado en Babilonia. Dios a través del profeta quiere hacerle saber a ellos que a pesar del castigo infligido por los babilónicos es suficiente y, Dios hará que su pueblo regrese a Jerusalén. El Señor los ama y no los ha abandonado, deben confiar en Él y por lo tanto sus promesas son verdaderas. También el autor dedica parte del mensaje en exhortar al pueblo a que no se queje contra el Señor dudando de su poder y que es hora de tener esperanza en el Creador y no en los ídolos (40:27; 49:14; 50:2).

El profeta comienza con voz de consolador. Dios mismo consolando a los cautivos. Le habla al *corazón de Jerusalén* y les asegura que el exilio ya termina, que se ha cumplido y que es tiempo de empacar y comenzar el regreso a casa; y lo más alentador es que el pecado de ellos ha sido perdonado y que el castigo por todas sus faltas es más que suficiente y final (40:1-2). Y en seguida, y sin preámbulos, anuncia la llegada de una misteriosa *voz*. La misión de Juan el Bautista la cual es preparar el camino del Señor. Una voz proclama: "¡*En el desierto preparen el camino del SEÑOR; enderecen calzada en la soledad para nuestro Dios!"* (v.3). Ahora bien, ¿Quién es esta voz y a quién va a anunciar? Primero, tomando en cuenta el dualismo en la profecía en el Antiguo Testamento, esa voz la podemos identificar como la Palabra de Dios llegando al profeta para consolar a un pueblo que estaba en el exilio y asegurándoles el amor incondicional de Dios; que Él es inmutable y tal como sucedió con Moisés cuyo pedido a Dios fue que Jehová no los moviera del Sinaí sin Su Presencia; así, los exiliados también gozarían de la presencia de Dios en su regreso a Jerusalén (Éxodo 33:15).

Segundo, los cuatro evangelistas la identifican a esa voz en el desierto, como a Juan el Bautista (Mateo 3:3; Marcos 1:3; Lucas 3:4; Juan 1:23) y se cumple en una manera muy literal pues ya mencionado, Juan fue un habitante en el desierto. Juan mismo dio testimonio a los enviados de los sacerdotes y levitas de parte de los judíos fariseos en Jerusalén, los cuales querían saber, quién era él: *"Dijo: —Yo soy la voz de uno que proclama en el desierto: "Enderecen el camino del Señor", como dijo el profeta Isaías."* (Juan 1:23, cf. v. 19-22, 24).

Mensaje de Juan el Bautista

Preparación para Recibir el Mensaje. Cuando Juan entra a escena preparando el camino del Señor, Israel estaba en la necesidad de un mensaje fuerte y directo que penetrara como una espada embestida hasta su mente y corazón. Tenía que ser un mensaje urgente. No era apaciguar con paños tibios. Era decir las cosas por su nombre. Israel se había descarriado no siguiendo la Torah (o la Ley del Señor), no alcanzando lo que desde el Sinaí Dios le había fijado como una meta a corto y a largo plazo, *una nación de gente santa* (Levítico 20:26). Nunca lograron la meta, de tener un nivel espiritual más alto que las naciones vecinas. Bien lo dijo Isaías: *"¿Para qué han de ser golpeados aún? Pues todavía persistirán en rebelarse. Toda cabeza está dolorida y todo corazón está enfermo."* (1:5).

Para darle la bienvenida al Hijo de Dios en su primera aparición, era necesario que Israel se preparara con la mente, alma, cuerpo y el corazón; sin vacilación o claudicación entre el verdadero Dios y los ídolos. ¡Tenían que amar a Jehová sobre todas las cosas! Ellos serían testigos de la división de la historia de la humanidad: *antes y después de Cristo*.

Juan el Bautista se introdujo a la audiencia con palabras que demandaban arrepentimiento. Dar una vuelta en **U**. Volverse de sus malos caminos y producir frutos dignos de un indudable arrepentimiento. Su mensaje tenía autoridad divina —rechazarlo era igual que rechazar a Dios (Lucas 7:29-30). A quien el pueblo iba a recibir no era de este mundo, era del cielo, el Dios celestial venido en carne. Era algo apremiante. Se acercaba el Reino de los Cielos (Mateo 3:2).

La entrada del Salvador no se puede comparar con el recibimiento de un rey terrenal en otro país. Nos imaginamos el mucho trabajo y alto costo que envuelve recibir a un actual rey en otras naciones: limpieza y embellecimiento de calles principales, edificios y monumentos también tienen que lucir nítidamente. Israel tenía que prepararse, estar limpio y elegante. Iba a encontrarse con su Dios. La limpieza era más allá de lo físico, ornamental y buena presentación; era preparar el corazón para que en él habitara el Hijo de Dios. La reconciliación tenía que ser total; la cual, de acuerdo con lo que escribió el profeta Malaquías quien identifica a Juan el Bautista (viniendo en el espíritu y poder del también profeta Elías) era necesario una conversión nacional la cual describe como volver el *corazón de los padres hacia los hijos y el de los hijos a los padres* (4:5-6). No se trataba de perdedores y ganadores o entre buenos y pecadores, era perdonar al prójimo y pedir el perdón de Dios.

Al llegar el reino de Dios a la tierra, la vida sería diferente para aquellos que deseen entrar a él; sufrirán una transformación y tendrán una nueva esperanza la cual es vivir con el Señor para siempre. La vida en el reino de Dios es muy diferente. La moneda oficial es la fe. Llegar a Dios no es a través de tradiciones o principios establecidos por los que arrebatan el poder. No tienen preferencia los santurrones. La Palabra dice: ¡Qué todos procedan al arrepentimiento!

Alcance e Impacto del Mensaje. En el mundo corporativo las compañías se dan a conocer por un logo, misión o visión futura. Y en cada uno de esos esfuerzos para presentarse ante los clientes y seguidores o consumidores se inventan frases llamativas con algo de sabiduría. Por ejemplo, *a la vanguardia con la tecnología, no escatimamos esfuerzos para servirle, somos los pioneros en la lucha contra el cáncer*, y otras. Malaquías anunció de antemano la llegada de Juan con escogidas frases que delinearían su ejecutoria antes de la aparición del Mesías: "*He aquí yo envío mi mensajero, el cual preparará el camino delante de mí. Y luego, repentinamente, vendrá a su templo el Señor a quien buscan, el ángel del pacto a quien ustedes desean. ¡He aquí que viene!, ha dicho el SEÑOR de los Ejércitos.*" (3:1). Cada frase en este versículo es materia para un sermón dominical: mi mensajero, preparar el camino, ir al templo del Señor, el ángel del pacto y ¡He aquí que viene!

Sin lugar a duda el mensajero es la voz que clamó en el desierto, Juan el Bautista; ya anunciada por Isaías en la figura y poder del profeta Elías para reconciliar a Israel con Dios como preparación a la llegada del Mesías a la tierra (40:3; Mateo 11:12-15; Lucas 1:16). El ángel del Pacto o de la alianza es una clara referencia al Ángel del Señor muy usada en el Antiguo Testamento. Se le apareció a Agar cuando vagaba por el desierto a causa de haber sido despedida por Saraí esposa de Abraham (Génesis 16:7-16). También a Abraham se le apareció en el encinar de Manre (18:1-2, 22) cuando se presentaron tres varones en forma de ángeles y uno de ellos se identifica como Jehová (v. 13, 17). El ángel de Jehová detuvo a Abraham de sacrificar a su unigénito hijo Isaac después que mostró una gran fe en Dios (22:11-13) y se le apareció a Josué antes de dar comienzo a la conquista de la Tierra Prometida (Josué 5:13-15). El ángel de Jehová o ángel del Pacto es la aparición misteriosa de Dios mismo a través del Antiguo Testamento y símbolo mesiánico de Jesucristo.

En la profecía de Malaquías antes mencionada se dice que el *Señor vendrá repentinamente a su templo a quien buscan*. Algo misterioso en este pasaje es lo siguiente: Primero, Jesús entra a Jerusalén al final de su carrera en este mundo, fue una entrada triunfal y reportada por los cuatro evangelistas. De acuerdo con la versión de Juan, nos dice que Jesús llegó a Jerusalén el día 10 del primer mes en el calendario judío, del mes de Nisán. De hecho, ese día es muy importante en la redención o liberación de Israel de la esclavitud en Egipto, que se conmemoraba con la celebración de la fiesta de la Pascua. En el día 10 se escogía el cordero para tal celebración y del 10 al día 14, el cordero era examinado para ser declarado sin mancha o falta y listo para ser sacrificado entre las dos tardes (del día 14 y 15). Jesús tenía que ser, de la misma manera, examinado y declarado sin pecado (Éxodo 12:1-6; 1 Pedro 2:22). Fue bien examinado y buscado por las autoridades judías al punto que Pilato dijo que no encontró falta alguna y lo dejó libre y listo para ser sacrificado por todos los pecados del mundo (Juan 18:38). Al ver Juan el Bautista a Jesús, exclamó y dijo: "*Este es el cordero de Dios, que quita el pecado del mundo*" (Juan 1:29). Segundo, examinando los evangelios nos encontramos que una gran gama de personajes con distintos motivos buscaba a Jesús. Y, ¿Quiénes buscaron a Jesús durante su estadía en la tierra? Su familia (Mateo 12:46-47), unos griegos (Juan 12:20-21), toda la gente presente (Marcos 1:37), los principales sacerdotes y escribas para matarlo (Mateo 21:46; Marcos 14:1) y las mujeres después que resucitó (Mateo 28:5).

El Final de Juan el Bautista

Howard H. Dean es un médico y político, fue gobernador del estado de Vermont, USA (1991-2003). En las elecciones presidenciales del 2004, él fue el candidato favorito por el Partido Demócrata y el que más dinero había recibido de sus seguidores previo al inicio de las primarias presidenciales. En la primera consulta primarista electoral, en el caucus del estado de Iowa sufrió una humillante derrota; como un nocaut en el primer asalto en una pelea boxística. Muy sorprendido y decidido a rebotar y energizar su campaña, el siguiente día trató de hacerlo en una forma teátrica. Ante las cámaras televisivas de los mayores medios noticiosos y actuando como un comediante, sin el talento natural (pues no lo tenía), anunció los pasos y estrategias a seguir en el futuro para decidir su destino político. Su voz le falló, ronco y en tono no familiar para él, actuando como casi un payaso le salió un grito que fue el tema a considerar en los noticieros nacionales por los siguientes días. Chirrió como disco rayado o el ruido que produce la fricción entre dos metales. Más tarde ese grito famoso se conoció como el "Dean Scream" o *Grito de Dean*. La historia se escribió y Howard Dean quedó eliminado de la contienda electoral. ¡Un grito lo sacó del camino a la Casa Blanca!

Hay un dicho popular que dice, *no es cómo empezamos, sino, cómo terminamos*. Juan el Bautista estando en la cárcel y oyendo de los hechos milagrosos de Jesucristo, dudando, envió a dos de sus discípulos a preguntarle: "¿Eres tú aquel que ha de venir, o esperaremos a otro?" (Mateo 11:3). Una pregunta que lo destronó de ser el más grande de entre los profetas al más pequeño entre ellos. Y sí que Juan el Bautista fue grande y enérgico cuando se trataba de denunciar el pecado. No tuvo reservas en decirle al rey Herodes (un malvado y temible rey) que no le era permitido estar unido con la esposa de su hermano Felipe (Mateo 14:1-5; Lucas 3:18-20).

Jesús dijo acerca de él: *"De cierto les digo que no se ha levantado entre los nacidos de mujer ningún otro mayor que Juan el Bautista. Sin embargo, el más pequeño en el reino de los cielos es mayor que él."* (v. 11). Un final trágico para un personaje que hizo que la nación de Israel pusiera atención a la aparición del Mesías en la tierra. ¿Qué hizo a Juan dudar del poder de Cristo? No lo encontramos en la Biblia. ¡La soledad en la cárcel!, es posible. Quizás su visión del reino de Dios que también estaba en la mente de muchos en Israel y que pensaban que era la respuesta para contrarrestar el poder del imperio romano: un reino terrenal con el Mesías como el rey, con una misión militar y política que les hacía recordar la época de oro de la monarquía de David cuando los enemigos huían de Israel. ¡Un final trágico!

4

REINADO DE JESUCRISTO: REINO DE DIOS

"Porque es necesario que él reine hasta poner a todos sus enemigos debajo de sus pies."

(1 Corintios 15:25).

Un sistema de gobierno monárquico se refiere a un sistema político donde toda la autoridad reside en una sola persona con poderes absolutos. Como decía mi mamá, "hay que decirle *usted y tenga*". Cuando la Biblia habla del reino de Dios, el Rey es todopoderoso y tiene toda autoridad en el cielo como en la tierra. Los reyes terrenales tienen autoridad limitada. El sabio Salomón dijo: *"Como una corriente de agua es el corazón del rey en la mano del SEÑOR, quien lo conduce a todo lo que quiere"* (Proverbios 21:1). Jesús dijo que su reino no es de este mundo, es decir, que los negocios y políticas en el reino de Dios se administran en forma diferente, no se sigue el modelo terrenal de gobernar; estableciendo estructuras, niveles y posiciones al antojo humano para satisfacer el hambre del poder.

Juan el Bautista anunció que el reino de Dios *se ha acercado* y por lo tanto la nación de Israel tenía que prepararse para su llegada arrepintiéndose, dejando los malos caminos y volviéndose a Dios. ¿Qué significa el establecimiento del reino de Dios en la tierra? Pensemos por un momento en una empresa muy sólida en el mercado, con mucho éxito, llevando sus servicios o productos a sus clientes. Una compañía organizada tiene su base principal desde donde se toman decisiones y dirige todas sus operaciones; lo que se conoce como *oficina principal,* en inglés, *headquarter.* Una vez la compañía sigue creciendo llegando a nuevos clientes en distintas partes geográficas y penetrando otros mercados se convierte en una organización global. Entonces hay que tomar la decisión de expandir con el propósito de estar cerca de sus clientes y *ser parte de la comunidad.* Es importante que la empresa tenga una buena imagen ante la comunidad y proyectarse como una organización local contribuyendo a su propio desarrollo a través del pago de impuestos a las arcas de la ciudad y país participando en actividades comunitarias. Un negocio que se perciba en una comunidad como solo devengando exorbitantes ganancias y que no contribuya—digamos al sistema educativo, entonces su reputación e imagen puede verse afectado de una manera negativa.

El reino de Dios es *celestial.* La expresión *reino de los cielos* solamente aparece unas 8 veces en el Antiguo Testamento y, en el Nuevo, sólo el apóstol Mateo la usa unas 32 veces. En la oficina principal del reino de Dios se tomó la decisión mucho antes de la fundación del mundo de expandir operaciones aquí en la tierra para estar cerca de sus clientes; y a dicha operación se le dio el nombre *Emanuel* que traducido es "*Dios con nosotros*" (Isaías 7:14; cf. Juan 7:24; Efesios 1:4; 1 Pedro 1:20). El reino de Dios es un sistema de vida y no se asemeja a lo que nos hemos acostumbrado a ver cada día en las noticias del diario, con relación a los políticos que nos llenan el oído. El reino celestial es un estilo de vida, calidad de vida. *Viviendo bajo la sombra del Omnipotente,* dijo el salmista (Salmo 91).

Escatología: Estudio de los Últimos Acontecimientos

Escatología es una palabra de origen griego y tiene dos términos: *eschatos* que significa último, fin, final, postrero; *logos* o discurso, tratado, estudio. En términos teológicos es el estudio de todos los acontecimientos ya profetizados en las Escrituras que preceden a la segunda venida del Señor Jesucristo. Temas como la resurrección, la segunda venida de Cristo, el juicio final y la gran tribulación entre otros son parte de la escatología.

También se refiere al fin de la existencia personal como la *muerte,* la cual nos sorprende al final de nuestro trayecto en la tierra; exceptuando a aquellos que agradaron al Señor, hallaron gracia ante Él y por su misericordia, no experimentaron la muerte y fueron traspuestos, como fueron Enoc y Elías.

Pablo y Pedro hablan en una manera muy personal acerca de nuestra esperanza después de la muerte y reunión con el Señor. Pablo la llama *esperanza bienaventurada* y Pedro, *la salvación preparada para ser revelada en el tiempo final* (Tito 2:13; 1 Pedro 1:5). Escatológicamente la muerte es tan inevitable como el pagar los impuestos al gobierno, y el mismo Salomón dice que no hay armas que nos defiendan cuando llega a tocar las puertas, literalmente dice *que no valen armas en tal guerra* (Eclesiastés 8:8).

El profeta Isaías nos introduce al establecimiento del reino de Dios en la tierra con una descripción de solo cinco versículos. Un tema que quizás para explicarlo a profundidad sea necesario escribir todo un libro. ¡Qué ingrato! Mucho antes que Isaías escribiera esa pequeña pero concisa exposición en pocos versículos, ya Dios le había dicho a David que de su descendencia levantaría un rey que reinaría para siempre en su Trono (2 Samuel 7:12-16). Ante la llegada del reino de los cielos en la tierra Juan el Bautista dudó; razón por la cual Jesús dijo que, "el más pequeño en el reino de los cielos es mayor que él" (Mateo 11:11). Israel tristemente rechazó a Dios como su Rey y establecieron un reino terrenal porque querían ser como las demás naciones las cuales eran gobernadas por un rey y tenía un ejército. Tal sistema de gobierno terrenal contribuyó al fracaso de la nación israelita quien no llegó a ser lo que Dios esperaba de ellos: un pueblo santo de reyes y sacerdotes. Cuando se presentó Jesucristo, *Emanuel* o Dios con ellos, en Jerusalén lo rechazaron porque no era <u>político</u> ni <u>militar</u>. Como dice la expresión muy popular, ¡Quién los entiende!

Los Postreros Tiempos. Isaías inicia su presentación del reino de Dios situándolo en los últimos días. Muchas profecías del Antiguo Testamento nos alertan sobre los días finales antes del juicio a las naciones, pero no indican con claridad cuando es el fin y tenemos que conformarnos pues Moisés dijo: "*Las cosas secretas pertenecen al SEÑOR nuestro Dios, pero las reveladas son para nosotros y para nuestros hijos, para siempre, a fin de que cumplamos todas las palabras de esta ley.*" (Deuteronomio 29:29). Y Marcos no nos alumbra mucho en cuanto a la segunda venida de Jesucristo a la tierra pues muy escuetamente dice que de ese día y hora nadie sabe, ni los ángeles, tampoco el Hijo (13:32). Ni modo, tenemos que conformarnos con lo revelado, lo demás es pura especulación.

Los historiadores dividen los periodos históricos en tres: Historia Antigua, Medieval y la Moderna. Con la resurrección de Jesucristo podemos decir que la historia universal fue dividida en solo dos épocas: antes de Cristo (a.C.) y después de Cristo (d.C). De acuerdo con la Biblia desde el primer libro de Génesis hasta el último (o el Apocalipsis) se puede dividir el tiempo en cuatro épocas:

➢ *Patriarcal* - desde el principio hasta el Monte Sinaí cuando Israel recibe la Ley o Torah.
➢ Desde que la *Ley* fue dada hasta *la muerte y resurrección de Jesucristo*.
➢ Después de la *resurrección* hasta *la segunda venida de Jesús*.
➢ Y, por último, después del *juicio final hasta la eternidad*.

Así que, considerando que ya el Señor Jesús ha sido coronado como el Rey de reyes pues está sentado en el Trono de su Padre y ahora mismo está reinando, poniendo a sus enemigos por estrado de sus pies; podemos estimar los postreros días desde la resurrección del Señor hasta el juicio final y de ahí en adelante la *eternidad*. *"Luego nosotros, los que vivimos y habremos quedado, seremos arrebatados juntamente con ellos en las nubes para el encuentro con el Señor en el aire; y así estaremos siempre con el Señor."* (1 Tesalonicenses 4:17; 1 Pedro 1:5)[1].

Confirmación de Sión como el Monte de Dios

Un monte en la Biblia es representación de la cercanía del ser humano con el Creador. Es el punto de encuentro. Dios está en las alturas y el ser humano en la tierra. Si un monte se dice que es de Dios entonces el monte representa a su pueblo pues Dios no necesita montañas para morar ni descansar y, Jesús dijo que las montañas se pueden mover por la fe. David en el Salmo 72 usa la imagen de los montes para ilustrar la justicia que el rey debe hacer hacia los afligidos y pobres (v. 2-3). El Monte Sión o *Hermón* aparece por primera vez en la Escritura cuando Moisés hizo un resumen de la ley antes de su muerte (Deuteronomio 4:48). Se le llamó la *fortaleza de Sión* y *ciudad de David*. Él la conquistó cuando los jebuseos —habitantes de la ciudad— lo insultaron diciéndole: "«*Tú no entrarás aquí, pues aun los ciegos y los cojos te echarán*» *(queriendo decir: David no puede entrar aquí)*" (2 Samuel 5:6; cf. 1 Reyes 8:1; 1 Crónicas 11:4-9). La palabra *Sión*, como tal, se encuentra unas 38 veces en el libro de los Salmos y 46 veces en la profecía de Isaías —dos libros netamente mesiánicos. Sión y Jerusalén son sinónimos como el *lugar de encuentro* de Dios con su pueblo.

Sión en la profecía de Isaías. De acuerdo con el profeta Isaías la nueva ley o el evangelio sale de Sión y de Jerusalén (Isaías 2:3) y es un lugar donde habita Dios (8:18). Es el sitio donde Dios puso la *piedra angular* como fundamento, la cual es una referencia directa a Jesucristo (28:16), —*"He aquí, pongo en Sión la principal piedra del ángulo, escogida, preciosa; el que crea en él, no será avergonzado"* (1 Pedro 2:6). También es un lugar muy especial que pone de manifiesto la gracia, amor y bendiciones que brotan del evangelio, obra exclusiva de Jesucristo, —*"¡Cuán hermosos son sobre los montes los pies del que trae alegres nuevas, del que anuncia la paz, del que trae nuevas del bien, del que publica salvación, del que dice a Sión: «¡Tu Dios reina!»!"* (Isaías 52:7). Dios, refiriéndose a Su Hijo, anuncia que el Redentor visitará a Sión o Jerusalén (59:20; 62:11).

Sión en el Nuevo Testamento. Sión es sinónimo de la ciudad de Jerusalén a quien el Rey (Jesús), viene a visitar de una manera muy humilde, manso, sentado en un pollino o asno joven (Mateo 21:5; Juan 12:15). También de Sión saldrá el Libertador para quitar el pecado de incredulidad de los israelitas (Romanos 11:26). Por último, es el lugar de encuentro del *Cordero* con su pueblo o iglesia triunfadora (Apocalipsis (14:1).

Jerusalén y Sión. Tradicionalmente el origen de la ciudad de Jerusalén se ha aceptado como Salem, ciudad de donde procedía el sumo Sacerdote Melquisedec (Génesis 14:18; Salmo 76:3). Sión, una colina al noroeste de Jerusalén alcanzó renombre espiritual porque fue el sitio donde por muchos años reposó el Arca del Testimonio (2 Samuel 5:7; 6:12). Más tarde, después que Salomón construye el Templo, el Arca es trasladada de Sión a Jerusalén (1 Reyes 8:1). De allí en adelante, Sión viene a ser designado como el Monte Santo de Dios (Salmo 2:6; cf. Salmo 48:1-3; 87; 133:3).

Isaías profetizó que de Jerusalén saldría la Palabra de Dios refiriéndose al evangelio de Jesucristo (Isaías 2:3). En el Nuevo Testamento, es la ciudad terrenal que no recibe a Jesús, aunque Él hizo todo el esfuerzo para unirla, *como la gallina junta sus pollitos bajo sus alas.* Juntarlos para su seguridad habitando bajo el poder de Dios, fue infructuoso para Jesús. Jerusalén persistió en no darle la bienvenida al Hijo del Altísimo (Mateo 23:37-39).

El Monte de Sión y Jerusalén son sinónimos del pueblo de Dios redimido por la sangre de Cristo —la iglesia de los primogénitos (Hebreos 12:22-23). En el libro de Revelaciones, Jerusalén es transformada en una ciudad celestial designada, ya no como ciudad de David, sino como de Dios —la nueva Jerusalén (Apocalipsis 3:12) la cual, en visión, el apóstol Juan ve descender del cielo (21:2, 10).

"Subamos a la Casa del Dios de Jacob"

Subir al *monte de Jehová* encierra mucha sabiduría de lo alto. Subir, remontar, alcanzar, trepar y lograr conlleva esfuerzo y deseo para llegar a un nivel más alto en la escala de la fe. No podemos escalar el monte y pisar la cumbre para simplemente exclamar: ¡Qué bonito!, y regresarnos porque tan solo por curiosidad lo hicimos. No se trata de una experiencia pasajera que, como la neblina, viene y desaparece. Es mucho más que el disfrute de una visita al mundo mágico de Disney World. ¡Es estar cerca de Dios! Es entregarnos de corazón, cuerpo y alma a Él: *Oh Señor, eres bueno y perdonador, grande en misericordia para con los que te invocan*, dijo el salmista (Salmo 86:5). El salmo 122 lo escribió David y es el tercero de una colección de 15 salmos (120 al 134) que se conocen como *cánticos graduales o de la subida*. El título de estos cánticos deriva del hecho de que los entonaban los judíos ascendiendo a la ciudad de Jerusalén (situada casi unos 800 metros sobre el nivel del mar) y subiendo las escaleras del Templo. David comienza esta composición diciéndonos: *Yo me alegré con los que me decían: "¡Vayamos a la casa del SEÑOR!"*.

¿Cuándo entramos a la Casa o Monte del Señor? En el Antiguo Testamento Dios se presenta como Dios de Israel obrando a su favor, reprendiéndolo, educándolo y advirtiéndole de su futuro. Aunque Israel fue castigado severamente y enviado al exilio en Asiria y Babilonia, Dios nunca lo abandonó. Lo regresó a su tierra prometida desmostándole así su inconmensurable amor. La Escritura declara que Israel es su pueblo y que a ninguna otra nación ha escogido y a quien ha manifestado su Palabra (147:19-20) —a lo que Pablo confirma diciendo que solo a ellos *les ha sido confiada la Palabra de Dios* (Romanos 3:2).

En el Nuevo Testamento Dios se revela a toda la humanidad en la encarnación del Verbo o Jesucristo que nos dio el evangelio de salvación. Pablo dice que el evangelio es poder de Dios para salvar a todo aquel que cree, primeramente, para el judío y luego para toda la humanidad (Romanos 1:16) y continúa diciendo que el evangelio es la justicia de Dios (v. 17) y que de ambos (judíos y gentiles) los ha unido en un solo pueblo para que lo honren y le adoren. Ahora, ¿qué es la justicia de Dios? Es una cualidad de Dios. Una acción que a través del sacrificio y propiciación de Jesucristo en la cruz perdonó todos nuestros pecados y así, recibirnos como justos y sin falta, esto es, nos justifica (hace justos) por la fe de Jesucristo (Romanos 3:21-26). Es entrar a la presencia de Dios. Subir al monte de Dios sin que nos pidan una identificación con retrato.

De Jerusalén y de Sión Saldrá la Palabra de Dios

David no fue rey en el reino de Dios ni de los cielos. Su elección como el rey de Israel estuvo marcada por dos acontecimientos que desagradaron a Dios. *Primero*, cuando el pueblo se enloqueció pidiendo un rey para ser como las demás naciones —siendo que Dios reinaba sobre ellos— rechazando así a Dios como su rey, acción que fue castigada severamente (1 Samuel 8:4-7, 19-20; 12:11-19). *Segundo*, antes de nombrar a David como el segundo rey de Israel, Saúl, siendo su primer rey, fue rechazado por desobedecer a Dios en dos ocasiones. Cuando los filisteos atacaron a Israel y encontrándose Saúl en aprietos, tuvo temor y procedió a implorar el favor de Jehová haciendo un sacrificio a Dios que solo lo podían hacer los sacerdotes y, también, al no seguir al pie de la letra las órdenes de exterminar a Amalec —un enemigo que atacó a Israel cuando peregrinaba por el desierto camino hacia la tierra prometida (1 Samuel 13:6-14; 15:1-3;

20-30).

Una de las obligaciones del rey en Israel era tener *una copia de la Ley* para leerla todos los días para que aprendiera a temer a Jehová, y por supuesto, que el pueblo también tuviera temor al Señor (Deuteronomio 17:18). Después que muere David, su hijo Salomón, que al principio siguió ese mandato, no fue muy consistente en tal obligación y su vida termina trágicamente por la desobediencia a la Ley; dando su corazón a muchas mujeres y adorando a muchos dioses razón por la cual el reino fue dividido.

De ahí en adelante los futuros reyes de Israel y Judá abandonaron a Dios pues la Ley de Jehová quedó en el olvido a tal punto que en los días del rey Josías mientras reparaban el Templo encontraron una copia de la Ley y se la llevaron al rey, este al leerla, rasgó sus vestidos porque nadie, ni el mismo rey, sabían de qué se trataba. Se dieron cuenta de que la Pascua, una fiesta que conmemora la salida de los israelitas de la esclavitud en Egipto y que era mandato celebrarla anualmente, no se hacía desde los días de los jueces (2 Reyes 22:10-13; 23:21-23). La Palabra quedó abandonada y no la atesoraron. El pueblo espiritualmente llegó a ser como las demás naciones, —vacíos de Dios y llenos de idolatría. ¡Y la Palabra del Señor no salió de Sión!

Dios escogió a Israel como su especial tesoro para ser testigo al mundo de Su existencia y grandeza; para bendecir a toda la raza humana (Isaías 43:10). A Abraham Dios le dijo, *y serán benditas en ti todas las familias de la tierra* (Génesis 12:3). Pero no se cumplió ni en vida de Abraham, tampoco con Moisés que recibió la Ley, ni durante la monarquía davídica. Se entregaron a la adoración de dioses paganos enojando a Dios, único creador de todo lo que se ve. Le rendían culto a Dios con un formalismo tal, que Dios lo detestó. Isaías dijo que Dios estaba hastiado de esa adoración superficial (Isaías 1:11; Amos 5:23). Por ese alejamiento y desobediencia hacia Dios, el Señor los llevó cautivos a Asiria y a Babilonia. Regresaron del cautiverio y reconstruyeron el Templo que había sido abandonado. Se reestableció la adoración a Dios, pero no lo agradaron con la adoración que el Señor se merece. Ya para cuando Jesús enseñaba a los judíos, Él reprende a la clase religiosa por su hipocresía, diciéndoles que adoraban a Dios, pero su corazón estaba lejos de Dios (Marcos 7:6-7).

Pasado, Presente y futuro del Reino. En el reino celestial, Dios es el que gobierna y sus súbditos hacen su voluntad y lo obedecen, esto es, ausencia de rebeldes. Jesús lo definió en las instrucciones para orar a Dios, el *Padrenuestro:* "*venga tu reino, sea hecha tu voluntad, como en el cielo así también en la tierra.*" (Mateo 6:10). No Hay duda de que en el cielo donde se encuentra el Trono de Dios y habitan las huestes celestiales adorando a Dios se hace su voluntad. Y a los que se rebelaron, ¡hace tiempo que los echaron fuera! (Daniel 8:10; Apocalipsis 12:3-4, 7-9). En la tierra ya hemos explicado que Israel falló al no ser la nación que Dios esperaba que ellos fueran porque no hicieron su voluntad ni dieron a conocer su poder y gran sabiduría. Pablo dice al respecto: "*Porque como está escrito: El nombre de Dios es blasfemado por causa de ustedes entre los gentiles.*" (Romanos 2:24; cf. Isaías 52:5; Ezequiel 36:20-23).

Jesucristo vino a establecer una extensión del reino de los cielos en la tierra y para ello tenía que morir, resucitar y regresar al cielo victorioso. Juan el Bautista anunciaba que el reino de los cielos se acercaba. Cuando Jesús comienza a predicar también dijo que el reino se ha acercado (Mateo 4:17). Más tarde les dice a sus discípulos que el reino de Dios entre ellos (sus apóstoles) está (Lucas 17:21) y que lo primordial es buscar el reino de Dios y su justicia (Mateo 6:33). Cuando los fariseos acusaron a Jesús de que Él echaba fuera a los demonios por Beelzebú, príncipe de los demonios, les contesto: "*Pero si por el Espíritu de Dios yo echo fuera los demonios, ciertamente ha llegado a ustedes el reino de Dios.*" (Mateo 12:28). **Todo aquel que nace de nuevo** (nacimiento espiritual) **puede entrar al reino de Dios, nos dice Juan** (3:3-8).

Después que Jesús resucita, ya no se habla del reino viniendo sino ya existente en la tierra. Antes de ascender al cielo Jesús les habló a sus discípulos del reino en lo presente, ya no como antes de morir cuando decía que el reino de Dios se acercaba (Hechos 1:3, 6). Después del día de Pentecostés hasta el final del libro de los Hechos de los Apóstoles, lo que se predicaba era el *evangelio del reino* (8:12; 20:25; 28:23, 31). Pablo en la ciudad de Listra exhorta a los hermanos diciéndoles: *"Es preciso que a través de muchas tribulaciones entremos en el reino de Dios."* (Hechos 14:22). También escribiendo en la Epístola a los Colosenses dice: *"Él nos ha librado de la autoridad de las tinieblas y nos ha trasladado al reino de su Hijo amado, en quien tenemos redención, el perdón de los pecados."* (1:13-14).

El escritor de la Epístola a los Hebreos nos dice que hemos recibido un reino inconmovible —que nadie puede destruir (12:28). El reino de Dios es una realidad y el que no lo ve es porque no ha entrado en él. Pablo dice que el reino de Dios no es *comida ni bebida* (Romanos 14:17). Y por último Pablo nos dice, en tiempo gramatical pretérito, lo que Dios ha hecho a favor nuestro a través de Cristo: *"Y juntamente con Cristo Jesús, nos resucitó y nos hizo sentar en los lugares celestiales"* (Efesios 2:6). ¡Misterios de Dios!

¿Qué sucedió en el Día de Pentecostés? Pentecostés (o fiesta de las semanas) también se conocía como fiesta de la cosecha (de trigo), es la cuarta fiesta en el calendario judío. Se contaban cincuenta días (7 semanas más un día) desde el día siguiente a la celebración de la Pascua, esto es, desde el día 15 del primer mes (Nisán). Cumplidas las siete semanas y un día, era el día de Pentecostés. En ese día se ofrecía una ofrenda del grano nuevo (trigo) como ofrenda de primicias (Levítico 23: 9-17). De la ofrenda del grano nuevo se orneaban dos panes a la que se le añadía levadura a la masa y dichos panes se ofrecían como ofrenda mecida.

¿Por qué dos panes leudados y a quién representaban? La levadura en la Biblia es símbolo de pecado y ambos panes eran leudados, entonces esta fiesta estaba presagiando la salvación del pueblo judío y gentil, leudados con el pecado —pues dice Pablo que no hay justo ni aun uno (Romanos 3:10-12). No es coincidencia que en la tradición rabínica se haya aceptado que la Ley fue dada a Moisés en el Monte Sinaí un día de Pentecostés.

En el año 33 d.C. —un primer día de la semana y cuando se celebraba el día de Pentecostés, el Espíritu Santo descendió del cielo y cayó sobre los apóstoles, fueron llenos del Espíritu y hablaron en lenguas las maravillas del evangelio de Jesucristo. Pedro explicó lo sucedido citando al profeta Joel, quien profetizó la inauguración de la extensión del reino de Dios en la tierra; quedando también establecida la iglesia del Señor (Hechos 2:1-21). Terminó su discurso diciendo a la audiencia: *"Y sucederá que todo aquel que invoque el nombre del Señor será salvo"* (v. 21). Y se convirtieron y bautizaron como tres mil personas de entre muchas naciones presentes, unas 15 (naciones) que representaban al mundo conocido de aquella época (Hechos 2:7-11). Estos convertidos (primicias) regresaron a su lugar de origen predicando el evangelio del reino. ¡*Y salió la Palabra de Dios desde Sión (Jerusalén) hacia los rincones del mundo*!

Convertir Espadas en Rejas de Arado

Nunca nos ha de sorprender que los políticos para adelantar sus agendas usen pasajes de la Biblia, aunque la mayoría de ellos (los políticos) no honran a Dios. Esta célebre frase, *convertir espadas en rejas de arado* es la inscripción en una estatua de bronce en el jardín de las Naciones Unidas en la ciudad de Nueva York. Ha sido usada para rellenar discursos políticos mayormente después de la segunda guerra mundial con el objetivo de presentar una imagen no-bélica. La frase en este pasaje (Isaías 2:4) —"Y, volverán sus espadas en rejas de arado"— la usaron en sus discursos todos los participantes en la ceremonia cuando se firmó el tratado de paz entre Egipto e Israel en 1979: Jimmy Carter,

Anwar Sadat y Menachem Begin. Y la paz en el Oriente Medio todavía está muy frágil. Parte de este pasaje está incluido en la canción anti-guerra titulada *"The Vine and Fig Tree"* y en otras composiciones incluyendo el musical *"Les Misérables"*.

En lo teológico se discute si este pasaje tiene aplicación mesiánica ya que no es citado en el Nuevo Testamento. Esa frase muy célebre es parte del pasaje de Isaías 2:1-5, en donde su contexto mayor trata sobre la era del evangelio. Entonces podemos entenderla a la luz del ministerio de Cristo en el reino de Dios establecido en la tierra en el día de Pentecostés.

Si examinamos este versículo desde el punto de vista de la ciencia de la economía, el profeta nos reta a convertir unos bienes materiales que se usan para la guerra (espadas) a unos bienes de consumo que benefician nuestra existencia (rejas de arado). Si la espiritualizamos, muy bien puede referirse a la condición pecaminosa del ser humano a causa de la inclinación hacia el pecado. Un problema como el de la muerte necesitaba una solución, de lo contrario, la felicidad y paz para el ser humano jamás se hubiese logrado. Ya en el libro del Génesis el corazón del hombre se inclinaba al mal (6:3, 5; Éxodo 32:22) y en el Nuevo Testamento, Pablo trata el problema de los impulsos carnales muy seriamente y dice que la carne es débil porque se opone a Dios: *"Porque la intención de la carne es muerte, pero la intención del Espíritu es vida y paz."* (Romanos 8:6; Gálatas 5:16-26). ¿Qué necesitamos para que un corazón malo (espadas) sea convertido en uno bueno? ¿Y, en uno de paz (rejas de arado)? Necesitamos un corazón nuevo. Hay que convertir los impulsos malignos en buenas acciones a través de la comunicación en lugar de ir a la guerra. ¡Sólo Dios puede hacerlo!

David dijo, *crea en mí, oh Dios, un corazón puro* (Salmos 51:10). Jesús lo logró al seleccionar a sus discípulos. Esos hombres que siguieron al Maestro hasta la cruz no eran de lo mejor pues en esa lista encontramos de todo: a un ladrón, a otro que era un corrupto, a un impaciente, a dos explosivos, a un incrédulo y a los demás —¿quién sabe? Jesús no estaba mirando lo que ellos eran sino en lo que se convertirían después que el mansaje del evangelio los transformara. Y, ¡qué trabajo fenomenal hizo la muerte y resurrección de Jesucristo! En la inauguración del reino de Dios y establecimiento de la iglesia en el día de Pentecostés, cuando la multitud oyó a los apóstoles hablar en lenguas los misterios del evangelio, los tildaron despectivamente de galileos y que *estaban borrachos*. Esos borrachos y con muy poca educación, con el evangelio cambiaron muchas vidas y, aunque las autoridades romanas los persiguieron y a muchos convertidos mataron, fue el imperio romano el que desapareció. ¡La Palabra, la espada del Espíritu salió de Sión para vencer! El evangelio transforma la naturaleza de pecado a una de paz, morimos con Cristo y resucitamos con Él: "*¿Ignoran que todos los que fuimos bautizados en Cristo Jesús fuimos bautizados en su muerte? Pues, por el bautismo fuimos sepultados juntamente con él en la muerte para que, así como Cristo fue resucitado de entre los muertos por la gloria del Padre, así también nosotros andemos en novedad de vida.*" (Romanos 6:3-4).

5

EL RETOÑO DE JEHOVÁ

"En aquel día el retoño del SEÑOR será hermoso y glorioso"
(Isaías 4:2).

La condición espiritual de Israel desde que salieron de Egipto hasta su arribo en la tierra prometida tuvo sus altas y bajas. Cuando sintieron hambre en el desierto en vez de pedir e implorar a la fuente de nuestro pan (Dios), se rebelaron contra Moisés y Dios, reclamando enfáticamente que les suplieran el mismo menú que saboreaban en Egipto. Jesús enseñó a sus discípulos a orar por el pan de cada día, lo suficiente y lo que nutre. Algunos tuvieron el atrevimiento de recitar cada platillo en dicho menú y además se quejaron diciéndole a Moisés que ya estaban hastiados del maná (Números 11:10). Y así comenzó un historial de quejas hacia Dios y a sus líderes quienes fueron nombrados para dirigir un pueblo que nació por la poderosa mano del Creador y a quien Él le juró amor eterno, y, aun así, no le fueron agradecidos. Después de haber conquistado la tierra prometida, teniendo a Josué como líder, Israel vivió unos cuantos años de un ambiente espiritual y político aceptable ante Dios. Y de aquella administración de Josué dice la Escritura: *"Israel sirvió a Jehová durante toda la vida de Josué, y durante toda la vida de los ancianos que sobrevivieron a Josué y que sabían todo lo que Jehová había hecho por Israel."* (Josué 24:31).

Israel hizo enojar a Dios porque sirvieron a otros dioses a tal punto que los envió al exilio. Después de haber sufrido ese castigo y regresado a su patria, los exiliados alcanzaron cierto grado de espiritualidad. Dios mueve a Ciro, rey persa, en el año 538 a.C. quien declara por medio de un edicto que el remanente de judíos exiliado en Babilonia podía regresar a Jerusalén con el fin de construir el Templo. Con ese anuncio los exiliados se animan y muestran un celo por la gran ciudad santa de Dios. Con mucho entusiasmo comenzó la restauración bajo el liderazgo de Nehemías, copero del rey Persa, y el escriba y sacerdote Esdras (Nehemías 2:1-9; Isaías 44:28-54:1). De regreso a casa, los desterrados construyeron el muro de la ciudad, el Templo y restauraron el culto a Dios. Avanza el reloj de la historia y aquel reavivamiento espiritual post exílico fue menguando, lo cual está reflejado en el mensaje fuerte de exhortación de los profetas de la época: Hageo, Zacarías, Abdías, Joel y Malaquías. Entre ellos, Zacarías invita al arrepentimiento (1:3) y Malaquías le reclama que están robándole a Dios al olvidarse de pagar sus diezmos (3:7-10).

En el tiempo que llega Jesús a la tierra y cuando ejerce su ministerio los judíos adoraban a Dios muy superficialmente. Jesús, citando al profeta Isaías les dijo que ellos honraban a Dios de labios, pero no con el corazón (Mateo 15:1-9).

La Ley o Torah que los fariseos defendían en contra de lo que Jesús les enseñaba no fue lo suficiente para que la nación que Dios escogió para ser un pueblo santo lograra tal objetivo. Pablo no culpa a la Ley sino al pecado que es como un cáncer. Él dice que la Ley es espiritual, pero nosotros somos carnales y vendidos al pecado (Romanos 7:14). Cualquier ley puede ser buena y cualquier religión o doctrina puede tener mucha sabiduría y moralidad, pero si no transforma el corazón del hombre es como un automóvil muy bonito, pero si el motor o transmisión falla, no nos llevará a donde queremos ir. Ahora bien, en cuanto a Israel se refiere, como más tarde dijo Pablo, Israel permaneció en el endurecimiento de corazón: *"Pero acerca de Israel dice: Todo el día extendí mis manos a un pueblo desobediente y rebelde."* (Romanos 10:21).

En los días de la aparición del Mesías el terreno estaba fértil para algo diferente a lo político y a las tradiciones. Era necesaria la entrada de un Renuevo o Retoño que tuviera el poder de crear, como dijo David, un *corazón nuevo*.

En el lenguaje de la botánica un retoño es el nombre que recibe una rama o vástago que brota de la planta. El retoño se puede considerar como hijo de la planta recibiendo la savia que lo alimenta y lo hace crecer. Si un árbol tiene muchos retoños es necesario separarlos y plantarlos para evitar la competencia entre ellos por el alimento que los sostiene y evitar que se desarrollen raquíticamente. Dejar un solo retoño en una planta contribuye a que dicho retoño crezca muy robusto. Del Unigénito de Dios, Jesucristo, a los 12 años se dice que crecía en sabiduría, en estatura, y en gracia para con Dios y los seres humanos (Lucas 2:52).

En la Escritura un retoño o renuevo es símbolo de prosperidad y de éxito para el futuro. El proverbista dice que la bendición de Jehová es la que enriquece sin añadir tristeza (Proverbios 10:22). Jacob, en su último discurso antes de morir, emitió una profecía para el futuro de sus hijos, de José dijo: *"José es un retoño fructífero, retoño fructífero junto a un manantial; sus ramas trepan sobre el muro"* (Génesis 49:22). Job en su duro sufrimiento, reflexiona sobre la brevedad de la vida y la contrasta con la vida de un árbol. Él dice que el árbol a diferencia del ser humano, aunque lo corten tiene la esperanza de volver a retoñar y que no le falten sus renuevos (14:7).

Retoño del Señor: Uno de los Títulos del Mesías

Isaías dice que el vástago o retoño de Jehová será para *hermosura* y *gloria* —que traerá al país *grandeza* y *honra* (4:2) y su descendencia como *la simiente que el SEÑOR bendijo* (61:9). En su despedida antes de morir, David pronunció unas palabras muy proféticas: *"Por eso mi casa está firme en Dios; pues ha hecho conmigo un pacto eterno, bien ordenado en todo y bien seguro, aunque todavía no haya hecho él florecer toda mi salvación y mi deseo."* (2 Samuel 23:5; Reina-Valera 1995). Por otro lado, en el libro de Zacarías, hablando el Ángel de Jehová, usa dos títulos muy apropiados para el Mesías y su obra redentora, lo llama "mi siervo" y "el Renuevo" —y añade que, *quitará en un solo día el pecado de la tierra* (3:8-9; 6:12). El profeta Oseas contrasta la condición espiritual de Efraím (reino del Norte) con el simbolismo de un renuevo de raíces secas, haciendo una descripción de lo patético en que se encontraban los israelitas, dice: *"Efraín ha sido herido; se ha secado su raíz y no dará más fruto."* (9:16).

Los profetas usan la imagen de un retoño para hacer diferencia entre los falsos pastores de Israel y su Hijo, como el verdadero Pastor, no solo de los judíos, sino de todo el mundo. Jeremías arremete contra los pastores que no cuidaron de las ovejas de Dios (israelitas); por lo tanto, dijo el Señor que levantaría a un renuevo justo para salvar a su pueblo (23:1-5). Un pueblo dirigido por líderes que no daban un buen ejemplo en sus responsabilidades administrativas, que buscaban sus propios intereses y no educaron al pueblo ni hicieron cumplir las leyes, crearon en sus seguidores una actitud de desobediencia. Así lo expresa el sabio Salomón: *"Cuando la sentencia contra la mala obra no se ejecuta enseguida, el corazón de los hijos del hombre queda más predispuesto para hacer el mal."* (Eclesiastés 8:11).

El profeta Ezequiel usando la alegoría del cedro, que representa a Israel, escribe que el retoño del Señor es levantado de un árbol seco, lo cual es una imposibilidad pues un árbol seco no tiene la savia para alimentar una rama (17:22-24). Dios es un dios de milagros. Sara y Abram eran de 90 y 100 años cuando nació Isaac el hijo de la promesa y Sara era estéril, un ambiente improbable para que llegara ese momento tan hermoso de ser padres. En este capítulo 17 de Ezequiel el mensaje es la restauración de Israel hasta su final, desde el cautiverio en Babilonia y luego el regreso a Jerusalén. En los versículos 22 y 23, Dios dice que toma el retoño de un cedro, lo planta y de sus renuevos corta un renuevo que lo planta en un alto monte y que llega a crecer y se convierte en un árbol muy fuerte y verde donde habitan debajo de él *todas las aves de toda especie*. En el versículo 24, Dios pronuncia que abatirá a Babilonia (árbol elevado) y levanta al árbol bajo (los exiliados) y añade que hizo secar al árbol verde y después lo hizo reverdecer, es decir, a Israel que en su exilio había perdido toda esperanza de volver a Jerusalén. ¡Dios lo revivió!

Israel se había convertido en huesos secos y luego los hace reverdecer (el árbol seco). De esos huesos secos continuó la descendencia de un remanente y de donde vino el Mesías o *retoño del Señor*. Más adelante en su profecía, Ezequiel recibe una visión de Dios sobre un valle de huesos secos que serán revividos. Los exiliados son como un montón de huesos, sin probabilidad de revivir, pero que Dios promete que sí revivirán, los levantará de los sepulcros y serán llevados a la tierra de Israel (37:1-14).

El Retoño de Tierra Seca

Isaías nos presenta una imagen muy clara del Mesías cuando nos dice que: *"Un retoño brotará del tronco de Isaí, y un vástago de sus raíces dará fruto."* (11:1). Y continúa diciendo que sobre el Retoño descansarán siete formas de espíritus de Jehová los cuales representan a la Divinidad: el Padre, el Hijo (el cual es Dios sobre todas las cosas) y el Espíritu Santo. Estos espíritus son: *"el Espíritu del SEÑOR, espíritu de sabiduría y de inteligencia, espíritu de consejo y de fortaleza, espíritu de conocimiento y de temor del SEÑOR"* (11:2). En el libro del Apocalipsis los siete espíritus están en el Trono de Dios, los posee Dios, aparecen delante del Trono y también los tiene el Cordero o Jesucristo (1:4, 3:1; 4:5; 5:6).

Un Retoño de Raíz. El retoño que ejemplifica al Mesías es de una raíz, no del tallo de la planta. Isaías usa tres diferentes formas, todas ellas con un tono mesiánico, dice que salió *una vara del tronco de Isaí* —Isaí siendo el padre de David, *raíz de Isaí* y una *raíz en tierra seca* (11:1, 10, 53:2). ¿Por qué un retoño o renuevo para enfatizar la venida del Hijo de Dios? Israel como pueblo escogido de Dios para dar testimonio a las naciones del amor y justicia de Él, debió haber progresado hasta llegar a ser lo que Dios esperaba de ellos, un pueblo santo —y no lo lograron. Lo que nace y se desarrolla de una raíz en tierra seca es por obra del poder de Dios y no de la naturaleza o del hombre. La representación del Cordero de Dios tenía que ser justo, limpio, sin pecado o mancha —nuevo en el sentido de especie, es decir, no de este mundo; engendrado del Espíritu Santo y nacido de una virgen y no de simiente humana y descendiente de la dinastía de David. "*Entonces el ángel le dijo:* —¡*No temas, María, porque has hallado gracia ante Dios! He aquí concebirás en tu vientre y darás a luz un hijo, y llamarás su nombre Jesús.*" (Lucas 1:30-31).

¿Por qué Salió el Retoño como una Raíz de Tierra Seca? De acuerdo con Isaías el Renuevo de Dios salió de tierra seca y añade que no tenía ni *hermosura* ni *buen parecer* para que lo deseáramos; todo lo contrario a una figura del mundo artístico o del deporte pues a esa figura enseguida le piden el autógrafo (53:2). Aquí podemos considerar cuatro posibilidades:

> ➤ Israel fue desde su principio, una imposibilidad cuando Dios le hizo el anuncio a Abraham y a Sara; y nació por un milagro pues ambos eran de avanzada edad para procrear hijos. Y también, el nacimiento de Israel como nación surgió desde lo imposible —comenzando con Moisés el cual pudo convencer al faraón egipcio que los dejara salir después de haber sido esclavos por más de cuatrocientos años. Otro milagro sucedió la noche que salieron de Egipto. El faraón se enfureció mucho al ver que los israelitas huían y los siguió hasta el Mar Rojo con el objetivo de hacerlos volver a la esclavitud, pero por el poder del Señor los egipcios quedaron ahogados en el mar.

> ➤ Puede ser que el profeta usó la figura de un árbol

seco refiriéndose a Israel porque sus raíces se secaron y Dios los castigó fuertemente exiliándolos a Asiria y a Babilonia quedando sin ilusión de regresar a Jerusalén, perdieron la fe —una manera de *secarse*— pues sin fe es imposible agradar a Dios. En ellos no quedó esperanza de volver a ser de nuevo una nación libre y soberana —¡se secaron sus raíces!

➢ Las obras de Dios son milagrosas y cuando Él se presenta o revela a los suyos lo hace como una imposibilidad humana. De Abraham y Sara, ya mencionado, nació el hijo de la promesa, Isaac —siendo ya viejos y Sara estéril. De David ni se diga, pequeño de estatura (que no impresionaba a ningún general de un ejército) y despreciado por sus hermanos; llegó a ser perseguido por el primer rey de Israel, Saúl, quien lo buscaba para matarlo y como si no fuera suficiente, llegó a adulterar y a cometer homicidio para tapar su pecado y, aun así, Dios lo escogió como símbolo real del Mesías. ¿Cómo es posible que una virgen concibió al Salvador del mundo sin intervención de un varón? ¡Dios es el Dios de milagros!

➢ En la historia de la dinastía davídica nos encontramos con una interrupción en la línea de su descendencia provocada por la rebeldía del hijo de Joacim —rey en el reino del Sur (Judá) —aquel remanente de los judíos que regresaron a Jerusalén del exilio (Jeremías 22:18-30). El profeta Oseas ya había escrito que los hijos de Israel estarían: sin rey, sin príncipe, sin sacrificio y sin efod, esto es, sin sacerdote (3:4-5). Este rey fue Joaquín o Jeconías quien rehusó escuchar a la voz de Dios desde su juventud (v. 21). Dios lo maldijo con maldición fuerte para su descendencia: ""*Así ha dicho Jehová: «Inscribid a este hombre como privado de descendencia, como un hombre sin éxito en todos sus días, porque ninguno de su descendencia logrará sentarse sobre el trono de David, ni reinar sobre Judá.»*" (v. 30). Por tal maldición no hubo ningún descendiente del rey Joaquín que se sentara en el trono de los reyes de Judá. Su sucesor fue su tío Matanías a quien el rey de Babilonia le cambió el nombre por el de Sedequías (2 Reyes 24:17). *Saldrá una vara del tronco de Isaí, y un vástago retoñará de sus raíces,* dijo Isaías (11:1-2). Ahora bien, Isaí no fue rey; él fue el padre de David. Lo que Isaías estaba profetizando era que de la descendencia real de David, de donde todos los reyes de Israel descendían, sería interrumpida y por un tiempo permanecería inactiva en tierra seca, para luego en el futuro ser restablecida. La descendencia de David quedó en suspenso, esto es, *seca,* como un árbol cortado. Hay que recordar que ya para los tiempos de Herodes el Grande (antes del nacimiento de Jesucristo) era el rey de los judíos nombrado por los romanos, el cual no era israelita sino idumeo. Y un día se cumplió lo dicho por el profeta, un vástago retoñó. Ya dicho, Isaí era el padre de David, entonces David no podía ser el Retoño o Vástago, el Mesías lo es, el Hijo de Dios y último hijo de David según la carne (Hechos 2:29-31; cf. 13:23).

"Entonces uno de los ancianos me dijo: «No llores, porque el León de la tribu de Judá, la raíz de David, ha vencido para abrir el libro y desatar sus siete sellos.»" (Apocalipsis 5:5; cf. 22:16).

6

UN REY JUSTO

"No juzgará según la vista de sus ojos ni resolverá por lo que oigan sus oídos"
(Isaías 11:3).

Cuando la justicia no está a nuestro favor decimos que la justicia es ciega, que no se juzgó correctamente; los jueces se vendieron y los procuradores del estado no hicieron su trabajo. Una cosa es muy cierta, que por el aumento de la maldad los magistrados tienen las manos llenas y no se dan abasto. En las marchas anti-racistas en los Estados Unidos de América es común oír la ya famosa frase "No peace, no justice" o, no hay paz, no habrá justicia. Y quizás hay algo de verdad, como un lema de la lucha contra el racismo. Pero para que disfrutemos de paz y tranquilidad y que la justicia reine, hay que hacer algo más que marchar, el corazón necesita una cirugía mayor que sólo Dios puede hacer. Jesús dijo que del corazón salen los malos pensamientos y toda clase de pecado.

Antes de entrar a la tierra prometida, a Israel le fue encomendado por Moisés establecer el Departamento de Justicia: *"En todas las ciudades que Jehová, tu Dios, te dará, pondrás jueces y oficiales, por tribus, los cuales juzgarán al pueblo con justo juicio."* (Deuteronomio 16:18). De acuerdo con el rey Salomón la justicia emana de la sabiduría que Dios da a los rectos y quien preserva las veredas del juicio. Cuando tenemos la sabiduría de lo alto entonces podemos comprender qué es justicia, juicio y equidad (Proverbios 2:1-11). Uno los pilares de la Ley o Torah es evitar la injusticia ni *favoreciendo* al pobre tampoco *complaciendo* al grande —al que tiene los billetes (Levítico 19:15). En la Escritura nos encontramos con variantes o aplicaciones de la justicia. Tradicionalmente la justicia se define en una forma legal —darle a cada cual lo que se merece que en algunas situaciones es injusto. De acuerdo con esta definición, entonces, al incapacitado que no pueda laborar habrá que darle nada porque no puede trabajar. Otro ejemplo muy de nuestros días es la política en algunas empresas o instituciones de que si un empleado no tiene un grado académico profesional no puede subir a una posición gerencial. !Una injusticia! Los dos grandes de la tecnología moderna no completaron sus estudios universitarios: Bill Gates y Steve Jobs. Y, ¡ya sabemos hasta donde llegaron!

Administración de la Justicia en la Biblia

Un uso muy común del término justicia es cuando se aplica como *castigo*. El profeta Jeremías en un escrito sobre los cautivos y su futuro regreso a Jerusalén le dijo a Israel que tuvieran paciencia ya que tal cautiverio no sería para siempre. Dios los estaba probando, llegaría el tiempo de salvación, no sin antes de ser disciplinados, pues dice que aunque Dios los castigaría con su justicia no los destruiría (30:11; 46:28). Dios castigó severamente al Faraón y a su pueblo con plagas y, la noche que salieron los israelitas de Egipto, Dios mató a los primogénitos egipcios y también hizo justicia a sus dioses, refiriéndose a que los castigó de igual manera (Números 33:4).

Algunos pasajes hablan de la propia *justicia humana* la cual no nos ayuda en nuestra relación con Dios. Isaías habla del enojo de Dios contra Israel porque ellos habían permanecido tanto tiempo en sus pecados y que ellos preguntaban si podían ser salvos, él les plantea que sus justicias son como un trapo de inmundicia (64:6). Ezequiel dice que la justicia de Israel, sus buenas obras, no los salvará en el día que se rebelen contra Dios (33:12). En la misma línea, Jesús habla de evitar hacer nuestra justicia delante de los hombres para ser alabados por ellos (Mateo 6:1; 23:5) y Pablo dice que cuando ofrendamos con generosidad añadimos frutos a nuestra justicia (2 Corintios 9:10).

Cuando se practica la justicia en la administración gubernamental la nación se engrandece y hay prosperidad; lo opuesto es también cierto, el pecado afrenta a los pueblos (Proverbios 14:34). Salomón dice que: *"El rey que actúa con justicia afirma el país; el que sólo exige tributos, lo destruye."* (Proverbios 29:4; énfasis mío). Y precisamente fue lo que advirtió Moisés a Israel cuando pidieran que se les nombrara un rey quien les exigiría pagar tributos (1 Samuel 8:10-18; 17:25). ¡Y sí, que los famosos impuestos nos acortan los sueños!

En la Epístola a los Romanos Pablo hace distinción como parte de su exposición sobre la salvación y el evangelio entre la justicia de Dios —por los méritos de Jesús y aplicada al creyente— y justicia por obedecer a la Ley. Pablo dice que aparte de la justicia de la Ley, se ha manifestado la *justicia de Dios* testificada por la Ley y por los profetas y que se nos aplica por medio de la fe de Jesucristo (3:21-22).

El Trono de la Justicia

El proverbista dice que en un reino la sabiduría hace dos cosas: que los reyes tengan dominio y que ejerzan la justicia (8:15-16). En un ambiente político, un sistema de gobierno monárquico puede entenderse como uno de dictadura, donde hay una sola voz y toda decisión o leyes son aprobadas en forma autoritaria. Dios demandó del rey que practicara la justicia y que guiara a Israel hacia un crecimiento espiritual para ser un pueblo distinto de las demás naciones, no simplemente poderoso y próspero. El Salmo 99 exalta al Señor por sus cualidades de ser un Dios justo porque ha puesto a Sión en alto sobre todas las naciones, y porque respondía a sus siervos —Moisés, Aarón y Samuel— los perdonaba y retribuía sus obras con justicia y el salmista añade: "La gloria del rey es amar la justicia" (v. 4, cf. 45:6), refiriéndose al Señor mismo. Y en otro salmo dice: "¡*Los cielos declararán su justicia, porque Dios es el juez!* (Salmo 50:6; cf. 19:1).

Dios esperaba del rey en Israel que gobernara con justicia creando un orden social justo para todos (1 Reyes 3:28; 4:25; Isaías 11:1-5; Jeremías 21:11-12). El primer rey de Israel, Saúl, no lo logró y su ejecutoria lo marcó como símbolo de desobediencia. A pesar de que David manchó su desempeño como rey adulterando, cometiendo homicidio y derramando mucha sangre; reinó con justicia pues dice la Escritura que *él actuó con justicia y rectitud para con todo su pueblo* (2 Samuel 8:15).

Salomón terminó el camino de los vivientes en la tierra con una nota muy baja, multiplicó su harén de mujeres que lo sedujeron a servir a otros dioses. Sin embargo, tuvo un buen comienzo, y cuando Dios se le apareció en una visión estando en Gabaón y le dijo que pidiera lo que él quisiera, su respuesta fue que Dios le concediera sabiduría para gobernar con justicia a Israel. Su pedido fue debido a que era joven, no sabía cómo entrar ni salir y el pueblo era muy grande y necesitaba discernir entre lo bueno y lo malo (1 Reyes 3:79). Su oración no fue de labios y de palabras bien escogidas para impresionar. Luego que Dios le da sabiduría para reinar y administrar todo el proceso de construcción del Templo y otros edificios, pone en acción un plan para construir un trono dedicado a la administración de la justicia al cual llamó con dos nombres, el *pórtico del trono* y el *pórtico del juicio* (1 Reyes 7:7).

La reina de Sabá cuando oyó de la fama que Salomón había alcanzado y teniendo cierta curiosidad, le hizo una visita oficial quedando impresionada a tal punto que su reacción fue que lo que ella vio no era ni la mitad de lo que se le había informado. Al despedirse le dijo: "¡*Y bendito sea Jehová, tu Dios, que te vio con agrado y te ha colocado en el trono de Israel!, pues Jehová ha amado siempre a Israel, y te ha puesto como rey para que hagas derecho y justicia."* (1 Reyes 10:9). Dijo David que el cimiento del Trono de Dios son la justicia, juicio y el derecho (Salmo 89:14; 97:2). Salomón quien escribió el libro de los Proverbios a su mediana edad pudo entender que el fortalecimiento del trono se lograba con dos cosas muy encomendables: alejarse de la maldad y hacer justicia (Proverbios 16:12; 20:8, 26, 28). Quizás al final de su vida reflexionó profundamente sobre lo que dijo, pero ya era muy tarde, pues las mujeres pudieron más que él.

Un Canto al Rey Justo: Salmo 72

Isaías no tuvo una tarea fácil en su misión como profeta a un pueblo a quien le dijo sin titubeos ni sondeos, que —el buey *conoce a su dueño y el asno el pesebre de su amo; pero Israel no conoce* — esto es, no conocían a Dios (1:2-3). Tal condición espiritual fue el resultado de un reinado no ordenado por Dios, de donde no hubo un enfoque en administrar la justicia y guiar a los súbditos a entender que el Señor es la fuente de la prosperidad, y por consecuencia, se dedicaron al acaparamiento, a la codicia, y vivieron una vida a la deriva. Otra vez Isaías los exhortó vigorosamente: "*¡Ay de los que juntan casa con casa y acercan campo con campo, hasta que ya no queda más espacio, y así terminan habitando ustedes solos en medio de la tierra!* (5:8). ¡La justicia brillaba por su ausencia! "*¡Ay de los que establecen leyes inicuas y dictan decretos opresivos para apartar del juicio a los pobres, para privar de sus derechos a los afligidos de mi pueblo, para hacer de las viudas su botín y para despojar a los huérfanos!* (Isaías 10:1-2).

La cualidad primordial de un rey, de acuerdo a la Escritura, es *ser justo*: A Salomón Dios le otorgó lo necesario para que lo fuera, un *corazón sabio* y *entendido* (1 Reyes 3:12). El Salmo 72 es un cántico y oración y está dedicado al hijo del rey David, Salomón. A él se le atribuye la autoría de este salmo por diversas cualidades y eventos de su reinado mencionados en este cántico (v. 20). Se menciona los buenos juicios (v. 1-2), la paz que disfrutó la nación (v. 5-7) y sus inmensas riquezas (v. 10-11, cf. 1 Reyes

10:14-25).

Este salmo real no puede referirse a Salomón o a cualquier otro rey de la monarquía israelita (v. 8-11). Y es que ciertos detalles no cuadran ni pueden sostenerse con el gobierno de un rey terrenal; que no se pueden ajustar a la brevedad de la vida, pues dijo David, "los días de nuestra vida son setenta años" y como dicen por ahí, arrastrando los pies quizás lleguemos a los ochenta (Salmo 90:10). El hecho de que este escrito tiene un lenguaje futurístico es indicación de que el personaje escondido en sus líneas es el Mesías y no un rey transitorio. Por ejemplo, los primeros siete versículos describen a un rey justo, bondadoso, que tiene compasión de los que sufren, salva a los hijos del menesteroso y aplasta al opresor. Una clara descripción del ministerio de Jesús en la tierra profetizado por Isaías (29:18-20; 61:1; Mateo 11:4-5). Otro ejemplo es el dominio de *mar a mar* que se menciona en el versículo ocho (cf. Zacarías 9:10). Haciendo una comparación, la *extensión territorial* y *poder político* que disfrutaron el patriarca Abraham y Salomón fue limitado. El territorio prometido a Abraham fue desde el "río de Egipto hasta el río grande, el Éufrates" y el dominio de Salomón fue sobre todos "los reinos desde el Éufrates hasta la tierra de los filisteos y el límite con Egipto" (Génesis 15:18; 1 Reyes 4:21).

Salomón dedicó todo su tiempo a: buscar sabiduría, construir el Templo, las riquezas, las mujeres y, al final, adoró a otros dioses. De acuerdo con el versículo ocho se habla de que el rey tendría dominio hasta todos los confines de la tierra--promesa que solo se cumplió en Jesucristo, pues todas las cosas en Él subsisten (Colosenses 1:17). Y si nos preguntamos, ¿Qué rey tiene dominio sobre toda la tierra y sus enemigos serán derrotados que lamerán el polvo? (Salmo 72:8-11; cf. 1 Corintios 15:25-28). ¿Quién es aquel que con su sangre puede salvar a las almas? (v. 14). Y, ¿Quién es ese Rey que recibe la gloria de Dios, cuyo Nombre es para siempre y es llamado bienaventurado? (v. 17). La respuesta es Jesucristo; en quien hizo Dios que habitara toda la plenitud de la Deidad (Colosenses 2:9-10). ¡Misterios de Dios!

Jesucristo: El Rey Justo

El profeta evangélico Isaías nos detalla en el capítulo 11 de su libro el carácter y funciones del Retoño del Señor. En primer lugar, dice que sobre el Mesías reposará el Espíritu del Señor (v. 2) y fue lo que sucedió cuando Juan el Bautista bautizó a Jesús; el Espíritu de Dios descendió como paloma sobre Él y, enseguida, se oyó una voz de los cielos: "Este es mi Hijo amado, en quien tengo complacencia." (Mateo 3:16-17). Acontecimiento que también Isaías había profetizado, *"He aquí mi siervo, a quien sostendré; mi escogido en quien se complace mi alma. Sobre él he puesto mi Espíritu, y él traerá justicia a las naciones."* (42:1; cf. Salmo 2:7). El Mesías tendrá temor de Jehová y juzgará con justo juicio, no según la *vista de sus ojos* ni por lo que *oigan sus oídos*: su juicio será de acuerdo con la voluntad de su Padre y no de fuentes informativas (v. 3; cf. Juan 6:37-39).

Otra característica del Renuevo del Señor es su trato hacia los pobres y desamparados pues los juzgará con justicia y equidad *a favor de los mansos de la tierra* (Isaías 11:4). La justicia será lo más importante de su misión en la tierra como *cinto en sus caderas* y la fidelidad *ceñirá su cintura* (v. 5; 32:1-8). La paz y la armonía estarán en abundancia como señal del reino mesiánico, el lobo y el cordero habitarán juntos y los animales salvajes y los domésticos se acostarán juntos sin devorarse unos a otros (v. 5-9). Jesús dijo claramente a sus discípulos que su reino no es de este mundo. No funciona ni se administra como las demás naciones. La corrupción no tiene lugar en el reino celestial porque, el amor y la fe es su fundamento.

Una promesa futurística en la restauración de Israel es que Dios dará a Sión la paz (shalom) por magistrado y la justicia por *gobernante*. Este ofrecimiento solo se puede realizar con la llegada del reino mesiánico (Isaías 60:17). El salmista dice que Dios ama la justicia y el derecho y que toda la tierra está llena de su misericordia. Su Hijo, el Mesías enviado desde los cielos, hará una realidad en la tierra esos atributos divinos porque como escribió Pablo, el Hijo es la imagen del Dios invisible (Salmo 33:1-5; Colosenses 1:15; cf. Ezequiel 21:27). Al igual que Isaías, Jeremías resalta al retoño del Señor como un rey justo y hace una reseña muy particular al señalar al Mesías y a la ciudad de Jerusalén con un título muy mesiánico: "Jehová, justicia nuestra" (23:5-6; 33:14-18).

El Sol de Justicia

"Pero para ustedes, los que temen mi nombre, nacerá el Sol de justicia, y en sus alas traerá sanidad. Ustedes saldrán y saltarán como terneros de engorde." (Malaquías 4:2). Algunos profetas incluyendo a Malaquías nos hablan de un día, en el futuro el día de Jehová, cuando Dios actuará con justicia y retribución. Isaías, en un mensaje donde destaca la desobediencia de Israel, utiliza la venida de este día en el sentido de castigo de parte del Señor quien enfrentará a los soberbios, altivos y arrogantes (2:12; 13:6-10). Jeremías lo llama día de Dios para vengarse de sus enemigos (46:10) y para Ezequiel, es un día del furor de Jehová (7:19). En la profecía de Joel se habla de dos días con interpretación escatológica. Habla de un día grande y muy terrible (1:15-20; 2:11), y del *día del derramamiento del Espíritu Santo* cumplido en el día de Pentecostés cuando los apóstoles fueron llenos del Espíritu de Dios (2:28-32).

Malaquías profetiza de un día ardiente como un horno cuando los soberbios y los que hacen maldad serán estopa (4:1). Y en seguida nos dice que para los que temen el Nombre de Jehová nacerá el *sol de Justicia* —la primera luz en la mañana— el sol saliente, es símbolo de un nuevo día y de nuevo comienzo, una nueva era; como el título de la canción de Joan Manuel Serrat: "Hoy Puede Ser un Gran Día".

Esta frase, el *sol de justicia*, sin duda alguna se refiere a Jesucristo pues el profeta dice que en sus alas traerá *salvación*. Lucas nos habla de un día nuevo, una visitación de lo alto: *"a causa de la entrañable misericordia de nuestro Dios, con que la luz de la aurora nos visitará de lo alto*" y "*luz para revelación de las naciones y gloria de tu pueblo Israel* (1:78; 2:32). La salvación y la justicia van juntas de acuerdo con el profeta Isaías (Isaías 45:8; 46:13; 51:8). Pablo escribió que no hay justo ni aun uno; esto es, por la ley nadie ha alcanzado ni alcanzará a ser recto delante de Dios. Dice que

la justicia de Dios se ha manifestado por la fe de Jesucristo[1] (Romanos 3:10, 21-26).

7

JESUCRISTO: PIEDRA DE TROPIEZO PARA ISRAEL

"piedra de tropiezo y roca de escándalo"

(1 Pedro 2:8)

H ay temas, historias y versículos en la Escritura que, como dice Pedro acerca de la profundidad de algunas cosas en las cartas de Pablo, son difíciles de entender: *"Él habla de estas cosas en todas sus epístolas, en las cuales hay algunas cosas difíciles de entender que los indoctos e inconstantes tuercen, como lo hacen también con las otras Escrituras para su propia destrucción"* (2 Pedro 3:16).

Isaías comienza el capítulo ocho de su libro con una ilustración de parte del Señor un tanto insólita. En los primeros cuatro versículos Dios le instruye que tome una tabla grande y escriba con caracteres legibles acerca de *Maher-salal-jas-bazb* que significa *muy pronto*. Y en una manera abrupta dice que se llegó a la profetisa, quizás a la esposa de un profeta. ¡Quién sabe si amigo de él! La profetisa queda encinta, da a luz un hijo y por orden del Señor le pone el nombre Maher-salal-jas-bazb para indicar la prontitud de la invasión de Asiria a Judá. Y me pregunto, ¿Era necesaria esta historia para comunicar tal invasión? ¿No bastaba con un buen discurso al pueblo como los mensajes del profeta Elías?

En verdad que Isaías se enfrentó a un pueblo que no tenía conocimiento del Altísimo que él mismo describe así: *"El buey conoce a su dueño y el asno el pesebre de su amo; pero Israel no conoce; mi pueblo no entiende."* (1:3). En otra parte compara a Israel con los dolores de parto cuando se acerca su alumbramiento y dice: *Concebimos, tuvimos dolores de parto, pero dimos a luz solo viento, ninguna liberación logramos* (26:18). En una situación como esta, de tanto abandono espiritual y resistencia al conocimiento de lo alto, Dios tiene que recurrir a tal extremo, aunque parezca ridículo, a lo simple ilustrando todo al estudiante como se educan a los estudiantes en la escuela primaria, con dibujos llamativos. El profeta tuvo que ser muy gráfico pues con una parábola de pocas o muchas palabras el mensaje no hubiese salido de las cuatro paredes; cuando los oídos están cerrados y se crean muros para no acercarse a la Fuente del conocimiento el mensaje no es apreciado ni efectivo.

Si a Judá le faltaba conocimiento a su rey le iba peor; andaba en la ignorancia de la Palabra de Dios haciendo enojar al Señor, embarrado en una vida pecaminosa. El rey Acaz se hundió en la idolatría e hizo enojar a Jehová a tal punto que Isaías le dirige unas cuantas profecías en los capítulos 7 al 9. Fue tan salvaje que hasta a su hijo lo hizo pasar por fuego siguiendo costumbres paganas (2 Reyes 16:1-3). Ante la amenaza de ataque a Judá (reino del Sur) por la coalición entre el rey de Siria y el de Israel (reino del Norte), en lugar de confiar en el Señor, se hizo siervo del rey de Asiria entregándole la plata y el oro que había en el Templo de Jehová y en la casa real. Además, tuvo la osadía de construir en el Templo de Dios un altar pagano —copia exacta de uno que había visto en la ciudad de Damasco— en el cual sacrificó víctimas y consultó a otros dioses (2 Reyes 16: 7-18).

Isaías en su profecía del capítulo ocho dice que el rey Acaz desechó las aguas de Siloé (un riachuelo cerca al Monte de Sión que simboliza la protección de Dios y sus bendiciones) indicando el desprecio que tuvo el rey hacia Jehová cuando en el tiempo de ataque a Judá confió en Asiria y no en Él. Asiria llevó cautivo al reino del Norte y castigó severamente a Judá quedando un remanente (8:6-10). A este remanente Dios envió palabras de aliento y exhortación por medio de Isaías *"¡Al SEÑOR de los Ejércitos, a él trátenlo como santo! Y si él es el temor de ustedes, y si él es el temblor de ustedes, entonces él será el santuario de ustedes"* (8:13-14a).

En este mensaje del capítulo ocho Isaías irrumpe, al estilo de una noticia de última hora, con un mensaje mesiánico que es hasta cierto punto difícil de explicar aun en su contexto, pues a las dos casas de Israel, esto es, al reino del Norte y del Sur les advierte: *"entonces él será el santuario de ustedes; pero será piedra de tropiezo y roca de escándalo para* las dos casas de Israel, *red y trampa para los habitantes de Jerusalén. De entre ellos muchos tropezarán y caerán, y serán quebrantados. Quedarán atrapados y apresados."* (v. 14-15, énfasis mío). Al remanente Dios lo va a bendecir —será santuario para ellos. Entonces para los rebeldes de las dos casas de Israel, Dios será tropezadero y muchos de ellos serán quebrantados. ¿Cómo es esto posible? ¿Por qué Dios va a ser tropiezo a su mismo pueblo a quien le prometió el Mesías? Y, ¿Quién tropezó contra quién? Cuando Simón fue al Templo para conocer al niño Jesús bendijo a María diciendo del niño: *"He aquí, este es puesto para caída y para levantamiento de muchos en Israel, y para señal que será contradicha"* (Lucas 2:34).

El profeta Jeremías presenta un mensaje escalofriante de juicio contra Jerusalén y Judá y les explica que Dios ha puesto a Babilonia como tropiezo por causa de su maldad, idolatría y abandono a Él. Serán puestos en crisol, probados sin misericordia por un pueblo destructor; llegarán a ser plata desechada (6:21-23, 26, 30). Los discípulos de Jesús en una ocasión le preguntaron por qué enseñaba al pueblo en parábolas, a lo cual Él les contestó citando a Isaías: *"Porque el corazón de este pueblo se ha vuelto insensible, y con los oídos han oído torpemente. Han cerrado sus ojos para que no vean con los ojos ni oigan con los oídos ni entiendan con el corazón ni se conviertan. Y yo los sanaré"* (Mateo 13:15; Isaías 6:10).

Isaías vuelve a recalcar su anuncio sobre el tropiezo a Israel señalando que es una piedra puesta en Sión la que los hará caer: *"Por tanto, así ha dicho el SEÑOR Dios: "He aquí que yo pongo como cimiento en Sión una piedra, una piedra probada. Una preciosa piedra angular es puesta como cimiento. El que crea no se apresure."* (28:16). Esta piedra está puesta en Sión, lugar simbólico de reunión de Dios con su pueblo. Es una piedra probada. Isaías dice del castigo a Israel por su infidelidad a Dios, que fue probado en horno de aflicción, pero de los sufrimientos del Siervo de Jehová dice que fue molido por nuestras transgresiones, una piedra preciosa y angular (48:10; 53:5).

Dios le dijo a Job que los cimientos de la tierra están sobre una piedra angular (Job 38:6-7). Ahora bien, por la astronomía sabemos que la tierra la sostiene la fuerza de la gravedad ejercida sobre ella por el universo mismo. La gravedad es una de las cuatro fuerzas que gobiernan al universo, las otras son: fuertes y débiles fuerzas nucleares y el electromagnetismo. Sin ella (gravedad) los objetos volarían y se perderían en el espacio. De acuerdo con Pablo el que sostiene al universo para que funcione como todo un sistema perfecto y que no se cree un caos es Jesucristo, quien es la misma imagen de Dios y por quien fue creado todo el universo y añade: *"Él antecede a todas las cosas, y en él todas las cosas subsisten."* (Colosenses 1:17). El autor de la Epístola a los Hebreos dice también que Cristo es el que sustenta todas las cosas con la *palabra de su poder* (Hebreos 1:3). Job, refiriéndose a Dios dijo *"Él despliega el norte sobre el vacío y suspende la tierra sobre la nada."* (27:6).

Zacarías dice en su profecía que de Judá saldría una piedra angular, una clavija (10:4). Jesucristo es la piedra preciosa y angular: *"Han sido edificados sobre el fundamento de los apóstoles y de los pro-*

fetas, siendo Jesucristo mismo la piedra angular." (Efesios 2:20). De acuerdo con Pablo nadie puede poner otro fundamento del que ya ha sido puesto, esto es, Jesucristo (1 Corintios 3:11).

El apóstol Pedro cita las palabras proféticas de Isaías como evidencia de la incredulidad y rechazo al evangelio no solo de los judíos sino también de los gentiles. Él dice que la piedra angular ha sido rechazada por todos los hombres, pero para Dios es preciosa citando al salmista (118:22) que dice que la piedra que desecharon los edificadores ha venido a ser la cabeza del ángulo y termina diciendo que lo que hace tropezar y no aceptar el evangelio es la desobediencia (1 Pedro 2:4-8).

¿Por qué el Pueblo Judío ha Tropezado con la Piedra Angular?

Históricamente la interpretación rabínica sobre la era mesiánica ha sido que Israel será libertado por un Rey que enfrentará a sus enemigos y los vencerá e Israel volverá a ser una nación poderosa como en los días de la época de oro durante la dinastía davídica. Era la misma expectativa que los judíos tenían cuando Jesucristo se presentó como el Hijo de Dios; esperaban ellos que Jesús luchara contra los romanos y los venciera, librándolos para ya no ser una colonia del imperio.

El pueblo judío sufrió una decepción muy grande cuando se dio cuenta que Jesús no condenó al poder político y predicaba el evangelio del reino y que el reino de los cielos se ha acercado. Lo vieron en chanclas —sin atractivo. Su domicilio era la calle. Un cuerpo frágil del cual Isaías dice que era como una raíz que se levanta de tierra seca; en fin, para ellos, fue un falso y una gran decepción. Nunca leyeron a Isaías: *"Subió como un retoño delante de él, y como una raíz de tierra seca. No hay parecer en él ni hermosura; lo vimos, pero no tenía atractivo como para que lo deseáramos."* (53:2). Y como decían unas amistades a un amigo mío que no tenía mucha suerte en conseguir novia, "le ponen la novia enfrente y no la ve". Jesús estuvo enfrente de ellos, no lo vieron, tampoco lo desearon. Juan dijo: "A lo suyo vino, pero los suyos no lo recibieron." (Juan 1:11).

Isaías escribió que para estar protegidos y fortalecidos por los siglos de los siglos hay que confiar en Dios perpetuamente (26:4) y, en la quietud y en confianza está la fortaleza (30:15). Ezequiel dice que las transgresiones y la iniquidad son la causa de la ruina de Israel (18:30).

Pablo al igual que los profetas escribió del rechazo de Israel al evangelio y por qué cayeron en incredulidad desechando al Mesías. Pablo dedica tres capítulos completos en la Epístola a los Romanos (9-11) al enigma del por qué Israel ha rechazado el Mesías; él se siente tan sorprendido y triste por este rechazo que él mismo desearía ser anatema —estar separado de Cristo (9:1-4). Contrapone a esta situación el hecho de que los gentiles han alcanzado la salvación, la justicia de Dios, a través del evangelio por tener fe en Jesucristo y los israelitas no lo lograron porque iban tras la justicia que es por la Ley (9:30, 31). El apóstol hace la salvedad de que tal rechazamiento ha sido en parte, *"Hermanos, para que no sean sabios en su propio parecer no quiero que ignoren este misterio: que ha acontecido a Israel endurecimiento en parte hasta que haya entrado la plenitud de los gentiles."* (11:25).

En la misma carta Pablo estableció que nadie es justo, ni aun uno, judío o gentil; nadie por la Ley, antes y después de Jesucristo, ha podido llegar a ser justo o alcanzar la justicia de Dios. Y el apóstol pregunta y contesta: *"¿Por qué? Porque iban tras ella no por fe, sino dependiendo de las obras de la Ley, de modo que tropezaron en la piedra de tropiezo, como está escrito: «He aquí pongo en Sión piedra de tropiezo y roca de caída; y el que crea en él, no será defraudado.»"* (Romanos 9:32-33; Reina-Valera, RVR1995). Y enseguida Pablo dice que la justicia por guardar la ley es imposible y cita a Moisés que dijo "El hombre que haga estas cosas vivirá por ellas" (10:5; Levítico 18:5); y nadie pudo cumplir toda la

Ley y estar bien ante la presencia de Dios.

El capítulo once de la Epístola a los Hebreos se puede titular, Los Héroes de la Fe o el Salón de la Fama de los que triunfaron y fueron fieles a Dios en el Antiguo Testamento. El autor de esta epístola menciona las obras y sucesos de la mayoría, comenzando con la fe de Abel hasta *otros* muchos que experimentaron: oprobio, azotes, prisiones, encarcelados, apedreados, aserrados, puestos a prueba, muertos a filo de espada, maltratados, angustiados y otros anduvieron de acá para allá cubiertos de pieles (11:1-38). De nadie se menciona que haya triunfado, o hecho algún milagro, o escapar de algún peligro, o vencer a un ejército o alcanzar el favor de Dios, por obedecer la Ley. Todos los exaltados al Salón de la Fama de la Fe, fue por su fe puesta en el Señor. Israel tropezó con el Cristo y muchos siguen tropezando y cayendo, a nadie pueden culpar. ¡Es la falta de fe el problema!

8

GRACIA PARA TODOS: PERDÓN DE PECADOS

"Pero por la gracia de Dios soy lo que soy, y su gracia para conmigo no ha sido en vano."

(1 Corintios 15:10)

Nos ha tocado vivir una época de pocos valores —no mucha conciencia en cuanto a qué es lo más importante para sentirnos realizados; alcanzar la felicidad y cruzar los dedos para que lo logrado no se nos esfume como el humo. Se busca lo que es fácil —los dichosos "short cuts" o atajos. Lo que nos cueste menos. Hacer lo que podamos lograr con menos sacrificio. Se regatea hasta por el último centavo. Se busca y se lucha por adquirir más derechos porque la sociedad se ha convencido de que si no tenemos algún servicio o no hemos alcanzado una meta es porque alguien nos lo ha negado. La tecnología nos tira para la calle. Toma nuestro lugar y algunas tareas (en tiempos atrás), como ir al correo y buscar la carta que esperábamos han quedado como recuerdos del pasado. Se han reemplazado por algo "mejor". Por ejemplo, la comunicación, digamos mandar un texto por el celular porque es cómodo. Tal vez nos sentimos que molestamos si llamamos. Y, ¿qué tal si se molesta la otra persona pues no le vemos su rostro? Entonces nos quedamos tranquilos porque según eso ya pasamos razón. Si nos contestan, seguimos enviando mensajes de texto sin tener que corroborar la gramática. ¡Es cómodo! O sea, queremos un mundo fácil, barato, y gratis si es posible. Con poco esfuerzo queremos lograr lo que a las generaciones pasadas les costó mucho trabajo obtener. Hay un dicho que dice lo *barato sale caro*. Es verdad, pero lo barato nos está empujando a endeudarnos y a aislarnos.

Cuando en la Escritura se habla de la gracia de Dios, tema que es prácticamente el corazón de la Biblia, se trata de un favor gratuito de Dios hacia nosotros. ¡Lo que viene de Dios es totalmente gratis! ¡No nos cuesta! Todos los días nos ofrece especiales para que nuestro cheque quede intacto. El Señor no nos da tecnologías que nos hagan estar ociosos y volvernos antisociales. El proverbista Agur instruye a que estemos contentos con el pan necesario: *"Vanidad y palabra mentirosa aparta de mí, y no me des pobreza ni riqueza. Solo dame mi pan cotidiano; no sea que me sacie y te niegue o diga: "¿Quién es el SEÑOR?". No sea que me empobrezca y robe, y profane el nombre de mi Dios."* (Proverbios 30:8-9). A lo que Salomón añade: *"La bendición del SEÑOR es la que enriquece y no añade tristeza con ella."* (10:22).

El Maestro dijo, danos el pan de cada día, no el de toda la semana o de todo el mes, y si nos diera el de todo el año, de seguro vamos a decir como el proverbista —¿Quién es el Señor?

Hablamos de la gracia la cual se define como *favor inmerecido* y que es un *don de Dios*. El amor de Dios —su carácter y naturaleza— es lo que hace posible nuestra salvación (Efesios 2:5). Pablo escribió que *"la gracia de Dios se ha manifestado para la salvación a toda la humanidad"* (Tito 2:11). La gracia hay que entenderla en el contexto del tiempo eterno, es decir —en la eternidad de Dios. Es parte de la naturaleza de Dios, así como Él es amor y justicia. El Señor es eterno y nada va a alterar su naturaleza. Él seguirá impartiendo su gracia a todo aquel que se le acerque.

Dios se puede airar como se enojó contra Israel por sus iniquidades hasta el punto de que los desterró a Asiria y a Babilonia, sin embargo, regresaron a la tierra prometida y hasta el día de hoy Israel sigue recibiendo bendiciones y protección de Dios. No los ha desechado. Mantiene su promesa hecha a Abraham y al fin, como escribió Pablo, todo Israel será salvo (Romanos 11:25-26). Juan dice que la Ley vino por medio de Moisés, pero que la gracia y la verdad vinieron por Jesucristo y Él, es antes del principio y de todas las cosas (1:17; cf. Colosenses 1:17).

Cuando Dios se le acercó a Moisés en el Monte Sinaí, Moisés proclamó el nombre de Jehová y exclamó: "—*¡SEÑOR, SEÑOR, Dios compasivo y clemente, lento para la ira y grande en misericordia y verdad, que conserva su misericordia por mil generaciones, que perdona la iniquidad, la rebelión y el pecado; pero que de ninguna manera dará por inocente al culpable; que castiga la maldad de los padres sobre los hijos y sobre los hijos de los hijos, sobre la tercera y sobre la cuarta generación!*" (Éxodo 34:6-7). Estas palabras nos ayudan a entender la gracia de Dios. La gracia de Él lo hace misericordioso, verdadero, perdurable en su misericordia; perdona al pecador por su iniquidad y rebelión sin demandar un pago o compensación. Es justo. Al que se rebela contra Él, el que practica la maldad, lo castiga si no se arrepiente y no le honra.

Dice Ezequiel que Dios no quiere la muerte del pecador, sino que se vuelva de su mal camino y viva (33:11). Jehová es el Dios de gracia, de bondad, de misericordia, de perdón y de amor, que derrama sus ricas bendiciones, aunque no nos las merezcamos —que como dijo el Maestro, deja salir el sol y la lluvia para todos. Un ejemplo de la gracia de Dios es David, después que cometió adulterio y homicidio, reconoce su pecado y Dios lo perdonó; regocijado por recibir el perdón dijo que es *bienaventurado el hombre a quien Dios perdona su pecado* (Salmo 32:1).

Beneficios de la Gracia

Isaías, en uno de los capítulos más profundos de su profecía nos da un banquete de sabiduría para entender la misericordia de

Dios con Israel y el resto de la humanidad. El capítulo 55 es todo un tratado en forma de un resumen de su plan de salvación para todos, y una invitación para ser redimidos por su gracia y recipientes de sus bendiciones. Nada de lo que compremos para nuestro deleite o que invirtamos en bienes gananciales satisface nuestra alma. En cambio, la gracia de Dios es una invitación a una fiesta. Un banquete para los que están hambrientos y sedientos de la misericordia, bondad y gracia del Señor y lo mejor de todo esto es que es *gratuito*.

Dice el Señor que vayamos a las aguas, compremos sin dinero y sin pagar: leche, pan y vino (v. 1-2). Estos tres alimentos físicamente representan la vida natural; y, hablando espiritualmente, a la Palabra de Dios —ambas representaciones sostienen al ser humano para el presente y el futuro. El agua en la Biblia es símbolo de la vida y sin ella se acaba la existencia humana. El vino representa la alegría. La leche y el pan son fuentes de nutrición muy necesarias para el desarrollo y crecimiento de nuestros cuerpos. La Palabra (como un todo) es la que nos ayuda a crecer espiritualmente hasta llegar a la estatura de Jesucristo. La Escritura dice que no sólo de pan vivirá el hombre. Necesitamos la energía y poder de Dios pues de lo contrario se aplica aquello que dice Pablo, si nuestra esperanza en Cristo es únicamente para esta vida o siglo presente, somos los más dignos de ser miserables (1 Corintios 15:19).

Isaías hace mención de un nuevo pacto eterno llamándolo *las misericordias de David* el cual Dios hará con Israel y todos los que acepten al Mesías (55:3). Dios prometió a David que su casa —reino y trono, permanecerían estables eternamente (2 Samuel 7:16). De la descendencia de David salieron muchos reyes, murieron y su reino tuvo su final (Jeremías 22:24-30). De acuerdo con el escritor Lucas, la interpretación de las misericordias de David, es la muerte, resurrección e incorrupción del cuerpo de Jesucristo (Hechos 13:32-37). Puesto que la dinastía del rey David terminó; Dios, a través de su Hijo, extiende la realeza a todos los que ponen su fe en Jesús y son regenerados —son llamados reyes y sacerdotes para Dios (1 Pedro 2:9; Apocalipsis 1:6; 5:10).

Isaías hace el llamamiento a Israel al arrepentimiento y a todos los seres humanos. *Buscar a Jehová mientras puede ser hallado*, y al impío lo invita a *dejar su camino de maldad* (55:6-8). Acercarse a Dios y obedecer su Palabra es como tener la llave para abrir el cielo y recibir las bendiciones que sostienen la vida. El problema que siempre ha tenido la humanidad y que se ha acentuado en los últimos tiempos es que el ser humano quiere atrevidamente alterar lo que ya Dios ha creado o revelado, ir en contra de lo que ya ha establecido el Creador. El mundo quiere establecer lo que es bueno o malo sin consultar la Palabra del Señor. Un ejemplo es la legalización del aborto. Un hecho que va contra las leyes de Dios pues Él es creador de la vida y el único que puede quitarla. Isaías lo explica así, *"Porque mis pensamientos no son sus pensamientos ni sus caminos son mis caminos, dice el SEÑOR."* (v. 8). Y añade, *"Como son más altos los cielos que la tierra, así mis caminos son más altos que sus caminos, y mis pensamientos más altos que sus pensamientos"* (v. 9).

Gracia para Sión (Israel)

Un estilo de exposición en las profecías, muy acentuado por cierto, es presentar los juicios de Dios sobre las naciones y hacia Israel para luego mostrar la acción salvadora de Dios a través de su gracia. Isaías comienza su profecía exponiendo la situación tétrica de Israel en los primeros veinte versículos del primer capítulo, y termina (v. 21-31) con una mezcla de juicio y redención. Otro ejemplo lo encontramos en los capítulos 34 y 35. Son robustos en decretar el juicio contra las naciones que practican el pecado e incluyen la gracia extendida a su pueblo para la liberación de sus opresores. En estos dos capítulos el autor profetiza el destino de Edom (simbolizando a las naciones pecadoras que se rebelan contra el Señor) y el retorno de los redimidos —los israelitas que regresan del cautiverio.

En el capítulo 34, Isaías comienza con una invitación a toda la creación para que considere la ira de Dios que se va a derramar sobre naciones enemigas y su destrucción inminente (34:1-4; cf. 13:13). Edom es señalado porque es el hermano de Israel que se convirtió en su enemigo. Los juicios sobre él serán fuertes de tal manera que se convertirá en una nación desolada, sin vegetación y que nadie podrá habitarla (v. 5-10).

La profecía cambia de tono en el capítulo 35 pues es una presentación de lo que es la gracia de Dios. Cuando hablamos que algo se recibe por gracia se refiere a que por nuestros propios esfuerzos no lo podemos recibir; no podemos comprarlo porque estamos en bancarrota. En solo diez versículos y a manera de profecía dualista, Isaías habla de la liberación y el retorno de los cautivos; y también de la gracia y evangelio que traerá Jesucristo. Los exiliados regresan alegres y cantando, también la naturaleza reacciona a esta liberación: el desierto está jubiloso y florece profusamente como la rosa, al igual los montes del Carmelo y de Sarón (v. 1-2). Los versículos 3 y 4 contienen un mensaje de gracia para el remanente oprimido y que regresa a su tierra, dice el profeta, "Dios mismo vendrá y os salvará". Y aquí hay que tener en cuenta que la liberación de los israelitas (que estaban exiliados) fue muy diferente a la liberación de la nación de Israel después de haber estado en esclavitud por unos 400 años en Egipto.

En aquel entonces Dios levantó a Moisés como líder de la encomienda y logró sacarlos con mano dura después de que unas diez plagas azotaron a todo Egipto. Las plagas demostraron sin lugar a duda que los aproximadamente 2,000 dioses que adoraban los egipcios no tenían poder alguno —no pudieron controlar la naturaleza. Los especialistas no funcionaron pues la piedra fundamental de la idolatría es que cada dios tiene un oficio que controla una parte del universo; las diez plagas probaron a diez dioses distintos y especialistas en su campo. Todos fracasaron y no dijeron ni *pío*.

En el caso de los cautivos en Babilonia fue *Dios mismo el autor de la liberación* y lo más sobresaliente es que después que los israelitas habían desechado la protección de Dios adoraron y confiaron en dioses paganos y en el poderío militar de otras naciones como Asiria y Egipto, —Dios mostró su gracia y los liberó. *"Yo soy, yo soy el que borro tus rebeliones por amor de mí, y no me acordaré más de tus pecados."* (Isaías 43:25). ¡Eso es pura Gracia!

Isaías toca la era evangélica —la transformación en los seres humanos que solo es posible por la gracia de Dios y el evangelio de Jesucristo. Él dice que los *ojos de los ciegos serán abiertos* y *sus oídos destapados*; el *cojo saltará como un ciervo* y añade que habrá aguas en el desierto, una expresión que indica abundancia de bendiciones para su pueblo (35:5-7). Este mismo pasaje es citado por Jesús en los evangelios para demostrarle a los enviados de Juan el Bautista que Él (Jesús) es el Mesías y en quien esa profecía, en ese momento, se estaba cumpliendo (Mateo 11:5; cf. 42:7). Dios mismo preparará un camino especial, una calzada de santidad que así será llamada, *Camino de Santidad*. Por este camino no podrán transitar los inmundos, solo los redimidos del Señor, judíos y gentiles, los cuales tendrán gozo y alegría. La tristeza y el gemido estarán ausentes (Isaías 35:8-10).

Perdón de Pecados

En cuanto a la gracia, no estamos diciendo que somos libres y que hagamos lo que nuestra carne desee. No se trata de usar la libertad que tenemos en Cristo para caer en un libertinaje; es todo lo contrario. Pedro dice que usemos bien la libertad que tenemos en Cristo y no nos comportemos como los que usan la libertad para hacer lo malo (2:16).

Isaías no pierde tiempo al resaltar la verdadera situación de rebeldía que vivían los israelitas. La versión Reina-Valera al primer capítulo le da un título no muy halagador, *Una Nación Pecadora*. ¡Está como para levantar las cejas! Después de dedicar 17 versículos a la situación espiritual de Israel, Isaías los llama a negociar con Dios: *"Vengan, pues, dice el SEÑOR; y razonemos juntos: Aunque sus pecados sean como la grana, como la nieve serán emblanquecidos. Aunque sean rojos como el carmesí, vendrán a ser como blanca lana."* (1:18; énfasis mío). Dios es justo y perdonador; no quiere la muerte del pecador —quiere negociar con él.

Isaías usa los colores para ilustrar la condición pecaminosa que a través de mucho tiempo habían arrastrado. Moisés dijo al pueblo en cuanto a la obediencia a Dios que si no seguían los mandatos de Dios, el pecado los alcanzaría (Números 32:23). La *grana* y el *carmesí* son dos tonalidades del color rojo muy usados en la Biblia. Salomón le dice a su amada que sus *labios son como un hilo de grana* (Cantares 4:3). El carmesí fue uno de los materiales que Moisés exigió al pueblo como parte de la ofrenda para la construcción del Tabernáculo y que se incluyó en la fabricación del velo que dividía al lugar Santo del lugar Santísimo; también Salomón lo usó para el velo del Templo (Éxodo 25:4; 26:31; 2 Crónicas 3:14). El color rojo representa energía, pasión, fuego, calor, ánimo, fuerza y liderazgo entre otros; en lo negativo: rabia, ira, peligro, vergüenza, malicia. En la Escritura tiene varios usos. Jacob al bendecir a sus hijos antes morir, dijo que los ojos de Judá *son más rojos* que el vino (Génesis 49:12). Isaías presenta a Dios con vestimenta roja, como el vengador de los enemigos de Israel (63:1-2).

El color rojo también es símbolo de sangre, pasión, violencia, y en la Biblia, poder de sanación como lo es la sangre de Jesucristo para limpiar el pecado. Dios extendió su misericordia a Adán y a Eva después que desobedecieron y fueron echados fuera del Huerto; les cosió túnicas de pieles para cubrirlos implicando que un animal fue sacrificado y su sangre derramada —Dios perdonó sus pecados. Ese sacrificio anticipaba nuestra salvación; una figura del sacrificio de Jesús en la cruz (Génesis 3:21). La sangre del cordero pascual aplicada en los postes y en el dintel de las casas de los israelitas (cuando celebraron la Pascua comiendo la carne del cordero la noche que salieron de Egipto) fue lo que salvó de la muerte a sus primogénitos cuando

Jehová destruía a los primogénitos en las familias de los egipcios (Éxodo 12:6-14). En el caso de Rahab fue un cordón rojo y la fe lo que la libró a ella y a su familia de ser muertos junto con los habitantes de Jericó cuando Josué entró en la ciudad para conquistarla (Josué 2:18).

El color blanco representa la inocencia, humildad y el perdón de pecados. El color del maná era blanco (Éxodo 16:31). El ejército celestial está vestido de lino finísimo y de color blanco y también el gran Trono de Dios es blanco (Apocalipsis 1:14; 19:14; 20:11; cf. Mateo 28:3; Marcos 9:3). Después que David se arrepintió de sus pecados de adulterio y homicidio su oración al Señor fue: *"Purifícame con hisopo y seré limpio; lávame y seré más blanco que la nieve."* (Salmo 51:7).

Jesús celebró su última cena la noche que fue entregado a las autoridades judías, al bendecir el fruto de la vid levantó la copa y dio gracias diciendo: *"Bebed de ella todos, porque esto es mi sangre del nuevo pacto que por muchos es derramada para perdón de los pecados."*; énfasis mío (Mateo 26:27-28; Lucas 1:77). Y el Maestro fue llevado como cordero al matadero para derramar su sangre y borrar todos nuestros pecados; enmudeció y no abrió su boca (Isaías 43:24; 53:7; Miqueas 7:18-19; Marcos 14:61; Lucas 5:24; 7:49).

¿Qué recibimos por la Gracia de Dios?

En la mente de muchos la palabra *gracia* connota lo que no nos cuesta, y que creemos que tenemos derecho a recibirlo, y nos lo merecemos. Aun así, de todos modos, Dios lo ofrece y lo aceptamos. Podemos concluir que todo lo que recibimos procede de Dios, como escribió Santiago, *toda dádiva, bendición y don perfecto desciende del cielo, del Padre de las luces* (1:17). Es gratis, pero Dios nos hace responsables de lo recibido. Nuestra respuesta a esas bendiciones de origen celestial es, ser agradecidos.

Por la gracia hemos recibido:

1) **La Salvación**—David hablando de la insensatez de las riquezas y del que confía en ellas dice que a nadie puede redimir y añade: *"pues la redención de su vida es de tan alto precio*
que no se logrará jamás", (Salmo 49:8; Reina-Valera 1995 RVR1995).

2) **La Justicia de Dios por medio de la fe de Jesucristo** — El salmista hablando del limpio de manos y puro de Corazón dice: *"Él recibirá la bendición del SEÑOR y la justicia del Dios de su salvación."* (24:5; Romanos 3:21-22).

3) **La Justificación** — Por la fe de Jesús hemos sido declarados justos. Dios nos declara sin pecado, *"sabiendo que el hombre no es justificado por las obras de la Ley, sino por la fe de Jesucristo, nosotros también hemos creído en Jesucristo, para ser justificados por la fe de Cristo y no por las obras de la Ley, por cuanto por las obras de la Ley nadie será justificado"* (Gálatas 2:16; Reina-Valera, RVR1995, énfasis mío).

4) **Un Lugar Celestial** — *"Y juntamente con Cristo Jesús, nos resucitó y nos hizo sentar en los lugares celestiales"* (Efesios 2:6).

5) **La Adopción** — Somos hijos de Dios adoptados y, por lo tanto, nuestro Padre es celestial. *"En amor nos predestinó por medio de Jesucristo para adopción como hijos suyos, según el beneplácito de su voluntad"* (Efesios 1:5; Gálatas 4:5).

6) **La Vida en Cristo**. Recibimos la vida eterna, estando muertos, *"Él os dio vida a vosotros, cuando estabais muertos en vuestros delitos y pecados"* (Efesios 2:1; Reina-Valera, RVR1995).

Y, ¿Cuál es el precio de todas esas bendiciones celestiales recibidas? Costó el sacrificio de Jesucristo en la cruz. Dios cargó a la cuenta de su Hijo todos nuestros pecados y hemos recibido el perdón a través de su gracia. A cambio de ello, el Señor nos pide que le seamos agradecidos y nos mantengamos con temor muy ocupados en nuestra salvación, *"porque Dios es el que produce en ustedes tanto el querer como el hacer para cumplir su buena voluntad"* (Filipenses 2:13).

9

EL SIERVO DEL SEÑOR: INTRODUCCIÓN

"He aquí mi siervo, a quien sostendré; mi escogido en quien se complace mi alma"
(Isaías 42:1).

En ocasiones escuchamos decir que las versiones de la Biblia no son buenas, exactas o que tienen errores de traducción. Y como dice un dicho, "estás en lo cierto". Algunos errores encontrados en las diferentes versiones se deben a la dificultad de traducir desde los manuscritos más antiguos a los idiomas actuales. La cultura y costumbres de los tiempos bíblicos cuando se escribieron los manuscritos no comparan con las costumbres y lenguajes de hoy. No es tarea fácil traducir del idioma hebreo a otros lenguajes. Hay que tomar en consideración que su contenido de palabras ronda de siete a ocho mil vocablos, el español tiene alrededor de 90,000, y el inglés que tiene aproximadamente 228,000, de las cuales unas 47,000 palabras son obsoletas. Otra dificultad es la antigüedad de los idiomas originales. Por ejemplo, el griego de los manuscritos del Nuevo Testamento es el *koiné* o idioma del pueblo, que ya no se habla.

A estas dificultades se añade el problema de una traducción literal, sin considerar la idea o ambiente cultural que puede meternos en problemas como les sucedió a dos hermanos en la fe, mexicanos, que visitaron España. Cuando fueron a desayunar el mesero les trajo todo lo que incluía el desayuno. Lógico y muy esencial para cualquier mexicano, faltaban las tortillas de maíz, que normalmente un mexicano puede comerse más de media docena. Ellos le preguntaron al mesero si servían tortillas, a lo cual les contestó que sí, y les pregunta, ¿Cuántas? Ellos dijeron, una docena. Muy asombrado el mesero, les pregunta si de verdad querían una docena. Ellos le dijeron, ¿Por qué no? ¡Somos mexicanos! El mesero no lo podía creer y lo consultó con el gerente del restaurant quien habló con los mexicanos en la mesa para cerciorarse. Todo quedó claro, 12 tortillas. Cuando estuvieron listas, se presentaron tres meseros con las tortillas españolas, y como dicen en México ¡Qué regazón! Pues para un mexicano una tortilla es un alimento de forma circular y aplanado. Es de harina de maíz (llamada masa de maíz) de aproximadamente 12 centímetros de diámetro y como de 2 a 3 milímetros de espesor cocida a la plancha (o comal) que por lo general se consume como acompañante de alimentos cocinados. En cambio, para un español, una tortilla es un platillo completo confeccionado con papas, cebolla y huevo. Una orden de solo una tortilla española es más que suficiente para una persona.

Otro ejemplo es el uso de ciertas palabras en las versiones que se le ha dado un matiz muy diferente al vocablo original. Un error y no de traducción desde los manuscritos de la Escritura, es la palabra *siervo* que se ha usado para traducir el término griego *doulos* cuyo significado es nada más y nada menos que *esclavo*. Esta palabra griega no significa siervo. Siervo en nuestro español no es sinónimo de esclavo. Un siervo es una persona que es contratada para ser una tarea, se le asigna un sueldo y se le permite entrar y salir. El esclavo es *propiedad*, tiene dueño y carece de libertad, aunque lo traten con muy buena voluntad.

En el Nuevo Testamento, el término esclavo, lo usaron la mayoría de los traductores en frases de una forma impersonal: **esclavos** del pecado, no hay **esclavo** ni libre. En lo referente a personas, doulos lo tradujeron como *siervo* y debería ser, *esclavo*. Ese es el caso de Pablo cuando se dirigía a las iglesias en sus cartas. Él siempre se presentó como esclavo del Señor y no como un siervo y en ocasiones dijo que era un *prisionero* de Jesucristo, *desmios* en el griego (Efesios 3:1; Filemón v. 1, 9). La misma situación sucedió con algunos pasajes donde el *hebreo* habla de un esclavo y lo tradujeron como siervo. En el Nuevo Testamento, en el griego original, se usó el término παίς (país) para referirse a Jesucristo como el siervo de Dios.

¿Quién decidió usar *siervo* en lugar de esclavo? El conjunto de traductores de la Biblia de Ginebra que incluían a Miles Coverdale, John Knox, Thomas Sampson, y William Whittingham y con el apoyo de Juan Calvino, obra que fue completada en el 1560 unos 51 años antes de ser publicada la versión en inglés "King James"; decidieron traducir el término griego *doulos* como siervo y no, esclavo. La razón dada fue que la palabra esclavo era muy fuerte, degradante, humillante y de ahí en adelante los traductores de versiones de la Biblia tanto en inglés como en español han arrastrado ese tamaño error. ¡Una desgracia!

En general una persona con poca convicción en el evangelio se puede considerar como un siervo de Jesucristo que podría sentirse como un allegado a Él, un fanático, un admirador o un creyente relativo. Santiago dice que el que duda es *semejante a una ola del mar movida por el viento y echada de un lado a otro* (Santiago 1:6). Escrituralmente un esclavo de Dios es aquel que hace la voluntad de Él, le adora, es obediente, tiene fe y pone toda su confianza en Dios todo el tiempo, no es un adorador del Señor "part time", sino a tiempo completo. Es como dijo el apóstol Pablo, *"Con Cristo he sido juntamente crucificado; y ya no vivo yo, sino que Cristo vive en mí."* (Gálatas 2:20).

Israel: Figura del Siervo del Señor

Isaías habla de Israel como el siervo de Jehová para señalar que lo escogió en los lomos de Abraham y a través de quien vino el Mesías. *"Pero tú, oh Israel, eres mi siervo; tú, oh Jacob, a quien escogí, descendencia de Abraham mi amigo."* (41:8). Si Israel es siervo de Dios significa que está obligado a obedecer sus mandamientos y si no lo hace queda bajo juicio y castigo de parte del Señor. Dios hizo un pacto con Israel en el monte Sinaí y el pueblo estuvo de acuerdo (Éxodo 19:3-8). Dios está comprometido con Israel a defenderlo en cualquier situación de ataque de parte de sus enemigos. Si las naciones atacan a Israel se aplican las palabras que Dios dijo a Abraham cuando lo llamó: *a los que te maldigan maldeciré* (Génesis 12:3).

Israel fue destruyéndose a sí mismo, alejándose de Dios a tal punto que no prestaba atención ni buscaba la Palabra de Dios, entró en una sordera muy crítica. Isaías dice que ellos no entendían, y como nación y siendo el siervo de Dios no se dedicaban a Él, eran unos sordos y ciegos a quienes se les advierte del peligro; no hacen caso y no pueden ver, por lo tanto, Dios derramó el ardor de su ira sobre ellos (42:18-25). Israel nunca aprendió que Dios lo escogió para que fuera testigo ante las naciones y que ellas aprendieran lo grande, majestuoso, justo y todopoderoso que el Señor es (43:10, 44:1-6). Israel se olvidó de quien lo creó. Moisés un tanto enojado se descargó contra ellos: *"¿Así pagan al SEÑOR, pueblo necio e insensato? ¿Acaso no es él tu Padre, tu Creador, quien te hizo y te estableció?* (Deuteronomio 32:6). A pesar de la infidelidad de Israel, Dios fue fiel a la promesa hecha a Abraham a quien le prometió que de su descendencia vendría el Mesías o su Hijo, pues Pablo escribe: *"De ellos son los patriarcas; y de ellos, según la carne, proviene el Cristo, quien es Dios sobre todas las cosas, bendito por los siglos."* (Romanos 9:5).

Israel: Ejemplo de Gracia y Gloria para Dios

Dijo Isaías: *"Mi siervo eres tú, oh Israel; en ti me gloriaré."* (49:3). ¿Cómo se ha glorificado Dios en Israel? El Señor escogió a Abraham y a su descendencia para bendecir a todas las naciones y le dijo: *"Yo haré de ti una gran nación. Te bendeciré y engrandeceré tu nombre, y serás bendición. Bendeciré a los que te bendigan, y a los que te maldigan maldeciré. Y en ti serán benditas todas las familias de la tierra"* (Génesis 12:2-3). De ahí en adelante la historia de Israel se desarrolla de milagro en milagro. Isaac, el hijo prometido a Abraham fue un milagro pues tanto Abraham como Sara eran de avanzada edad y ambos se rieron al oír el anuncio de que tendrían un hijo. La estirpe de Jacob (12 hijos) que dio origen a la nación de Israel fue una familia disfuncional. El padre Jacob tuvo dos esposas, Lea y Raquel, quien era estéril y por la intervención de Dios, pudo dar a luz a dos hijos: a José y a Benjamín (Génesis 30:22-24; 35:16-20; 48:7). Con la sierva de Raquel, Bilha, Jacob procreó dos hijos (Dan y Neftalí) y con la sierva de Lea, Zilpa, salieron otros dos (Gad y Aser).

La familia creció y llegaron a Egipto por causa de una sequía. José que había sido vendido por sus hermanos a unos mercaderes ya estaba en Egipto y por la gracia de Dios llegó a ser el segundo al mando en esa gran nación. Al encontrarse con su familia, José habló con palabras de gracia: *"Ahora pues, no se entristezcan ni les pese el haberme vendido acá, porque para preservación de vida me ha enviado Dios delante de ustedes."* (Génesis 45:5). Esa familia creció hasta llegar a ser una gran muchedumbre, fueron esclavos por unos cuatrocientos años y la noche de su liberación con la celebración de la Pascua se convirtieron en una nación libre bajo un gobierno teocrático (Éxodo 12:1-6, 14).

Golda Mier, la cuarta Primer Ministro de Israel (1969-74) dijo en una ocasión que estaba muy enojada con Dios porque Él liberó a Israel de la esclavitud en Egipto, los llevó por el desierto por unos cuarenta años para llevarlos al único lugar en el Oriente Medio que no tiene petróleo. Ella no consideró lo que dijo David: "Oh SEÑOR, porción de mi herencia, y mi copa, ¡tú sustentas mi destino!" (Salmo 16:5). Me imagino que tampoco consideró lo que dijo Jesús en el modelo de oración, el Padrenuestro: "El pan nuestro, dánoslo cada día".

Más adelante y antes de morir, Moisés los hizo reflexionar: *"No porque ustedes sean más numerosos que todos los pueblos, el SEÑOR los ha querido y los ha escogido, pues ustedes eran el más insignificante de todos los pueblos. Es porque el SEÑOR los ama y guarda el juramento que hizo a sus padres, que los ha sacado de Egipto con mano poderosa y los ha rescatado de la casa de esclavitud, de mano del faraón, rey de Egipto."* (Deuteronomio 7:7-8). Desde su comienzo como pueblo de Dios, Él ha sido su Redentor, en las altas y bajas.

Los israelitas lo rechazaron pidiendo un rey para ser semejantes a sus vecinos y se entregaron a la idolatría haciendo enojar a Dios. De sus enemigos los libró Dios en múltiples ocasiones. Dios los castigó por sus rebeldías y por no respetar el mandamiento de descanso para la tierra, exiliándolos a Babilonia; un detalle muy importante para la productividad del terreno: *"para que se cumpliera la palabra del SEÑOR por boca de Jeremías, hasta que la tierra hubiera disfrutado de su reposo. Todo el tiempo de su desolación reposó, hasta que se cumplieron los setenta años"* (2 Crónicas 36:21; Levítico 26:32-35). Y los rescató Dios y los regresó a Jerusalén, bajo muchas amenazas reconstruyeron la ciudad y el Templo. Se presentó el Mesías y lo rechazaron, lo entregaron a Pilato. Y, aun así, Jesús les dijo, vosotros sois la luz del mundo (Mateo 5:14). Y al final, dice Pablo, *todo Israel será salvo* (Romanos 11:26). ¡Pura Gracia!

El Mesías: Siervo de Jehová

A los patriarcas y profetas que sirvieron a Dios de todo corazón y expusieron sus vidas como sacrificio a Él, los reconoció como sus siervos: **Abraham** (Génesis 26:24), **Moisés** (Éxodo 14:31; Deuteronomio 34:5), **Josué** (1:1-2; 29:49), **David** (2 Samuel 7:5; Salmo 89:20), **Isaías** (20:3), **Jeremías** (25:4) y en general, **a los profetas** (2 Reyes 17:13).

Isaías es el profeta del evangelio por la cantidad de profecías en su libro relacionadas con la aparición y ministerio del Mesías en la tierra. Dedica exclusivamente al Siervo del Señor o Mesías cinco cánticos proféticos (42:1-7; 49:1-7; 50:4-11; 52:13-53:12; 61:1-3). En estos cánticos no hay duda de que el Siervo de Jehová es Jesucristo; en la forma que lo describe queda claro que no se está refiriendo a Israel, interpretación arraigada en la tradición rabínica.

El profeta resalta como señales para identificar al Siervo en el futuro: a la justicia que hará hacia las naciones, humildad, poder, verdad y ayuda a los pobres y encarcelados. Una prueba fehaciente también es el hecho de que el Espíritu de Dios, de acuerdo con Isaías, vendría y habitaría en su Siervo para darle poder y sabiduría de manera que las promesas de Dios para bendecir a toda la humanidad se cumplieran (9:7; 41:1). En el último tratado (52:13-53:12), hace una descripción total del Siervo: la crucifixión asombrará a muchos, será engrandecido y exaltado, su físico no es muy atractivo, sufrirá y será despreciado, no abrirá su boca indicando así su humildad y sujeción a Dios y, que fue contado con los pecadores.

El Siervo del Señor, se profetizó de Él, que sería fiel hasta la muerte sufriendo en una cruz (49:4; 50:6-7; 52:14; 53:10). Este acontecimiento descarta la teoría de algunos comentaristas judíos y cristianos que dicen que el Siervo del Señor es Israel y no Jesucristo. Esa obra redentora en la cruz es citada por los evangelistas como prueba de Jesús como el Siervo y Mesías enviado por Dios. Mateo cita literalmente a Isaías 42:1-4, en su capítulo doce de su evangelio (12:18-21) y habla de sanar a los enfermos como cumplimiento de Isaías 53:4, "Ciertamente él llevó nuestras enfermedades y sufrió nuestros dolores". Pablo cita también a Isaías 52:15 en la Epístola a los Romanos (15:21), como prueba de su ministerio a los gentiles. Pedro nos exhorta a tener valor ante los sufrimientos y persecuciones teniendo como ejemplo a Jesucristo en quien se cumplió lo dicho por Isaías (1 Pedro 2: 20-25).

10

EL SIERVO DEL SEÑOR: PRESENTACIÓN

"así fue desfigurada su apariencia, más que la de cualquier hombre"
(Isaías 52:14).

La anticipación de la visita de alguna celebridad o personaje político a una metrópoli es motivo para que los administradores de tal ciudad se organicen y la embellezcan. La limpieza es esencial, la seguridad a cargo de las autoridades policiacas es de mucha consideración y las campañas de publicidad son de suma importancia.

Isaías, como un preámbulo a detallar la aparición del *Siervo del Señor*, usa el capítulo 51 a manera de introducción antes de describir al Siervo. El tema de este capítulo es el cuidado que tiene Dios por su pueblo de quien espera que confíen en Él, ¡serán liberados y regresarán del exilio en Babilonia a la ciudad de Jerusalén! Para tan importante recibimiento se resalta la consolación de parte de Dios a un pueblo que ha estado mucho tiempo en el cautiverio. Usa la historia de Israel como prueba del cuidado y poder de Dios hacia Israel. Comienza con el ejemplo de Abraham y Sara, —una pareja sola y, en su vejez, imposibilitados de procrear. Dios hace un milagro en una mujer estéril, de noventa años y su esposo con cien años cumplidos y su reacción al nacer su hijo Isaac fue, "Dios me ha hecho reír, y cualquiera que lo oiga se reirá conmigo." (Génesis 21:6b; cf. 17:17; 21:1-7).

Un hijo nacido por la fe, como escribió el autor de la Epístola a los Hebreos, pues Sara *recibió fuerza para concebir* (11:11). Esa pareja llegó a ser el origen de la nación israelita (51:2). Un milagro en la historia de Israel. Una razón muy buena para que tuvieran fe en Dios ahora que el país estaba en ruinas, como un desierto, pero Dios lo va a transformar en un Edén (v. 3). Los va a restaurar para la Ley, y que la justicia vuelva a reinar en Jerusalén e irradie para todas las naciones (c. 4-5, 8). Es de esperarse que un pueblo exiliado pierda la fe y el desespero lo inunde, pero el Señor los protege y el consuelo llegará: *"Yo soy, yo soy su Consolador. ¿Quién eres tú para que temas al hombre, que es mortal; al hijo del hombre, que es tratado como el pasto?* (v. 12).

Presentación del Siervo

Los primeros versículos del capítulo 52 son un canto que apremia a la ciudad de Jerusalén (Sión) a que se prepare porque su nuevo habitante será alguien muy excepcional, el Siervo de Dios. Los podemos resumir como sigue:

1. La ciudad tiene que despertar, alistarse, vestirse de poder y ropa hermosa porque ha de convertirse en una ciudad santa (v. 1).
2. Muy importante —les recuerda a los exiliados, al igual que a los Israelitas cuando se petrificaron de terror en medio del mar rojo sin dar un paso y vieron a los carros del faraón acercárseles quedando inertes y Dios le dice a Moisés, *"¿Por qué clamas a mí? Di a los hijos de Israel que marchen."*, así también Dios ahora le dice al remanente que, *sacudan el polvo y suelten las ataduras del cuello y marchen.* Ya se acabó el tiempo de ser esclavos

y cautivos en Babilonia, llegó el momento de abrazar la libertad (v. 2, cf. Éxodo 14:15).
3. Dios les asegura que ellos no fueron vendidos a los babilonios por un precio. No hubo una transacción en la cual Dios recibió un pago, por lo tanto, sin dinero son rescatados. Él los castigó, pero no los desechó para siempre (v. 3; cf. 50:1).
4. Isaías les invita a regocijarse ante la inminente liberación —que canten alabanzas por el anuncio de las buenas noticias, la ciudad en ruinas será gloriosa, " *¡Cuán hermosos son, sobre los montes, los pies del que trae buenas nuevas, del que anuncia la paz, del que trae buenas nuevas del bien, del que anuncia la salvación, del que dice a Sión: "¡Tu Dios reina!"!"* (v. 7; 8-11).
5. Por último, y no menos importante, el regreso a Jerusalén será todo lo opuesto a cuando Israel salió de Egipto. Los Israelitas llegaron a ese país por una hambruna y por la influencia de José. Los egipcios les dieron la bienvenida, pero cuando vino al poder un nuevo faraón que no conocía de la ejecutoria de José, los hizo esclavos. La noche que el pueblo israelita salió de Egipto fue a toda prisa; razón por la cual los judíos comieron pan sin levadura en la celebración de la Pascua esa noche (Deuteronomio 16:2-3). Ahora, el regreso de los exiliados será <u>sin prisa</u>, les asegura el profeta: *"Pues no saldrán con apresuramiento ni irán huyendo; porque el SEÑOR irá delante de ustedes, y el Dios de Israel irá a su retaguardia."* (52:12).

Las Credenciales del Siervo: No muy Impresionantes

Por lo general en la entrevista de un potencial candidato a un puesto de trabajo en una empresa se le exige su curriculum vitae, un historial de su educación, logros y ejecutorias. En mi experiencia como entrevistador a nuevos candidatos para alguna posición he notado que nadie incluye fracasos, frustraciones o algún incidente personal. Como por ejemplo: que haya sido despedido de algún empleo y que ofrezca sus razones o que no haya cumplido con algunas de sus metas. Hay un dicho que dice: "Nadie habla mal de su rancho". A continuación, la carta de presentación del Siervo del Señor con algunos detalles negativos:

"He aquí que mi siervo será prosperado, será engrandecido y exaltado, será puesto muy en alto.

Como se asombraron de ti muchos (pues de tal manera estaba desfigurada su apariencia, que su aspecto no parecía el de un ser humano),

Así asombrará él a muchas naciones. Los reyes cerrarán ante él la boca, porque verán lo que nunca les fue contado y entenderán lo que jamás habían oído." (Isaías 52:13-5, Reina-Valera 1995 (RVR1995).

Mi Siervo Será Prosperado, Engrandecido y Exaltado. El destino del Mesías desde antes de la creación del mundo y antes de su llegada a la tierra era triunfar sobre sus enemigos o nada. Se llevaba la medalla de oro o quedaba eliminado para siempre. Pablo dice que fuimos escogidos antes de la fundación del mundo. Pedro habla de la gracia o salvación que nos fue destinada y refiriéndose al sacrificio de Cristo en la cruz dice, *"Él estaba destinado desde antes de la fundación del mundo, pero ha sido manifestado en los últimos tiempos por amor de vosotros."* (1 Pedro 1:20; cf. 1:10; Tito 1:2). Pero como se dice en el argot del béisbol, *nada está escrito hasta la última entrada* y, hay que *entrar a la caja de bateo* para alcanzar la victoria. Jesús vino en un cuerpo para morir por el pecado y llevar a muchos a la gloria. No se presentó como un atleta en las olimpiadas tratando de clasificar para las finales, sino que comenzó y finalizó como el único ganador. Un empate hubiese sido una derrota para Él.

Jesucristo fue prosperado. Nadie le ganó. Triunfó sobre Satanás, la muerte y el pecado (Hebreos 2:14). El sufrimiento en la cruz fue su camino a la gloria y exaltación por encima de todo; su resurrección de entre los muertos lo llevó de nuevo a su Padre en los cielos para sentarse a la diestra en el Trono. *"Y cuando hubo hecho la purificación de nuestros pecados, se sentó a la diestra de la Majestad en las alturas. Fue hecho tanto superior a los ángeles, así como el nombre que ha heredado es más excelente que el de ellos."* (Hebreos 1:3-4; Salmo 89:19). Jeremías habló del Mesías como el renuevo del Señor el cual llegaría a ser un Rey Justo gobernando de acuerdo con el derecho y la justicia (23:5).

La exaltación de Jesucristo sobre todas las cosas no es únicamente un triunfo sobre sus enemigos pues Pablo dice que el Cristo resucitado y que ahora mismo está sentado a la derecha de Dios en el Trono celestial, tiene control sobre el universo (Colosenses 1:17). Su victoria en su muerte y resurrección resultó en el perdón de pecados y la salvación para todos los seres humanos (Hechos 5:31). Pablo dice que Dios lo exaltó por el espíritu de humillación y sufrimiento de Jesucristo al ser crucificado: *"Por lo cual, también Dios lo exaltó hasta lo sumo y le otorgó el nombre que es sobre todo nombre"* (Filipenses 2:9). Ese nombre que le fue otorgado por Dios es, Señor o Rey —pues ante Jesucristo se doblará toda rodilla incluyendo a sus enemigos (v. 10). Ya el profeta Zacarías así lo había pronosticado: *"¡Alégrate mucho, oh hija de Sión! ¡Da voces de júbilo, oh hija de Jerusalén! He aquí, tu Rey viene a ti, justo y victorioso, humilde y montado sobre un asno, sobre un borriquillo, hijo de asna."* (9:9).

Se Asombraron de Ti Muchos (pues de tal manera estaba desfigurada su apariencia). Esta descripción, horripilante por demás, se puede comparar a la imagen del estado de un boxeador que ha sido golpeado tan exageradamente y derribado a la lona que el referí tiene que detener el combate. Lo que vemos en la televisión de dicho boxeador es un rostro ensangrentado. Un ser humano luchando por sobrevivir, cuya vida continúa como colgando de un fino hilo. Se observa en los rostros de los fanáticos un sentido y apariencia de culpabilidad al ver que se acercan los técnicos de emergencias médicas a prestar los primeros auxilios médicos al atropellado peleador yaciendo en el piso. Aquellos que con alaridos y satisfacción se alegraban viendo a su preferido avanzando en los rounds con sabor a victoria; ahora muestran asombro y quisieran que el derrotado y tirado en la lona se levante y, en señal de su recuperación, se ponga de pie y salude al público.

Isaías, después de hablar de la exaltación y gloria del Siervo del Señor prosigue con la humillación que sufre para llegar a la victoria como si fuera una ley de la vida —¡de la exaltación a la humillación! Esa imagen que presenta el profeta: un rostro tan desfigurado que no parece el de un ser humano, es fuerte, y ha de entenderse en el contexto de la crucifixión. Es muy posible que el mismo Isaías también se asombrara en gran manera, al recibir la revelación por inspiración del Espíritu Santo ya que ese método de castigo (la crucifixión) no era conocido en su tiempo. Una persona crucificada moría gota a gota, hasta que su sangre era derramada y su corazón no podía suplir sangre a los órganos.

Una teoría médica para explicar el hecho que cuando el soldado romano abrió el costado de Jesús con una lanza y al instante salió sangre y agua fue debido a que el corazón de Jesús sufrió una rotura (Juan 19:34). La crucifixión comenzaba en la mañana hasta la tarde. Jesucristo crucificado, por fatiga y pérdida de sangre entregaba su espíritu. Fue muy tenebroso el día que Jesucristo murió. Hubo tinieblas desde el mediodía hasta las tres de la tarde. Entonces el sol se oscureció y el velo del Templo, que separaba el lugar Santo del Santísimo, se rasgó por la mitad. Jesús a esa hora clamó a Dios, su último recurso, diciéndole: *Dios mío, Dios mío, ¿Por qué me has desamparado?*, entregó su espíritu y murió (Lucas 23:44-45; Mateo 27:45-46).

Hemos presenciado el rostro de un bebé cuando llora desesperado por dolor o hambre. O el de una persona cuando le apuntan con una pistola y pide clemencia al asaltante; o aquella persona, cuando recibe una mala noticia que niega o le cuesta aceptarla;

o la expresión de dolor en el rostro al saber que un ser querido ha fallecido. El rostro de Jesucristo reflejaba el sufrimiento de horas de abandono por las autoridades romanas que le negaron socorrerle —los judíos lo habían rechazado como un falso. Lo más triste al final fue que Jesús bien sabía que su Padre no podía ayudarlo —no por abandono sino por el cumplimiento de Su Palabra porque las profecías sobre el destino de su Hijo habían de cumplirse. Dijo el apóstol Juan, Jesús lloró, y me pregunto, —¿Lloraría Dios al oír a su Hijo clamando por su vida y no socorrerlo? Lo dejo en la mente del lector.

Así, Asombrará él a Muchas Naciones. Los Reyes Cerrarán ante Él la Boca. Isaías inicia esta presentación del Siervo diciendo que muchos se asombrarán de todo el sufrimiento inhumano que sufre el Siervo del Señor. Pero para cerrarla, dice que el Siervo asombrará a muchas naciones y gentes (v. 15). Antes de morir Jesús fue un espectáculo para muchos, *"Habiendo entretejido una corona de espinas, se la pusieron sobre su cabeza, y en su mano derecha pusieron una caña. Se arrodillaron delante de él y se burlaron de él, diciendo: —¡Viva, rey de los judíos! Y escupiendo en él, tomaron la caña y le golpeaban la cabeza."* (Mateo 27:29-30). Y después que entregó su espíritu y la gente vio el velo del Templo rasgado, tembló la tierra, se abrieron los sepulcros y cuerpos de santos que habían dormido fueron levantados; y cuando Él resucitó, se llenaron de miedo y dijeron: "Verdaderamente este era el Hijo de Dios" (Mateo 27:51-54).

¿Cómo fue que Jesucristo asombró a muchas naciones? A través de su evangelio —¡lo que nadie había oído antes de la resurrección del Hijo de Dios! El mensaje de la cruz es la aplicación de la justicia de Dios a todo aquel que confía en Él. Pablo utiliza este pasaje (v. 15) para validar su ministerio a los gentiles (naciones) que hasta entonces estaban alejados de las promesas y bendiciones del evangelio (Romanos 15:21). *"Así ha dicho el SEÑOR Dios: "He aquí, yo alzaré mi mano hacia las naciones, y levantaré mi bandera a los pueblos. Ellos traerán en su seno a tus hijos, y tus hijas serán traídas en hombros."* (49:22).

11

EL SIERVO DEL SEÑOR: DESPRECIO Y RECHAZO

"Y como escondimos de él el rostro, lo menospreciamos y no lo estimamos."
(Isaías 53:3b).

Hablar de lo que se pueda considerar vergonzoso entre los que practican el pecado es casi tiempo perdido teniendo en cuenta las palabras de Isaías arremetiendo contra aquellos que pervertían la moralidad, a quienes advirtió cándidamente: ¡Ay de los que a lo malo llaman bueno y a lo bueno malo! (5:20). Hoy en día no es vergonzoso vestir con poca ropa y, entre menos vestimenta usen mejor, es aceptable y si se trata de personas en el mundo del entretenimiento, ni tan siquiera es reprochable.

Encontramos una historia en el segundo libro de Samuel (10:1-5), la cual para los gustos de esta generación sería muy normal y pasaría como un acto modesto. Sucedió que cuando murió el rey de los hijos de Amón, Najas, en su lugar reinó su hijo Hanún. David que fue muy amigo de su padre, dijo: *"Mostraré bondad a Hanún hijo de Najas, como su padre mostró bondad conmigo"* (v. 2) y envió a varios de sus siervos para que consolaran a Hanún. Los príncipes de Amón convencieron a Hanún diciéndole que los enviados de David tenían intenciones de reconocer la ciudad y destruirla, lo cual era falso. La acción que tomó Hanún hacia los siervos enviados de parte de David fue muy desgraciada y atrevida, pues les rapó la mitad de la barba y les cortó la vestimenta hasta las nalgas y los despidió, y se olvidó de la buena amistad que David tuvo con su padre (Najas). Los siervos de David sintieron mucha vergüenza y cuando él lo supo envió gente a que les dijeran que permanecieran en Jericó hasta que les *volviera a crecer la barba.*

Todo ser humano tarde o temprano experimenta el ser avergonzado o el rechazo. En la escuela, en el lugar de trabajo, en la comunidad, otros por su estatus social, racial, educación o nacionalidad y lo peor, ser rechazado por su propia familia, en fin, que el famoso *bullying* (acoso físico o intimidación) se ha vuelto una modalidad. Jesucristo desde antes de su nacimiento en un pesebre (una caja no muy grande donde se le daba de comer a las bestias) fue rechazado pues no se encontró lugar para Él en el Mesón (Lucas 2:7).

En esta segunda descripción del Siervo del Señor, Isaías, en solo tres versículos, robustos de simbolismo mesiánico nos presenta un cuadro inicial de lo que le sucedería al Mesías una vez se presentase ante su pueblo (53:1-3).

"¿Quién ha creído nuestro anuncio? ¿Sobre quién se ha manifestado el brazo del SEÑOR?

Subió como un retoño delante de él, y como una raíz de tierra seca. No hay parecer en él ni hermosura; lo vimos, pero no tenía atractivo como para que lo deseáramos.

Fue despreciado y desechado por los hombres, varón de dolores y experimentado en el sufrimiento. Y como escondimos de él el rostro, lo menospreciamos y no lo estimamos."

El Anuncio del Señor

El profeta inicia esta descripción del cuarto y último cántico al Siervo del Señor, con dos preguntas: *¿Quién ha creído nuestro anuncio?* y *¿Sobre quién se ha manifestado el brazo del SEÑOR?* Y nos preguntamos, ¿quién es el que formula dichas preguntas? Creo que la voz viene de una pluralidad como la voz que se oyó en la creación del hombre, la Divinidad hablando: Hagamos al hombre a nuestra imagen (Génesis 1:26). Esas dos preguntas tienen un tono de asombro, una reacción a un hecho ya profetizado y cumplido. No hubo respuesta al mensaje del que habló. El contenido del anuncio fue proclamado y al igual que sucedió con Noé antes del diluvio tampoco hubo resultados. ¡Quién sabe si los miembros de su propia familia entraron al arca a empujones!

El mensaje en ese anuncio es toda una referencia y profecías relacionadas a su Siervo, el Mesías, comenzando desde el Génesis hasta los profetas. La primera referencia al Mesías fue una profecía de la derrota de Satanás por la Simiente de la mujer o Jesucristo: "*Y pondré enemistad entre ti y la mujer, y entre tu descendencia y su descendencia; esta te herirá en la cabeza, y tú la herirás en el talón.*"(3:15). Cuando en la Biblia se habla de descendencia humana se utiliza la expresión "simiente del hombre". Este pasaje citado es una clara referencia a Jesucristo pues en el embarazo virginal de María no hubo intervención de un varón, sino que se halló que había concebido del Espíritu Santo (Mateo 1:18).

A Abraham se le anunció el nacimiento milagroso del hijo de la promesa, Isaac, pues Sara su mujer era estéril y de noventa años. Moisés dijo a Israel que el Mesías también sería profeta como él, "*El SEÑOR tu Dios te levantará un profeta como yo de en medio de ti, de entre tus hermanos. A él escucharán.*" (Deuteronomio 18:15; cf. Hechos 7:37). David se sorprendió en gran manera cuando Dios le anunció que de su descendencia levantaría un rey para siempre, a Jesucristo (2 Samuel 7:16). Y así, profetas menores y mayores tocaron en sus mensajes la llegada al mundo del Hijo de Dios trayendo salvación para todos. Pedro escribió: *"Acerca de esta salvación han inquirido e investigado diligentemente los profetas que profetizaron de la gracia que fue destinada para ustedes. Ellos escudriñaban para ver qué persona y qué tiempo indicaba el Espíritu de Cristo que estaba en ellos, quien predijo las aflicciones que habían de venir a Cristo y las glorias después de ellas."* (1 Pedro 1:10-11).

Y los profetas que recibieron el mensaje de Dios estaban meditando y atónitos tratando de averiguar quién era ese personaje misterioso que surgiría en el futuro para redimir primero a Israel y luego a los gentiles. Y como dice Pedro en su carta, la única consolación recibida por ellos fue que no administraban para sí mismos las cosas relacionadas al evangelio sino para nosotros —que por la acción del Espíritu Santo se nos han predicado y ahora mismo gozamos de los beneficios de la gracia y del evangelio de Jesucristo (v. 12). Y el mensaje de la cruz profetizado por hombres inspirados y llenos del Espíritu Santo, y como un preámbulo, se le anunció de antemano a Israel, pero cayó en oídos sordos y no hubo reacción alguna. Isaías le habló fuerte y le dijo que Israel no aprende pues *ve muchas cosas y no advierte, abre los oídos y no oye* (42:20; cf. 43:24; 48:1). Y añade con palabras poco agradables: *"Porque sé que eres duro, que tu cuello es como un tendón de hierro, y tu frente de bronce."* (48:4). Y el brazo del Señor, su poder y sabiduría fue manifestado sobre Israel, viniendo el castigo como disciplina de parte de Dios.

Atractivo del Siervo

Cuando Israel le exigió a Samuel que les nombrara un rey (aunque muy en contra de la voluntad de Dios) Samuel accedió y ungió a Saúl, un hombre que les cayó como anillo al dedo. En lo físico, fue semejante a la selección del actor principal para una producción cinematográfica en Hollywood. Su cartilla de presentación: hermoso, tanto así, que entre los hijos de Israel no había otro más hermoso que él y, de los hombros hacia arriba, sobrepasaba a cualquiera del pueblo (1 Samuel 9:2). Con su buen porte físico y fortaleza corporal no impresionó a Dios y en lo espiritual nunca demostró que confiaba en Dios y terminó su reinado como un desobediente. Su atracción física se esfumó de acuerdo con las leyes naturales y murió sin honor; los filisteos rebuscando entre los muertos en batalla lo encontraron junto a sus tres hijos tendidos en la tierra (1 Samuel 31:8). Parte de su epitafio, por el amalecita quien le dio la última lanzada, fue: "Tomé la *corona* que llevaba sobre *su cabeza*" (2 Samuel 1:10). ¡Qué triste final!

Como una Raíz de Tierra Seca. El lugar de nacimiento del Siervo del Señor no fue en un palacio. Desde su entrada a la tierra —y porque el Hijo de Dios no tenía la intención de destruir a imperios, razas o grupos de personas muy especiales se presentó en la forma más humilde y milagrosa —como dijo Pablo refiriéndose al evangelio como un tesoro: *"Con todo, tenemos este tesoro en vasos de barro para que la excelencia del poder sea de Dios y no de nosotros."* (2 Corintios 4:7). El evangelio, un tesoro en vasos de barro, Jesucristo el Hijo de Dios y creador del universo, nacido en un pesebre. El buen perfume se presenta en envase pequeño.

Una raíz, también una semilla, sembrada en tierra árida tiene poca probabilidad de recibir humedad suficiente para brotar, crecer y llegar a ser un árbol frondoso. Esa raíz en tierra seca brotó sin la ayuda de la humedad porque sobre Él reposó el Espíritu Santo (Isaías 11:1-2). Ese retoño, un niño en pañales, sobrevivió a las intenciones malignas de Herodes el Grande quien quería matarlo porque oyó la palabra *Rey* —¡título indiscutible para el Mesías! Los magos preguntaron, ¿Dónde está el rey de los judíos que ha nacido?; y dice Mateo que cuando ese mensaje llegó a los oídos de Herodes se turbó al igual que toda Jerusalén (2:1-8).

En sentido figurado la tierra seca, Israel, era imposible que lo recibiera. Para ellos el Siervo de Jehová no tenía apariencia de conquistador, y así, ya estaba designado por Dios a que lo rechazaran. La cruz era su destino. De un bautismo (el del sufrimiento) tenía que ser bautizado y el mismo dijo: "¡y cómo me angustio hasta que se cumpla!" (Lucas 12:49-50). El sepulcro lo esperaba, pero la muerte no lo pudo retener. *"A él, Dios le resucitó, habiendo desatado los dolores de la muerte; puesto que era imposible que él quedara detenido bajo su dominio."* (Hechos 2:24).

No Hay Parecer en él ni Hermosura, No Tenía Atractivo como para que lo Deseáramos. Pablo dice que Jesucristo a su tiempo murió por los pecadores y conforme a las Escrituras, de acuerdo con el plan de Dios (Romanos 5:6; 1 Corintios 15:3). Cuando Jesús vino a este mundo fue la mejor época para tal acontecimiento histórico enfrentándose a los poderes religiosos, políticos y los de las tinieblas que estaban en todo su auge. Su misión en la tierra no fue una de paz y negociaciones, sino de enfrentamiento que como Él mismo dijo, "no he venido a traer paz, sino espada" (Mateo 10:34-39). El imperio romano estaba en su apogeo y la condición política de Israel era deplorable pues era una colonia del imperio romano. Ambos, Herodes Antipas y el sumo Sacerdote Caifás, los cuales tuvieron parte en el juicio contra Jesucristo fueron nombrados por el gobierno romano[1]. De los 28 sumos sacerdotes que ejercieron durante el periodo romano, siete fueron nombrados por Herodes, rey de Judea. Una desgracia pues Herodes no era un israelita cien por ciento (su padre era un prosélito idumeo), mucho menos descendiente de la tribu levita de donde provenían los sumo sacerdotes y sacerdotes.

La política estaba mezclada con la religión. El legalismo de los fariseos era estorbo para el crecimiento espiritual de la nación, y la clase sacerdotal (que se suponía que era el guía espiritual de la nación) rechazó la única esperanza de los judíos. Por último, el poder de Satanás se desató con demonios poseyendo a la gente como nunca se había visto en la historia de los israelitas. Tiempos turbulentos. Poderes amenazantes que ameritaban ser enfrentados por quien tiene todo poder y autoridad en el cielo y en la tierra, el Señor Jesucristo (Mateo 28:18).

¿Cuál era la expectativa de los judíos con la aparición del Mesías? Ciertamente no era encontrase con un personaje en sandalias, caminado a pie por las aldeas, sin caballo ni espada, sin una corona real. Nada majestuoso ni esplendoroso en Él que llamara la atención como un general de ejército regresando de una conquista. Para el judío de aquella época la venida del Mesías significaba liberación del yugo romano, soberanía e independencia —no solo del imperio sino de la helenización de ellos que continuó con Herodes el Grande. Quizás en sus mentes asentaban las palabras de Isaías, pero no las recibieron en el corazón: *"No edificarán para que otro habite ni plantarán para que otro coma; porque como la edad de los árboles será la edad de mi pueblo. Mis escogidos disfrutarán plenamente de las obras de sus manos."* (65:22).

Toda una decepción para los judíos y para los escépticos e intelectuales de la época. Lo vieron. Lo cuestionaron hasta su muerte. Los doctores de la Ley se asombraron de su sabiduría cuando el niño Jesús les disertó a los doce años. Sus milagros no se podían cuestionar. Hubo suficientes testigos de su resurrección y su ascensión al cielo y al Trono de su Padre y, aun así, no encontraron atractivo alguno en el Siervo del Señor ni lo desearon. ¡Qué pena!

Despreciado y Desechado

Escondimos de Él el Rostro, lo Menospreciamos y no lo Estimamos. Natanael fue uno de los doce discípulos que conoció a Jesús por referencia de Felipe, otro discípulo de Él. Natanael pudo dejar a un lado la información de la calle y mejor prestó atención a las palabras que salieron de labios del Maestro. Tenía suficiente información sobre Nazaret para rechazar a Jesús como el enviado de Dios. Jesús se crió en esa ciudad muy insignificante de la cual no existe una referencia en los escritos proféticos. De la ciudad de Nazaret no se tenía conocimiento que procediera profeta alguno (Juan 7:52). Tampoco en la literatura rabínica relacionada con la llegada del Mesías a Jerusalén se hace mención de Nazaret.

La primera reacción cuando Felipe le dice a Natanael que había encontrado al Personaje que habitaba en Nazaret y de quien escribieron Moisés y los profetas fue: *"¿De Nazaret puede salir algo bueno?"* (Juan 1:46). Jesús lo impresionó con decirle que era un *verdadero israelita* en quien no había engaño y, después que Jesús le demuestra que Él conoce el interior de las personas, Natanael muy sorprendido quedó convencido que Jesús era el Mesías y le dijo: *"Rabí, ¡tú eres el Hijo de Dios! ¡Tú eres el rey de Israel!* (1:47-49). Para los fariseos no bastó el testimonio de los guardias que habían enviado para aprehender a Jesús, —después de escucharlo regresaron a los fariseos y les dijeron: *"¡Nunca habló hombre alguno así!"* (Juan 7:46). Y el rechazo y desprecio del Hijo de Dios quedó sellado cuando el traidor lo vendió por treinta piezas de plata —el precio de venta para un esclavo (Éxodo 21:32; Zacarías 11:10-14).

Al salmista no se le escapa el mencionar el rechazo a Jesús por parte de un pueblo que lo necesitaba como su salvador espiritual para que recibieran la justicia de Dios que nunca pudieron alcanzar y disfrutar. De Jesús escribió, *"Pero yo soy un gusano y no un hombre, objeto de la afrenta de los hombres y despreciado del pueblo. Todos los que me ven se burlan de mí. Estiran los labios y mueven la cabeza diciendo: "En el SEÑOR confió; que él lo rescate. Que lo libre, ya que de él se agradó"."* (Salmo 22:6-8).

12

EL SIERVO DEL SEÑOR: SUFRIMIENTO

"Varón de Dolores, Experimentado en Sufrimiento."
(Isaías 53:3).

Dolores, dolores y más dolores. ¿Y a quién le gusta sufrir un dolor persistente sin encontrar un remedio eficaz? Esta época, digo yo, no es la era del avance de la tecnología o del I-phone; es la era de los dolores, desde la cabeza hasta los pies. El año pasado (2017), el presidente Donald Trump declaró el consumo de los narcóticos opiáceos (en inglés opioids) una crisis y emergencia nacional. Estos narcóticos, medicamentos cuyo contenido es el opio o sus derivados, son analgésicos muy efectivos contra dolores severos que una aspirina no los puede aliviar. Algunos opiáceos se encuentran en su forma natural en algunas plantas como es la morfina y otros se manufacturan sintéticamente entre los cuales se encuentra el fentanilo, el cual conozco muy de cerca pues trabajé en la manufactura de este unos cuantos años atrás.

La adicción a estos medicamentos comenzó con la publicación de una carta escrita por un doctor de mucha reputación llamado Hershel Jick, titulada — "Addiction Rare in Patients Treated with Narcotics" o La Adicción es Rara en Pacientes Tratados con Narcóticos— según analizada en un artículo noticioso titulado "*Opioid crisis: The letter that started it all* o La crisis de los opiáceos: La carta que lo empezó todo" sobre el efecto de los opiáceos publicado por la BBC de Londres, Inglaterra, en Junio del 2017 en su sección de —US&Canada. En dicha carta cuyo contenido es de un solo párrafo, escrita hace casi cuarenta años y publicada en la famosa Revista de Medicina de Nueva Inglaterra (NEJM, por sus siglas en inglés) en el 1980 el Dr. Jick dijo que los opiáceos no causaban adicción y se entendió que tales narcóticos no tenían ningún peligro para la salud.

Lo que resultó fatídico, de acuerdo con la BBC, fue que esta carta la citaron como 600 veces en escritos médicos argumentando que el uso de los opiáceos es seguro. La evidencia para tal aseveración no fue contundente, la conclusión provenía de un reporte tipo *anécdota y* no como una investigación científica. De 11,882 pacientes tratados con narcóticos solo cuatro pacientes, que no tenían un historial de adicción a drogas o medicamentos se convirtieron en adictos lo cual sembró dudas en algunos galenos. Otro detalle que levantó incredulidad fue que los pacientes en el estudio eran pacientes simplemente hospitalizados y no consideraron a pacientes con dolores crónicos.

En parte el problema de adicción a narcóticos para controlar el dolor se agrava debido a que se nos hace muy fácil obtener un analgésico sin buscar otras alternativas. Un dolor que aparece de la noche a la mañana es una alarma que hay que ponerle atención. Es el lenguaje de nuestro cuerpo hablándonos y gritando que ya basta. La taza de café no es para hacerlo callar. El café es para saborearlo y disfrutarlo como una buena bebida. En este ejemplo el cuerpo nos está diciendo sencillamente que nuestra energía está en rojo y ya no puede más con el estrés. Hay que descansar. Dormir lo suficiente. Relajarse. Hacer ejercicio. Tomar una siesta y unas buenas vacaciones —dejando la computadora en la casa puede ser el mejor analgésico. En fin, lo que no queremos es sufrir un poco, buscamos inmediatamente el narcótico fuerte para olvidarnos de la realidad, empujando nuestro cuerpo como carreta y con una llanta o neumático casi vacío. ¡Y qué tontos somos!

Un dolor leve puede distraernos, pero si es duradero nos preocupa y buscamos el medicamento preferido; pues hoy encontramos diversidad de narcóticos al gusto y preferencia del consumidor, con el agravante del precio que nos aumenta la presión sanguínea. Hay dolores cuya intensidad nos puede llevar al hospital. Fuerte o suave los dolores han creado un mercado especializado y que sigue creciendo y enriqueciendo a muchos. Para la industria farmacéutica es un negocio redondo de alrededor $300 billones de dólares al año —suficientes para estremecer a cualquier economía.

Varón de Dolores

El Siervo de Dios también experimentó dolor y de toda clase incluyendo los emocionales, pues su espíritu habitó en cuerpo humano. Dice en la Epístola a los Hebreos que Jesús debía ser semejante a nosotros (2:17). Cuando subió a Jerusalén experimentó el rechazo y exclamó con mucho sentimiento: *"¡Jerusalén, Jerusalén, que matas a los profetas y apedreas a los que te son enviados! ¡Cuántas veces quise juntar a tus hijos, así como la gallina junta a sus pollitos debajo de sus alas, y no quisiste!"* (Mateo 23:37). ¡Muy triste y acongojador! No se pudo contener ante la tristeza de un familiar, llorando por la muerte de un ser querido. Jesús al ver a María (hermana del difunto Lázaro) y a los judíos que estaban llorando por él, no pudo contenerse y simplemente dice la Biblia que "se estremeció en espíritu y se conmovió" y "Jesús lloró" (Juan 11:33-35).

La profundidad de su dolor es registrada por Isaías al anunciar los sufrimientos del Siervo del Señor:

"varón de dolores y experimentado en el sufrimiento.... Ciertamente él llevó nuestras enfermedades y sufrió nuestros dolores. Nosotros lo tuvimos por azotado, como herido por Dios y afligido" (53:3-4).

Un Varón de Dolores. Desde antes de llegar a la tierra Jesús sabía que venía a sufrir. Que su cuerpo sería torturado. Que sufriría a mano de las autoridades, y que nadie lo socorrería para librarlo de la cruz. ¡Ese era su destino! Esas preocupaciones le causaron dolor cada minuto de su vida (1 Pedro 1:19-20; 2:24; Tito 1:2). El autor de la Epístola a los Hebreos dice que Jesucristo aprendió la obediencia por el sufrimiento —no en una escuela con psicólogos y maestros— y siendo perfeccionado por el sufrimiento vino a ser autor de eterna salvación para todos los que le obedecen. El sepulcro esperaba por Él y después de haber resucitado fue declarado por Dios, sumo Sacerdote, no levítico o aarónico, sino según el orden de Melquisedec (5:8-10).

Jesús sabía que no podía escapar del dolor y del sufrimiento, sino que vino a este mundo de acuerdo con la Escritura para cumplirla. La Biblia dice que, en el camino a Emaús, después de haber resucitado, reprendió a dos de sus discípulos por no haber entendido que todo lo acontecido durante los últimos tres días antes de su muerte estaba detallado en el Antiguo Testamento: *"¡Oh insensatos y tardos de corazón para creer todo lo que los profetas han dicho! ¿No era necesario que el Cristo padeciera estas cosas y que entrara en su gloria?* (Lucas 24:25-26). La cruz de Cristo fue dolor —y, no dolor de cabeza, o de artritis o del corazón; sino el dolor que se acumuló cada día hasta su calvario. Sufrió la perforación de los clavos en sus manos y pies. Su sangre se derramó hasta que la bomba del corazón se paró por falta de líquido y luego se desgarró. ¡Aguantó el dolor a sangre fría!

Él fue el *Varón de Dolores.* Un título que nadie puede reclamar porque como dice la Biblia apenas morirá alguno por un justo. Él también murió por los injustos y por todos los que le rechazaron enfrente de su cara y se burlaron de Él, —por quienes rogó a su Padre diciendo "Padre perdónalos porque no saben lo que hacen".

Si Jesucristo hubiese tenido un destino como el de Moisés (cuya mayor ejecución fue liberar a Israel y quien estuvo expuesto a la idolatría por más de cuatrocientos años), y si a eso se le añadiesen sus milagros registrados en los evangelios y todo lo que Jesús enseñó, que como dijo Juan, si los acontecimientos y hechos de su vida se hubiesen escrito uno por uno, y se publicaran en libros, el mundo no sería lo suficientemente amplio para almacenarlos; y si al final de su vida hubiese evitado el dolor de la cruz, tendríamos otra tumba más en la tierra (Juan 21:25).

El dolor lo llevó a la victoria y a la Gloria de su Padre. Para Jesús no hubo alivio, ¡ni un analgésico! Hoy en día cuando la mujer da a luz puede elegir entre el parto natural sin anestesia o puede alivianar el dolor de parto con la anestesia epidural.

Jesucristo sufrió a sangre fría hasta el último suspiro como lo describe el profeta Jeremías: *"Porque así ha dicho el SEÑOR: Tu quebranto es incurable y tu herida es grave. No hay quien juzgue tu causa; no tienes remedio eficaz para tu úlcera."* (30:12-13). Declinó el consejo del proverbista cuando dijo: *"Den licor al que va a perecer, y vino a los de ánimo amargado. Beban y olvídense de su necesidad, y no se acuerden más de su miseria."* (Proverbios 31:6-7).

Un detalle que no debe pasar desapercibido en la crucifixión de Jesús es el hecho de que a Él se le ofreció un remedio para mitigar el dolor, una especie de sedante con efectos analgésicos, — una combinación de mirra y vino, reportado en los cuatro evangelios. Mateo dice que después que lo probó; no quiso tomarlo, citando la profecía del salmista quien escribió sobre el Mesías "me dieron hiel en lugar de alimento, y para mi sed me dieron de beber vinagre" (Salmo 69:21; Mateo 27:34, 48). La versión de Marcos dice: *"Le dieron vino mezclado con mirra, pero él no lo tomó."* (15:23). Lucas se limita a decir que los soldados, burlándose, le ofrecieron vinagre (23:36). La versión de Juan un tanto distinta, escribió que Jesús dijo "¡Tengo sed!" para que se cumpliera la Escritura del Salmo 22 y versículo 15, *"Mi vigor se ha secado como un tiesto, y mi lengua se ha pegado a mi paladar. Me has puesto en el polvo de la muerte."*

Jesús rehusó tomar el compuesto analgésico de aquella época para los crucificados y sufrió el dolor hasta el último suspiro. ¡El experimentado en dolores y un campeón en el sufrimiento! ¡Él Varón de dolores!

Sufrió Nuestros Dolores.

En la medicina existe una condición llamada *Mirror-Touch Synestecia Syndrome* o Síndrome de la Sinestesia Espejo-Tocar. Este síndrome es una situación rara en algunas personas las cuales a través de tocar a otras personas sienten lo que otras están padeciendo. De acuerdo con este síndrome, esto es muy común en los que trabajan en la administración de servicios de la salud en especial los que atienden directamente a los pacientes.

Imaginémonos estar presentes cuando un objeto (algo pesado) está cayendo y golpea a una persona fuertemente, quizás cerramos los ojos, fruncimos el rostro y nos llenamos de pánico y, en ese mismo instante, sentimos como si tal objeto nos golpeara a nosotros mismos. Sufrimos casi el mismo dolor y, de manera exagerada, tal vez mas que la persona herida. De alguna forma lo sentimos. Nos unimos y solidarizamos en su dolor.

Pedro dice que Jesucristo llevó nuestros pecados en su carne para hacernos partícipe de la justicia de Dios ya que estábamos muertos en nuestros pecados (1 Pedro 2:24). Isaías dice que *"Nosotros lo tuvimos por azotado, como herido por Dios y afligido"*. La muerte del Siervo fue una muerte vicaria, es decir, fue en lugar nuestro. Jesús tomó nuestro lugar en la cruz y nos libró de subir a la cruz. La palabra para *azotado*, en el hebreo "nagua", se refiere a un leproso. La lepra que tocó a Jesucristo fue el pecado. Razón para que su Padre lo abandonara.

El Cristo que fue burlado, desechado y avergonzado cargó con todas nuestras aflicciones y las clavó en la cruz. Escribió Pablo refiriéndose a la actitud que tuvo Jesucristo ante la crucifixión,

José A Quiñones

"Existiendo en forma de Dios, él no consideró el ser igual a Dios como algo a que aferrarse; sino que se despojó a sí mismo, tomando forma de siervo, haciéndose semejante a los hombres" (Filipenses 2:6-7).

13

EL SIERVO DEL SEÑOR: SACRIFICIO

"Pero él fue herido por nuestras transgresiones, molido por nuestros pecados."
(Isaías 53:5).

Se dice que Juan escribió su versión del evangelio dirigiéndose al mundo helenístico con el sabor de la cultura griega. En el comienzo de su escrito lo deja claro pues inicia su tarea con el concepto de *logos*, el *Verbo* o palabra —acción, mente o poder para mover y activar— muy usado por los filósofos griegos. Aristóteles decía que el logos era como el primer motor de una serie de motores que hacía que el universo se moviera. Cualquier lector con algún conocimiento del idioma griego al comenzar la lectura del evangelio de Juan (en el texto original o griego) puede darse cuenta de que el autor al introducir y comparar el logos con Dios está introduciendo un concepto conocido en el mundo griego que se relaciona con el funcionamiento del universo y que no lo encontramos en los otros evangelios (1:1). Juan deja claro que Dios es el Creador haciendo alusión al primer versículo de la Biblia, "En el principio creó Dios los cielos y la tierra". Él es muy peculiar en la redacción de su evangelio e incluye datos que los otros evangelistas omiten. Es más detallado. Los capítulos son de largo contenido y no incluye muchas parábolas.

Juan no escribe sobre el nacimiento de Jesús; ni de su juventud como lo hizo Lucas, que incluyó una anécdota de Jesús a los doce años —el niño Jesús en el Templo discutiendo con los doctores de la Ley (Lucas 2:41-47). Juan nos introduce al Mesías alrededor de treinta años en un encuentro con Juan el Bautista, quien enseguida expresó, "*¡He aquí el Cordero de Dios que quita el pecado del mundo!*' (1:29); dejando claro que Jesús vino a morir, el único sacrificio que es eficiente para perdonar pecados. La Epístola a los Hebreos dice que Jesús se presentó, "*una vez para siempre en la consumación de los siglos para quitar el pecado mediante el sacrificio de sí mismo.*" (9:26). La víctima es de Dios, no de los hombres. Dios ofreciendo a su Cordero —como fue requerido a cada familia israelita proveerse de un cordero pascual, de un año, para el sacrificio en la celebración de la Pascua la noche que fueron liberados de la esclavitud en Egipto.

El Cordero de Dios

"*Pero él fue herido por nuestras transgresiones, molido por nuestros pecados. El castigo que nos trajo paz fue sobre él, y por sus heridas fuimos nosotros sanados.*

Todos nosotros nos descarriamos como ovejas; cada cual se apartó por su camino. Pero el SEÑOR cargó en él el pecado de todos nosotros." (Isaías 53:5-6).

Pedro dice que Jesús ya estaba destinado desde antes de la fundación del mundo. Su última parada fue la cruz. Jesús dejó instrucciones claras para celebrar su muerte. Nada dijo ni ordenó acerca de la celebración de su nacimiento. ¿Por qué le dio importancia a su muerte y no a su nacimiento? *Primero*, el festejo de cumpleaños no era una práctica en la cultura de los israelitas. *Segundo*, la celebración de la Cena del Señor es un acto por el cual recordamos la muerte de Cristo en la cruz. El recordar la muerte de Jesús significa que estamos conmemorando a una víctima sacrificial, lo que implica que su muerte fue vicaria —víctima por el pecado que tomó nuestro lugar en la crucifixión— no es celebrar o conmemorar a otro muerto más que abandonó su cuerpo. Pablo dice que tal mandato lo recibió del Señor y así lo enseñó a la iglesia en Corinto (1 Corintios 11:23-26). El pan nos recuerda el cuerpo de Cristo y, el fruto de la vid, su sangre derramada (v. 24-25) y termina el apóstol diciendo: *"Todas las veces que coman este pan y beban esta copa, anuncian la muerte del Señor, hasta que él venga."* (v. 26). Es decir, la muerte de Jesús y su sangre derramada continúan siendo el único remedio para el perdón de pecados hasta que regrese por segunda vez (Hebreos 9:26).

La muerte lo identifica como el único remedio eficaz para erradicar el pecado pues dijo Pablo que la *paga del pecado es muerte* y la *dádiva de Dios es vida eterna en Cristo Jesús* (Romanos 6:23). La única manera para vencer el pecado y vivir, era **morir** (perdón de los pecados) y **resucitar** (declara victoria contra el pecado). Pablo dijo que si Cristo no hubiese resucitado estaríamos en pecado y nuestra fe sería vana (1 Corintios 15:17). Jesucristo cumplió con su propósito y con la encomienda de su Padre. Nos dio la vida eterna, pues dice el autor de la Epístola a los Hebreos: "y sin derramamiento de sangre no hay remisión" de pecados (9:22), pues en la sangre está la vida (Levítico 17:11).

El sacrificio y la muerte de Jesucristo lo identifica con el Cordero Pascual, el cual es un símbolo mesiánico que nos habla de la liberación de los israelitas de su esclavitud por más de cuatrocientos años en Egipto. En la Escritura, Egipto es figura de la esclavitud del pecado (Apocalipsis 11:8; cf. Hechos 7:39; Judas 1:5). La noche que los israelitas salieron de Egipto en el mes primero, el mes de Nisán según su calendario, Dios les dio instrucciones de seleccionar a un cordero de un año en el décimo día del mes. Ese mes es importante porque esa noche Dios instituyó el mes de Nisán como el principal entre todos los meses del año, esto es, fuel el tiempo de liberación y el principio de ellos como país. En una noche nacieron los israelitas como nación libre y soberana. Isaías se preguntaba si era posible que un país se formase en un día, "*¿Podrá nacer un país en un solo día? ¿Nacerá una nación en un instante?*" (66:8). La contestación es afirmativa — con la salida de Egipto donde fueron esclavos, y en una noche, liberados.

El cordero pascual (ya escogido en el día diez del mes) era el corazón en la celebración de la fiesta anual, la Pascua, que se guardaba y observaba hasta el *día catorce* cuando dicho cordero se sacrificaba entre las dos tardes (Éxodo 12:1-6). Este cordero era guardado con el propósito de examinarlo y que cumpliera con el requisito de ser un cordero sin mancha (v. 5). Pablo describe a Jesucristo como el Cordero pascual: "*Límpiense de la vieja levadura, para que sean una nueva masa, como lo son en realidad sin levadura; porque Cristo, nuestro Cordero pascual, ha sido sacrificado.*" (1 Corintios 5:7). Jesús entró triunfalmente a Jerusalén el día diez de Nisán, y por cuatro días también fue observado muy rigurosamente por las autoridades judías y romanas. Al final de la inspección e interrogación, en el día catorce, Pilato lo encontró perfecto y sin mancha, listo para ser sacrificado por el pecado del mundo, y dijo: "*Yo no hallo ningún delito en él.*" (Juan 18:38).

¿Qué es el Perdón de Pecados?

Nos dice la ley de la conservación de la energía que la energía total en un sistema aislado no puede crearse ni destruirse, pero que sí puede ser transformada. El funcionamiento del universo es una continuidad. Nunca ha dejado de ser por falta de energía y no hay otra fuente de energía fuera del mismo. Un tanto igual es el comportamiento de una deuda. Nadie la puede eliminar con una orden declarándola pagada. Puede ser transformada, pero alguien tiene que ser responsable por la cantidad de dicha deuda. Por ejemplo, cuando un banco tiene un cliente que tradicionalmente llamamos *mala paga* o *embrollón*, y no responde por su adeudamiento, el banco determina que su cliente no tiene capacidad de pagar y puede transformar esa deuda en un gasto. En el lenguaje de la contabilidad se conoce como un *write off* o cancelación de deuda. La institución financiera no hizo desaparecer el monto de la deuda, sino que tomó responsabilidad de esta. La transformó en un gasto y así la reportará en sus estados financieros y, de acuerdo con las leyes tributarias del país, es posible que obtenga un crédito cuando someta su planilla corporativa sobre impuestos. ¡Buena suerte!

El pecado lo podemos comparar a una deuda que ningún ser humano puede erradicar; ni los jueces, de lo contrario estarían faltando a la justicia y al derecho. Así lo explica el salmista hablando de los que confían en las riquezas: *"ninguno de ellos podrá, en manera alguna, redimir al hermano ni pagar a Dios su rescate, pues la redención de su vida es de tan alto precio que no se logrará jamás"* (49:7-8; Reina-Valera 1995). Cuando a alguna persona la justifican (la declaran justa) y la ponen en libertad es debido a que se presentó evidencia contundente y el acusado fue absuelto de lo que pesaba sobre él, de lo contrario su destino será el encarcelamiento.

El pecado es una enfermedad incurable. Un cáncer. Como dijo Salomón, es una afrenta, *"La justicia engrandece a la nación, pero el pecado es afrenta para los pueblos."* (Proverbios 14:34). Es un acto de rebeldía contra las leyes civiles y, peor aún, en contra del Creador y su Palabra. El pecado nace en la mente y el corazón del individuo y empieza con la tentación, Santiago dice, *"Pero cada uno es tentado cuando es arrastrado y seducido por su propia pasión. Luego esa pasión, después de haber concebido, da a luz el pecado; y el pecado, una vez llevado a cabo, engendra la muerte."* (1:14-15).

En la antigüedad cuando no existía el papel moneda las naciones usaban el metal como dinero y su valuación era de acuerdo con el valor del metal. Así, la nación que acumulaba grandes cantidades de oro (el metal de mayor valor) podía considerarse muy acaudalada. Las naciones grandes iban por los rincones de la tierra buscando todo el oro que podían acaparar. El papel-moneda fue inventado en la China por la dinastía Tang en el 740 a.C. y en los Estados Unidos de América la colonia de Massachusetts empezó a circularlo en el 1690. A mediados de los años 1800, se adoptó el oro como estándar para garantizar el valor del papel-moneda, atando su valor al preciado metal, pues no era cuestión de imprimir billetes al antojo de los gobiernos. La Reserva Federal estadounidense surgió con el propósito de garantizar el oro como estándar para el dólar *en papel*. Este sistema duró hasta el 1971 cuando el dólar americano reemplazó al oro como estándar para respaldar su unidad monetaria, y de ahí en adelante se le dio rienda suelta a la impresión de papel-moneda; —acción que si no es controlada crea hiperinflación desestabilizando la economía nacional. Esto se puede entender como un atrevimiento de parte de los gobiernos pues dan la impresión de que sus economías están seguras siendo que esto es falso, ¡papel es papel y nada más!

Y, ¿Que diremos del perdón de pecados, a qué se puede atar? ¿Quién responde por tan inmensa deuda? Cuando hablamos del concepto de pecar nos referimos a un valor que alguien ha robado o destruido. Por ejemplo, cuando se comete un asesinato se ha perdido una vida que tiene mucho valor. El que dice una mentira ha dejado de decir la verdad. El que roba le ha quitado la pertenencia a alguien. Etcétera.

Ahora bien, el perdón de pecados es posible si alguien está dispuesto a pagar por tal deuda; ya sea el pecador mismo o el aval de un gran amigo —si lo puede convencer, pues como dice la Biblia la *paga del pecado* es muerte. Y hay un dicho que dice, *un amigo es un peso en el bolsillo*. ¡En hora buena!

Perdonar pecados también tiene que fundamentarse o atarse a un estándar. Uno que sea verdadero y que tenga mucho valor y cuyo valor no fluctúe como sucede con el dinero que sufre devaluación. Jesucristo es el único estándar conforme a la justicia de Dios. En cuanto a los efectos del pecado, no se trata de una negociación o una disculpa callejera, alguien tiene que asumir la deuda; de lo contrario es una transacción cuestionable y ficticia. Algunos perdonan siguiendo ese adagio que dice — Yo perdono, pero no olvido— y de veras que no olvidan porque perdonar es olvidar, es no sacar a colación lo sucedido y que no lo retengamos en nuestra mente y corazón aquello que precisamente hayamos perdonado. Dios perdona y olvida: *"Yo soy, yo soy el que borro tus rebeliones por amor de mí, y no me acordaré más de tus pecados."* (Isaías 43:25; cf. Lucas 7:49).

¡Alguien tiene que pagar la cuenta! *"Fiel es esta palabra y digna de toda aceptación: que Cristo Jesús vino al mundo para salvar a los pecadores, de los cuales yo soy el primero."* (1 Timoteo 1:15). *"y de parte de Jesucristo, el testigo fiel, el primogénito de entre los muertos y el soberano de los reyes de la tierra. Al que nos ama y nos libró de nuestros pecados con su sangre"* (Apocalipsis 1:5; Romanos 5:8). El perdón de nuestros pecados está garantizado por la sangre de Jesucristo. ¡Un estándar mejor que el oro!

El Sacrificio por el Pecado

En el sistema sacrificial en el Antiguo Testamento, específicamente en el libro de Levítico (que podría llamarse el manual de los sacerdotes) encontramos tres categorías principales acerca de los sacrificios. Sacrificios de: Consagración, Comunión y Expiación.

Para *consagración* o dedicación a Dios se hacían dos clases de sacrificio: el holocausto y la ofrenda de cereales (harina) también llamada oblación. En el primero la víctima era animal y en la segunda cereales. En ambas ofrendas la víctima o granos eran consumidos totalmente como símbolo de completa consagración al Señor. Estos dos sacrificios eran ofrendas quemadas de olor grato para Dios (Levítico 1:17; 2:3, 9, 11). Cuando Pablo escribe a los cristianos en Roma y les ruega por las misericordias de Dios que presenten sus cuerpos como un sacrificio vivo, santo y agradable a Dios diciéndoles que es un culto verdadero tiene en mente el sacrificio de consagración instándolos a que en cuerpo, alma y espíritu sirvan al Señor, —¡una entrega total! (Romanos 12:1).

En la segunda categoría, *la comunión* se llevaba a cabo a través del sacrificio de paz o reconciliación en acción de gracias (Levítico 3:1-17; 7:11-34).

En la tercera categoría, la de *expiación*, hay dos clases de sacrificios: por el pecado y por la culpa (Levítico 4:1-5:13; 5:14-6:7). El término expiación en hebreo es *kaparah* que significa literalmente *cubrir*, también perdonar, reconciliar o anular (Salmo 65:3; Levítico 16:6; Isaías 28:18). Estos dos sacrificios por el pecado y la culpa no son muy diferentes uno del otro y tal pareciera que son idénticos. Al examinar los textos bíblicos encontramos que son distintos. Sobre la ofrenda por el pecado Moisés dijo: *"Habla a los hijos de Israel y diles que cuando alguna persona peque por inadvertencia contra alguno de los mandamientos del SEÑOR respecto a cosas que no se deben hacer, y hace alguna de ellas"* (Levítico 4:1). Era una ofrenda por pecado involuntario sobre cosas que no se debían hacer o mandamientos negativos. Del sacrificio por la culpa Moisés escribió: *"Si alguien comete una falta y peca por inadvertencia con respecto a las cosas sagradas del SEÑOR, traerá al SEÑOR por su culpa, como sacrificio por la culpa, un carnero del rebaño, sin defecto, evaluado por ti en moneda del santuario."* (5:14). Era una ofrenda por pecar involuntariamente en las cosas sagradas del Señor o por fraude cometido contra Jehová o el prójimo, jurando falsamente o robo (6:1-7). Básicamente el sacrificio por el pecado es por pecados involuntarios contra las cosas de Dios, mientras el sacrificio por la culpa se hacía por faltas que involucraban daños o pérdidas que se podían cuantificar y había que hacer restitución.

¿Por qué Moisés separó las ofrendas por el pecado y culpa, siendo que pecado es pecado y no hay diferencia entre clase o el alcance cuando pecamos? Pecar y culpabilidad, ambos conceptos están encadenados y no se pueden separar. Cuando pecamos, nuestra conciencia se invade y nos da remordimiento; y no hay manera de sentirnos tranquilos hasta que confesamos la falta, pedimos perdón y es borrada. Y aunque en Levítico se dice que tales faltas eran perdonadas, la realidad fue lo contrario, la deuda de cada pecador permaneció activa hasta que Jesús murió en la cruz (Levítico 4:20, 31). La Epístola a los Hebreos establece que la sangre de los animales sacrificados en el Antiguo Testamento no podía perdonar los pecados, y dice que Jesús, *"se ha presentado una vez para siempre en la consumación de los siglos para quitar el pecado mediante el sacrificio de sí mismo."* (9:26) y añade que, "con una sola ofrenda ha perfeccionado para siempre a los santificados." (10:11). La deuda es saldada, la culpa desaparece.

"Por eso, Cristo es mediador de un nuevo pacto, para que, interviniendo muerte para la remisión de los pecados cometidos bajo el primer pacto, los llamados reciban la promesa de la herencia eterna." (énfasis mío, Reina-Valera RVR1995, Hebreos 9:15).

Cada Cual se Apartó por su Camino

"Todos nosotros nos descarriamos como ovejas; cada cual se apartó por su camino. Pero el SEÑOR cargó en él el pecado de todos nosotros." (Isaías 53:6). Jehová dijo a Israel a través de Isaías que los pensamientos del hombre no son los pensamientos del Señor y también que los caminos (del hombre) no son los de Dios (55:8-9).

Las ovejas son mansas, inofensivas, no atrevidas. Necesitan un guía o pastor, de lo contrario, no se alimentan y con facilidad se extravían. La responsabilidad del pastor es cuidar de ellas protegiéndolas de las fieras y llevarlas a fuentes de aguas y a delicados pastos en el sentido de que las plagas no las ataquen. Cuando una oveja se pierde, no regresa al rebaño, el pastor necesita ir por ella.

El mensaje del Señor está claro. Somos nosotros los que le abandonamos. ¡Él no nos abandona! Nos descuidamos como ovejas. Así, siendo creados a la imagen de Dios, y por el pecado, hemos descendido al nivel de un animal cuya inteligencia está muy por debajo de la nuestra. Si la oveja se pierde es por su naturaleza. No fueron creadas para ser líderes. No tienen inteligencia como los humanos para funcionar y ser independientes. A los humanos Dios nos ha creado con sabiduría e inteligencia para que podamos actuar diferentes a los animales, adorando y honrando a Dios. Lo que señala Isaías en el pasaje arriba mencionado es que cada cual se ha apartado del Señor, como escribió Pablo: *"no hay*

quien entienda, no hay quien busque a Dios. Todos se apartaron, a una fueron hechos inútiles; no hay quien haga lo bueno, no hay ni siquiera uno." (Romanos 3:11-12). Aun así, dice Isaías, el *Señor cargó en su Siervo el pecado de todos nosotros*, mostrando su amor incondicional. *"Si somos infieles, él permanece fiel, porque no puede negarse a sí mismo."* (2 Timoteo 2:13).

14

EL SIERVO DEL SEÑOR: INOCENTE Y HUMILDE

"Como un cordero, fue llevado al matadero; y como una oveja que enmudece delante de sus esquiladores, tampoco él abrió su boca."

(Isaías 53:7)

La inocencia y la humildad son dos cualidades que en nuestra época tienen una connotación muy distinta a la definición del diccionario. Aparte de una persona ser inocente en el sentido legal, lo que se piensa de él es que todo el mundo puede tomar ventaja y hasta tildarlo como tonto. Inocencia es una palabra que recoge las buenas cualidades de un ser íntegro el cual es sencillo, honrado, simple, inofensivo, en fin, lo que debemos todos perseguir como meta para desarrollar un buen carácter. El autor de la Epístola a los Hebreos hablando de Jesucristo como nuestro sumo Sacerdote dice: *"Porque tal sumo sacerdote nos convenía: santo, **inocente**, puro, apartado de los pecadores y exaltado más allá de los cielos."* (Hebreos 7:26).

En la misma línea de análisis, ser humilde no es de muy buen parecer cuando se trata de identificarnos y que nos tomen en serio. Esta palabra brilla por su ausencia en las entrevistas de empleo. Los candidatos en una entrevista laboral se proyectan como muy decididos. Dejan claro que son agresivos en sus metas y deseos de progresar. Muy valientes y hasta dicen de sí mismos que son los mejores en su campo. Y no es por demás pues el que repita las palabras de Jesucristo *"soy manso y humilde de corazón"* en tal encuentro queda descartado en la primera ronda. Muy triste que la humildad se asocie con lo poco, lo bajo, lo pequeño o la pobreza. Dice el salmista que Dios se agrada de su pueblo, pero a los humildes los adorna, los hermosea *con salvación* (Salmo 149:4).

El Maestro empezó el Sermón del Monte disertando sobre nueve bienaventuranzas. Son un canto a los humildes. No a los sabios ni a los poderosos. Es bienaventurado el pobre en espíritu, los que lloran, los mansos, los que tienen hambre y sed de justicia, los misericordiosos, los de limpio corazón, los pacificadores y los que padecen persecución por causa de la justicia, es decir, los que no confían en sus propios medios o fuerzas, poder o intelectualidad, sino que en Jehová ponen su confianza (Mateo 5:1-12). Dijo el sabio Salomón que con los humildes está la sabiduría: *"Cuando viene la soberbia, viene también la deshonra; pero con los humildes está la sabiduría."* (Proverbios 11:2).

El Siervo Humilde y en Silencio

"Él fue oprimido y afligido, pero no abrió su boca. Como un cordero, fue llevado al matadero; y como una oveja que enmudece delante de sus esquiladores, tampoco él abrió su boca." (Isaías 53:7).

En el libro de los Hechos en el capítulo ocho encontramos la historia de un encuentro entre el evangelista Felipe y un etíope (eunuco), que viajó a Jerusalén para adorar y regresaba a su casa leyendo al profeta Isaías (Hechos 8:26-34). Se entiende que era judío porque la conversión del primer gentil sucede hasta el capítulo diez en el libro de los Hechos de los Apóstoles. Como era eunuco no podía adorar en la congregación del pueblo de

Dios. Se añade a esta condición el hecho de que viajó desde muy lejos hasta Jerusalén, lo cual dice mucho de su deseo de servir y adorar al Señor, aunque su adoración no fuera dentro de la congregación (Deuteronomio 23:1). ¡Un hombre con una fe sincera buscando acercarse al Señor! Jesús dijo, *los que adoran a Dios en espíritu y en verdad es necesario que adoren porque Dios es Espíritu*, y también, *al que a mí viene jamás lo echaré fuera*. Dios mira adentro, se dirige al corazón, no importa su nacionalidad ni su condición física (Juan 4:24; 6:37).

Lo misterioso de la historia en Hechos es que el etíope (que no tenía el ticket de entrada) cuando venía de regreso leía al profeta Isaías concentrándose en dos versículos (53:7-8) los cuales anunciaban los sufrimientos, aflicciones, humillación, un juicio injusto y finalmente la muerte del Siervo del Señor. ¡Los que escudriñan la Palabra son más que bienaventurados! Después que lee dichos versículos, no los entiende. Pero el Señor que está atento a los humildes, a los que le buscan de corazón, le envió a alguien que podía enseñarle, a Felipe el evangelista. Después que Felipe le explica esos dos versículos de la profecía en Isaías, le predica el evangelio y el eunuco pide que sea bautizado y regresa a su tierra gozoso. ¡Misterios de Dios!

En la Biblia, los siervos humildes, destituidos, pobres, angustiados —que como dice la Epístola a los Hebreos, "anduvieron de acá para allá" son los que llegan al final de la carrera triunfantes y victoriosos. En Hebreos la lista de esos siervos de Dios es larga. Narra de sus atropellos, pero por su persistencia entraron al Salón de la Fama de los que triunfaron por su fe. Se menciona al final que: otros recibieron pruebas de burlas, azotes, encadenamientos y encarcelamientos. Fueron apedreados, aserrados, puestos a prueba, muertos a espada —añadiendo a los pobres, angustiados, maltratados. Para estos, *el mundo no era digno de ellos* (11:36-38).

Por el contrario, los que abrieron su boca, los poderosos, hermosos, sabios, religiosos y orgullosos que no hicieron a Dios parte de su vida ni lo incluyeron al tomar sus decisiones del diario vivir, fueron un fracaso y terminaron como desobedientes al Señor. Si comenzamos desde el principio, Adán y Eva habitaron en un paraíso. No les faltaba nada y trabajaban sin estrés. Pero, al final (cuando fueron probados) desobedecieron y fueron expulsados del huerto.

Considerando a Moisés, era tímido y se avergonzaba hablando en público. Su consejero y hermano Aarón cuando debió haber enseñado al pueblo de Israel respeto y adoración a Dios, terminó siguiendo sus sugerencias, adorando a dioses como los egipcios y se olvidaron de lo que hizo Dios la noche que abandonaron su esclavitud. Aarón siendo su líder terminó construyéndoles un becerro de oro. Pero de Moisés, el tímido y que juraba que no podía hablar en público dice la Escritura: *"Moisés era un hombre muy **manso**, más **manso** que todos los hombres que había sobre la faz de la tierra."* (Números 12:3).

Saúl fue el primer rey de Israel. Al pueblo israelita le agradó porque era hermoso y de una corpulencia impresionante. Tenía una imagen de buen político. En su ejecución como líder espiritual del pueblo de Dios fue todo un fracaso. ¡Qué triste que en la Escritura no hay indicio de que Saúl haya hecho una oración a Dios o se dirigiera a Él como lo hacía David: quien lo llamaba *mi Dios, Señor Jehová, Jehová Dios* y otros!

Salomón, el más inteligente de aquellos tiempos, *excedía a todos los reyes de su época en riquezas y sabiduría* a tal punto que la plata no era apreciada y su fama fue conocida por toda la tierra y procuraban ver su rostro y traerles presentes (1 Reyes 10:14-25). Sin embargo, al final de su carrera cerró con broche de *hierro mojoso*; las mujeres desviaron su corazón y adoró a otros dioses haciendo enojar a Dios a tal grado que Israel como castigo por el pecado de Salomón fue dividido en dos reinos (Norte y Sur).

Los humildes son los que triunfan y que no ponen su confianza en lo que poseen sino en Jehová, el Todopoderoso. Son como el Monte de Sión que no se mueve, sino que permanece para siempre. En tiempos inciertos, de confusión, Él dice: *"No temas, porque **yo** estoy contigo. No tengas miedo, porque **yo soy** tu Dios. Te fortaleceré, y también te ayudaré. También te sustentaré con la diestra de mi justicia".* (Isaías 41:10). Los siervos del Señor que llegaron a ser victoriosos en medio de amenazas de naciones vecinas que intentaban destruir a Israel, en el momento de emergencia nacional, imploraron el favor de Dios y Él les respondió.

Un ejemplo fue Josías rey de Judá. Comenzó a reinar a la edad de ocho años y aunque no fue del todo perfecto, se dijo de él que hizo lo recto ante los ojos de Jehová: *"A los ocho años de su reinado, siendo aún muchacho, comenzó a buscar al Dios de su padre David. Y a los doce años comenzó a limpiar Judá y Jerusalén de los lugares altos, de los árboles rituales de Asera, de las imágenes talladas y de las imágenes de fundición."* (2 Crónicas 34:3). Otro ejemplo fue Ezequías, también rey de Judá. En el tiempo cuando Senaquerib, rey de los asirios invadió a Judá, se esforzó y animó al pueblo diciéndole acerca del rey asirio, *"Con él está un <u>brazo de carne</u>; pero con nosotros está el SEÑOR, nuestro Dios, para ayudarnos y para llevar a cabo nuestras batallas"*, énfasis mío, (2 Crónicas 32:8). A los que se encuentran en dificultades y no hallan otra salida la Palabra del Señor dice: "No es con ejército, ni con fuerza, sino con el Espíritu de Dios" (Zacarías 4:6).

David llegó a ser el estándar como rey en la época del reinado de Israel. Los siguientes reyes después de su muerte eran calificados según su ejecutoria comparándola con la de David. Él fue el menor de los hijos de Isaí y era pequeño en estatura. No muy corpulento, el que menospreciaron sus hermanos y a quien Saúl lo persiguió como a una pulga. A ese hombre prácticamente desechado y sencillo, Dios lo usó para conducir a Israel a ser una nación estable, bendecida y cuyos enemigos estuvieran sujetados a él. Y como hombre de Dios, a quien siempre le fue fiel, Dios lo escogió como símbolo mesiánico. Jeremías hizo el anuncio profético sobre la aparición del Siervo de Dios: *"En aquellos días y en aquel tiempo haré brotar para David un Retoño de justicia, que practicará el derecho y la justicia en la tierra."* (33:15).

Ahora bien, Jesús es el Siervo de Dios. Afligido, angustiado y que no abrió su boca permaneciendo en silencio cuando lo apresaron. No resistió su arresto. No defendió sus derechos como acusado. Cuando se encontraron con Jesús, la noche que lo buscaban para enjuiciarlo, les preguntó, —¿A quién buscan? Contestaron los acusadores, *a Jesús nazareno*, a lo cual Él les respondió, "Yo soy" (Juan 18:4-8). Cuando lo aprehendieron su actitud fue la de aceptar la voluntad de Dios y dejar que todo lo profetizado en las sagradas Escrituras se cumpliera. Pudo haber clamado a su Padre por ayuda, pero rehusó hacerlo. Sabía que Dios le podía enviar en ese mismo instante más de doce legiones de ángeles para defenderlo (Mateo 26:47-54). ¡Pero no lo hizo!

Ante el testimonio de testigos falsos permaneció callado y encomendó su causa a quien lo podía librar de tal injusticia. Al que juzga justamente —¡a Dios! (Mateo 26:3; 27:12-14; Lucas 23:9; Juan 19:9, cf. 1 Pedro 2:23). Su arma poderosa que utilizó fue la humildad sujetándose a la voluntad de su Padre, y así cumplió con el plan de Dios para salvarnos a todos. Y a los que les siguen, obedecen, guardan su Palabra y a las ovejas sentadas a su derecha, cuando se presente en el juicio final, les dirá, "*¡Vengan, benditos de mi Padre! Hereden el reino que ha sido preparado para ustedes desde la fundación del mundo.*" (Mateo 25:34).

Injusticia Contra el Siervo

"Por medio de la opresión y del juicio fue quitado. Y respecto a su generación, ¿quién la contará? Porque él fue cortado de la tierra de los vivientes, y por la transgresión de mi pueblo fue herido." (Isaías 53:8).

Por Medio de la Opresión y del Juicio fue Quitado. Si alguna nación puede sentirse orgullosa de tener un buen fundamento como base y origen de su sistema judicial es Israel. A través de la Escritura la justicia está presente pues es parte de la naturaleza de Dios. La constitución de muchas naciones está fundamentada en la misma Biblia siendo los 10 mandamientos piedra angular. El salmista dice que Dios es justo y ama la justicia (11:7). La justicia es el cetro de su reino (45:6). Los cielos proclamarán su justicia porque Dios es el Juez (50:6). La justicia y la paz se besan (85:10). Dios hace justicia a los que padecen violencia (103:6) y el proverbista manifestó: *"La **justicia** engrandece a la nación, pero el pecado es afrenta para los pueblos"* (14:34).

Moisés escribió un pequeño tratado de cómo administrar la justicia: *"Pondrás jueces y magistrados para ti en todas las ciudades que el SEÑOR tu Dios te da en tus tribus, para que juzguen al pueblo con justo juicio. No tuerzas el derecho; no hagas distinción de personas ni aceptes soborno, porque el soborno ciega los ojos de los sabios y pervierte las palabras de los justos. La justicia, solo la justicia seguirás, para que vivas y tengas en posesión la tierra que el SEÑOR tu Dios te da."* (Deuteronomio 16:18-20).

En la época de Jesús existía un tribunal o el Sanedrín, también conocido como el Concilio. Una especie de corte suprema que administraba la justicia compuesta por 71 miembros que incluía a los sumos Sacerdotes, ancianos, y maestros de la Ley (Mateo 5:22; 10:17). ¿Qué se le garantizaba al acusado en un juicio bajo el Sanedrín? *Primero*, una audiencia pública —no un juicio a escondidas. *Segundo*, el acusado tenía el derecho a defenderse. *Tercero*, la presencia de los testigos. Para declarar a alguien culpable era necesario el testimonio de dos o tres testigos como evidencia de culpabilidad más allá de toda duda. El presentar testigos falsos en un juicio era castigado severamente, con el mismo castigo que se perseguía en contra del acusado. Por ejemplo, si el testigo falso buscaba del acusado una indemnización de unos mil dólares por encubrir su fechoría, una vez que éste se encontraba que era un testigo falso, el acusado quedaba libre y al testigo falso se le aplicaba dicha multa con el fin de erradicar el mal de en medio del pueblo y como testimonio a aquellos que pensaban engañar a su prójimo (Deuteronomio 19:16-20).

El juicio que se le hizo a Jesucristo fue una vergüenza para la jurisprudencia en Jerusalén bajo el Sanedrín porque juzgar a un acusado durante la noche estaba prohibido (1 Corintios 11:23). El juicio de Jesús comenzó en la noche después de haber orado en el Getsemaní. Existía una regla que establecía que un condenado a muerte no podía ser condenado el mismo día de su proceso judicial. El Concilio tenía que recesar por un día antes de ejecutarlo, pero no sucedió así con Jesús. ¡Ese mismo día fue crucificado! La falsedad de testigos fue evidente, la versión de Mateo dice: *"Los principales sacerdotes, los ancianos y todo el Sanedrín buscaban falso testimonio contra Jesús, para que le entregaran a muerte. Pero no lo hallaron, a pesar de que se presentaron muchos testigos falsos."* (Mateo 26:59-60). Jesús no fue convicto de algún crimen. El mismo Pilato (después de su interrogación) declaró que no encontraba falta alguna en Jesús, ningún delito cometido (Juan 19:6).

Y Respecto a su Generación, ¿Quién la Contará? Esta segunda parte del versículo *ocho* no es muy clara en las versiones en español o inglés. La traducción de este pasaje en la Biblia Hebrea[1], es mucho más clara y dice: "Y ninguno de su generación protestó su muerte de la tierra de los vivientes". Y tiene mucho sentido esta traducción. Nadie se quejó ante el juicio injusto, maltrato y violencia contra el Salvador. A lo largo de su ministerio Jesús recibió mucho rechazo y poco reconocimiento. A los que les dio de comer y fueron sanados, estos debieron haberse acercado al Sanedrín para testificar de sus milagros en el juicio en su contra, —¡quizás ninguno lo hizo!

Los discípulos lo abandonaron y Pedro lo negó. Las autoridades religiosas judías (saduceos y fariseos) libraron una guerra contra el Maestro hasta que lo entregaron al gobierno romano para que se le diera muerte. Jesús quedó solo. Se burlaron de Él. Lo atropellaron. Lo humillaron. Sólo el ladrón en la cruz se dirigió a Él para pedirle la salvación de su alma.

José de Arimatea fue atrevido y distinto pues era miembro del Concilio. Sirvió al Maestro. Procuró su cuerpo para enterrarlo. Tenía fe pues esperaba el reino de Dios (Lucas 23:50-53).

Porque Él Fue Cortado de la Tierra de los Vivientes. El profeta Daniel escribió de un periodo de setenta semanas (9:24-27), símbolo que se transfiere de los setenta años que profetizó Jeremías sobre la terminación del cautiverio en Babilonia (25:11-12; 29:10). El número setenta ha de tomarse como símbolo de plenitud. Lo completo, lo íntegro o lo que se cumple en sentido de tiempo —como la duración de un proyecto o propósito. De acuerdo con Jeremías el periodo de setenta semanas equivale a la duración de tres generaciones (27:6-7). Para el salmista setenta años son los que podemos disfrutar, a más de esa edad es sacrificio, molestia, trabajo (90:10). ¡A agarrarse de las paredes, para poder caminar!

Daniel en su profecía (9:24-27) detalla tres eventos convincentes en la trayectoria del Mesías antes de su aparición en la tierra. El *primero* es la reconstrucción del Templo en Jerusalén que estaba en ruinas desde que los babilonios lo destruyeron, —tal acontecimiento comenzó con una orden de Ciro, emperador persa (2 Crónicas 36:22-23). *Segundo*, al Mesías se le quitará la vida para expiación de los pecados del mundo (v. 27). Por último, el Templo que ya había sido reconstruido por los que regresaron del exilio sería totalmente destruido —hecho cumplido al pie de la letra por los romanos en el año 70 a.C. Una profecía muy iluminante que refleja que Jesucristo el Mesías estaba destinado a morir antes de la destrucción del Templo que había sido reconstruido por los exiliados y remodelado en todo su esplendor por Herodes.

Con los Impíos en la Sepultura y con los Ricos en su Muerte. Jesús terminaba su estadía aquí en la tierra después de vivir su calvario de insultos, rechazos, violencia, abandono por su propia familia y el pueblo judío en general. Al examinar las profecías mesiánicas en el Antiguo Testamento nos maravillamos de que el Espíritu Santo tomó en cuenta hasta el último detalle desde su aparición hasta que el Siervo fue resucitado y recibido en los cielos sentándose a la derecha del Padre. ¡Los detalles de su muerte y sepultura no quedaron desapercibidos!

En los tiempos de Jesús los <u>criminales</u> después de su muerte eran enterrados en cualquier lugar quedando en el olvido. No se sabía específicamente donde estaba localizada su tumba, —era como enterrar a un animal. Aunque Jesucristo lo condenaron a muerte de crucifixión con dos ladrones, uno a su izquierda y el otro a su derecha, —los judíos no dispusieron de su cadáver como el de un criminal.

José de Arimatea era una persona rica, miembro del Concilio o Sanedrín y quien esperaba el reino de Dios (Marcos 15:43), un discípulo secreto de Jesús (Juan 19:38) y que no votó a favor de la sentencia de muerte para Cristo (Lucas 23:51). Dice la versión de Marcos que José de Arimatea entró, *osadamente a Pilato,* y le pidió el cuerpo de Jesús. José con la ayuda de Nicodemo, prepararon el cuerpo del Maestro con especias aromáticas y lo envolvieron en lienzos de acuerdo con la costumbre judía de sepultar. En el lugar donde lo sepultaron había un huerto y, en el huerto, un sepulcro nuevo donde no se había puesto a nadie (Juan 19:38-42). El Siervo del Señor, que *nunca hizo maldad ni hubo engaño en su boca* (Isaías 53:9b), recibió cristiana sepultura pues su cuerpo fue recipiente de la Divinidad.

15

EL SIERVO DEL SEÑOR: JUSTICIA DE DIOS

"Por su conocimiento mi siervo justo justificará a muchos, y cargará con los pecados de ellos."

(Isaías 53:11).

Entender la justicia de Dios y cómo se ha aplicado a través de las distintas eras en la Biblia es tarea de todo estudiante de la Escritura. El concepto de Justicia de Dios es opuesto a lo que tradicionalmente se ha definido como justicia; aquello que se oye siempre, darle a cada cual lo que se merece —o pagar por el trabajo realizado, ni un centavo más, ni un centavo menos.

Cuando vamos viajando en nuestro automóvil y violentamos la ley de tránsito, con tan buena suerte que pasamos frente a un policía y nos detiene, lo primero que hace es explicarnos en qué consiste nuestra infracción a la ley y enseguida nos informa que tiene que "aplicarnos la ley". La actitud a tomar en ese momento debe ser una de respeto y no de protesta hacia el representante del orden público quien nos indicará qué fecha es nuestra cita en corte para dar cuentas ante un juez. En tal día ante el magistrado podremos defendernos si es que tenemos prueba de que somos inocentes y esperamos que nos haga justicia de acuerdo con la ley.

Este ejemplo ilustra lo que es la justicia de acuerdo con la ley. Simplemente el trabajo del policía es velar que se cumplan las leyes y aquel que no las cumpla paga por sus faltas. Hacer justicia es que todos obedezcan las leyes, y si se vela que unos cumplan y que los poderosos y políticos se les exoneren del cumplimiento de tales leyes, entonces, la impunidad impulsa a la corrupción; la cual como un virus es rampante en la mayoría de los gobiernos establecidos constitucionalmente. La justicia es para todos, pero también el castigo.

La Justicia del Siervo

"A causa de la angustia de su alma, verá la luz y quedará satisfecho. "Por su conocimiento mi siervo justo justificará a muchos, y cargará con los pecados de ellos." (Isaías 53:11).

Mucho antes de profetizar sobre los sufrimientos del Siervo de Jehová, Isaías había anunciado lo que distinguiría al Siervo como el rey para sentarse en el Trono de Dios, siendo así la justicia unida a la fe como su carta de presentación. *"La justicia será el cinturón de sus lomos, y la fidelidad lo será de su cintura."* (11:5). Jeremías habla también de la justicia del renuevo que Dios levantaría de la descendencia de David, el Siervo, resaltándolo como un rey justo al cual llamarán *justicia nuestra* (23:6).

Por su Conocimiento Mi Siervo Justo Justificará a Muchos, y Cargará con los Pecados de Ellos. El autor de la Epístola a los Hebreos escribió que Jesús a través del sufrimiento aprendió la obediencia —como dice el dicho muy popular, "nadie nació aprendido". Jesucristo vivió como cualquier ser humano; pasó hambre, fue educado en la cultura judía y no habitó en palacios. El poder que Dios le dio lo usó para sanar y hacer milagros mostrando así sus credenciales. Pero cuando Jacobo y Juan, movidos por su nacionalismo contra los samaritanos pidieron que Jesús hiciera bajar fuego del cielo para destruirlos; Él rehusó hacerlo (Lucas 9:51-56). Jesús vino para conocer y experimentar muy de cerca la condición pecaminosa y miserable de los seres humanos y ser la ofrenda agradable ante Dios para perdonar todos nuestros pecados, justificarnos de nuestras faltas y hacernos sentar con Cristo en lugares celestiales (Efesios 2:6-7).

Justicia de Dios

En términos teológicos la justicia es ser justo, justificado y que ante Dios somos aceptados —concordantes con su personalidad. ¿Es posible que el ser humano pueda alcanzar tal estado de perfección o irreprochabilidad ante la presencia de Dios? Pablo dice que en cuanto a la justicia que se basa por la Ley, él es irreprochable (Filipenses 3:6), pero no justificado delante de Dios, pues él mismo dijo que "No hay justo, ni aun uno" (Romanos 3:10). ¿Qué quiso decir Pablo? Que ninguna persona ha alcanzado justicia o ha sido justo delante del Señor, ni antes, ni después que Moisés recibió la Ley en el Monte Sinaí. David, en uno de sus salmos de arrepentimiento, dijo: *"No entres en juicio con tu siervo, porque no se justificará delante de ti ningún ser humano."* (143:2; Reina-Valera RVR1995). De estas palabras dichas por David se puede entender que por ningún medio —sea por la Ley, obras buenas o la fe personal— el ser humano puede ser justificado delante de Dios.

¿Qué es la Justicia de Dios? Pablo dice en Romanos: *"Pero ahora, aparte de la Ley, se ha manifestado la justicia de Dios, testificada por la Ley y por los Profetas"* (3:21). De acuerdo con el apóstol, la justicia de Dios es aparte de Ley, no está relacionada con la Ley, por lo tanto, jamás lograremos ser justos obedeciendo los mandamientos de Dios, es decir, es un estado (alcanzar la justicia de Dios) más allá de la apariencia humana, de la carne, de la inteligencia humana. David dijo, *crea oh Dios un corazón limpio en mí y renueva un espíritu recto dentro de mí* (Salmo 51:10).

Dios no es un dios de invención humana. No es cualquier cosa.

No podemos llegar a su presencia por antojo o cuando nos dé la gana como si hiciéramos una cita para ver a algún personaje famoso. Dios es más allá de lo que podamos imaginarnos. La Gloria de Dios es lo que lo hace diferente de los que se llaman ser dioses; los ídolos que no respiran, no se mueven, no emiten luz, tampoco pueden producir energía ni para mover una hoja de un árbol. Moisés, que ya había visto los dioses egipcios cuando llegó al Monte Sinaí, en un diálogo con el Señor después que el pueblo israelita cometió idolatría adorando a un becerro de oro, le pidió a Dios que le mostrara su Gloria. Dios le respondió con dos aseveraciones sobre su naturaleza: *"pero no podrás ver mi rostro —añadió—, porque ningún hombre podrá verme y seguir viviendo."* (Éxodo 33:20) y la segunda, *"cuando pase mi gloria, yo te pondré en una hendidura de la peña, y te cubriré con mi mano hasta que haya pasado"* (v. 22). A la presencia de Dios no podemos entrar con el mismo traje que vestimos hace una semana; necesitamos una vestimenta distinta. ¡Un corazón nuevo!

La justicia de Dios es estar en la presencia de Él sin reproche alguno, perfectos, en harmonía, con un récord intachable, sin reparo y que Él nos diga, *pasa adelante mi hijo*. ¡Lo imposible para todo ser humano!

La justicia de Dios no fue otorgada a todos los siervos de Dios en el Antiguo Testamento. Lo mismo sucedió con el Espíritu Santo, no todos lo recibieron, por supuesto que los profetas fueron llenos de Él y muchos que le sirvieron entre ellos Moisés, Josué, David y muchos más, pero no todo el pueblo de Israel. Los que recibieron la *justicia divina* encontraron el favor de Dios por su gran misericordia y no por ser sin pecado. El ejemplo clásico fue Abraham quien creyó cuando Dios le anunció el nacimiento de su primogénito, pues ya era muy viejo para tener descendencia, procrear el hijo de la promesa, Isaac, de donde se originó la descendencia del Mesías. Dice la Escritura que Abraham lo creyó y le fue contado por justicia, esto es, por la gracia de Dios, no por alguna obra de Abraham, Dios lo declaró justo. Pablo dijo que Abraham fue justificado antes que la ley fuera promulgada (Génesis 15:6; Romanos 4:2, 9-12, 22; Gálatas 3:6).

El profeta Miqueas se preguntaba: *"¿Con qué me presentaré ante Jehová y adoraré al Dios Altísimo?"* (6:6). El joven rico pensó que ya tenía el boleto para entrar a la vida eterna y quiso impresionar a Jesucristo preguntándole: ¿Qué haré para tener la vida eterna? Jesús conociendo su ignorancia lo probó y le dijo que guardara los mandamientos. El joven le dijo que desde su juventud los estaba obedeciendo y para seguir impresionando al Maestro, le dijo, ¿qué más me falta? Jesús le contesta de nuevo: *"Si quieres ser perfecto, anda, vende lo que tienes y dalo a los pobres, y tendrás tesoro en el cielo; y ven, sígueme."* (Mateo 19:21). "Si quieres ser perfecto", o "estar delante del Señor" sin falta alguna y sin reproche, era el mensaje para este joven. La única manera que podemos llegar a la presencia de Dios —que nos reciba y vivamos con Él es que estemos justificados; declarados justos y que todos nuestros pecados estén perdonados.

¿Cómo es posible alcanzar tal estado espiritual? Jesucristo les dijo a sus discípulos que cuando enviara (después de resucitar y subir a sentarse con su Padre en el Trono) al Consolador o el Espíritu Santo convencería al mundo de justicia —*"en cuanto a justicia, porque me voy al Padre y no me verán más"* (Juan 16:19). El hecho de que Jesús subió a los cielos significa que está intercediendo por nosotros para que nuestras faltas sean perdonadas y permanezcamos justificados delante del Señor. Pablo lo aclara diciendo: *"¿Quién es el que condenará? Cristo es el que murió; más aún, es el que también resucitó; quien, además, está a la diestra de Dios, y quien también intercede por nosotros."* (Romanos 8:34; cf. 1 Juan 2:1). Dios, por la fe de su Hijo nos declara justos y sin pecado, no hay otra manera que suceda.

El evangelio es la culminación del plan de salvación que había sido prometido a Abraham y que Pablo define como la muerte, sepultura y resurrección de Jesucristo (1 Corintios 15:11-4). Él dice que: *"en Cristo Jesús los gentiles son coherederos, incorporados en el mismo cuerpo y copartícipes de la promesa por medio del evangelio."* (Efesios 3:6). Podemos entonces resumir en forma de ecuación lo que es el evangelio: = la Justicia de Dios = Salvación = Justificación = Perdón de Pecados = Gracia = Redención. Todos estos conceptos tienen un denominador común, son gratis, pero con ellos viene la responsabilidad. Pablo lo aplica así: *"ocúpense en su salvación con temor y temblor; porque Dios es el que produce en ustedes tanto el querer como el hacer para cumplir su buena voluntad."* (Filipenses 2:12-13).

Justificación por la Fe de Jesucristo.

¿Qué es la fe de Jesucristo? Ya mencionado antes, Isaías escribió que —la fidelidad o fe— del Siervo de Dios o Jesucristo, "ceñirá su cintura" (11:5). El autor de la Epístola a los Hebreos resumió la obra de redención en solo cuatro versículos: *"Y Cristo, <u>en los días de su vida terrena</u>, ofreció <u>ruegos y súplicas</u> con gran clamor y lágrimas al que lo podía librar de la muerte, y <u>fue oído a causa de su temor reverente</u>. Y, aunque era Hijo, a través del sufrimiento <u>aprendió lo que es la obediencia</u>; y <u>habiendo sido perfeccionado</u>, vino a ser autor de eterna salvación para todos los que lo obedecen, y <u>Dios lo declaró Sumo sacerdote según el orden de Melquisedec</u>.",* énfasis mío (5:7-10).

Jesús no se presentó en la tierra como un robot ajeno al sufrimiento, al rechazo, a la persecución, a la escasez de bienes materiales o a la crítica. Su vida en la tierra no se asemejaba a la de un rey en una mansión con sirvientes que le cuadraran su calendario diario. Constantemente con mucha reverencia a su Padre clamaba y oraba con ruegos y lágrimas. El sufrimiento en Jesús le ayudó a aprender la obediencia y fue perfeccionado llegando a ser el autor de la salvación, aunque Él era el Hijo. Y, por último, Dios lo declaró sumo Sacerdote según el orden de Melquisedec, un sacerdocio celestial no de orden terrenal o levítico.

Reflexionemos por un momento todo el sufrimiento de Jesús en la cruz para declarar victoria sobre el pecado, la muerte y Satanás. Jesucristo aprendió a obedecer. A sufrir, y terminó la carrera llegando a ser el autor de la salvación porque el elemento de su **FE** fue determinante pues de otra manera sin su fe en aquella hora, la noche antes de ser juzgado cuando oró a Dios, que de acuerdo a la versión del evangelio según Lucas sus gotas de sudor eran como gotas de sangre, —entonces todo aquel suplicio hubiese sido un teatro y no una oración hecha sintiendo el peso de la crucifixión y rogando a su Padre que no lo abandonara. Y fue por su **FE** que finalizó la carrera cuando después de haber tomado el vinagre, dijo: "¡Consumado es!" (Juan 19:30). Por la **FE** del Maestro, ahora somos justificados y el Señor nos ve y recibe como perfectos, no por nuestros méritos u obras, sino por los de su Hijo.

La Fe de Jesucristo. El creyente es justificado o declarado justo por la fe *de* Jesucristo, no por la fe **en** Él. En tal caso, nuestra fe sería un don natural que podría compararse a una obra o iniciativa humana. Pablo dice que cuando estábamos muertos en delitos y pecados, Dios nos dio vida (Efesios 2:1).

En la mayoría de las versiones de la Biblia en español o en inglés, los traductores usaron la preposición "**en**" al traducir la expresión —*fe "de" Jesucristo*— aun cuando en los manuscritos más antiguos del Nuevo Testamento, en el idioma griego, el griego común (o koiné) dicha expresión se encuentra en el caso genitivo. El caso genitivo en el idioma griego equivale a la partícula lingüística posesiva en el español la cual se usa para expresar posesión o pertenencia. En los pasajes en el Nuevo Testamento en griego que hablan de la justificación encontramos la frase, fe de Jesucristo en el caso genitivo y así debe traducirse[1]. El siguiente pasaje, Romanos 3:21-26, nos ayuda a entender la justificación por la fe de Jesucristo:

    1)   En el versículo 21 - Pablo establece que la justicia de Dios es aparte de la ley —obedecer la Ley es imposible para alcanzar la perfección y acercarnos a Dios sin pecado.

    2)   V. 22 - La justicia de Dios es aplicada al creyente

por medio de la fe de Jesucristo sin hacer diferencia entre judío o gentil.

3) V. 23 - Todos pecaron, y no pueden por su condición pecaminosa alcanzar la gloria de Dios.

4) V. 24 - Somos justificados gratuitamente por su gracia mediante la redención que es en Cristo Jesús.

5) V. 25 - Dios ha puesto a su Hijo como propiciación o perdón de nuestros pecados como demostración de su justicia.

6) V. 26 - El Señor, a través del sacrificio de Jesucristo, manifestó su justicia para el tiempo presente: "*a fin de que él sea el justo y el que justifica al que es de la fe de Jesús.*" (Reina-Valera 1995).

Los siguientes pasajes hablan de la justificación por la fe de Jesús o sus méritos:

1) Hechos 13:38-39 — En Jesucristo recibimos el perdón de pecados y la justificación.

2) Romanos 4:25 — Jesucristo resucitó para nuestra justificación.

3) Romanos 5:9 — Ya hemos sido justificados en su sangre.

4) Romanos 5:16 — "pero la gracia surgió de muchas ofensas para justificación."

5) Romanos 5:19 — Por la obediencia de Jesucristo hemos sido constituidos justos.

6) 1 Corintios 1:30 — Dios nos ha unido a Cristo, y lo ha hecho para nosotros, sabiduría, justificación, santificación y redención.

7) 1 Corintios 6:11 — Ya hemos sido justificados en el nombre del Señor Jesús y por el Espíritu de Dios.

8) 2 Corintios 3:9 — Pablo contrasta el ministerio de condenación en la Ley con el ministerio de justificación (obra de Jesús).

9) Gálatas 2:16 — Todos somos justificados por la fe de Jesucristo.

10) Gálatas 2:20 — Pablo dice que lo que estaba viviendo

en la carne, lo estaba viviendo en la fe de Jesucristo.

11) Filipenses 1:11 — Somos llenos de frutos de justicia por medio de Jesucristo.

12) Filipenses 3:9 — Pablo dice que él tiene la justicia que se adquiere por la fe de Jesucristo.

13) Tito 3:7 — Somos justificados por la gracia de Dios a fin de que lleguemos a ser herederos.

Entonces, ¿Dónde queda nuestra fe personal? Después de la justificación viene la responsabilidad de crecer en fe: la cual viene por el oír, y el oír por la Palabra de Dios (Romanos 10:17) y "Mas el justo por la fe vivirá." (1:17), —nótese que el justo, el que ha sido justificado— vivirá por fe. De injustos pasamos a ser justos por la fe de Jesucristo. La fe, nuestra fe, es la moneda en el reino de Dios. Pablo dijo que, "Todo lo que no proviene de fe es pecado" (Romanos 14:23) y, sin fe es imposible agradar a Dios (Hebreos 11:6).

La fe es lo que nos ayudará a terminar nuestra carrera unidos a Jesucristo. *"Y sin fe es imposible agradar a Dios, porque es necesario que el que se acerca a Dios crea que él existe y que es galardonador de los que le buscan"* (Hebreos 11:6). *"Sé fiel hasta la muerte, y yo te daré la corona de la vida."* (Apocalipsis 2:10).

16

EL SIERVO DEL SEÑOR: TRIUNFANTE

"yo le daré parte con los grandes, y con los fuertes repartirá despojos."
(Isaías 53:12).

Hay un dicho relacionado a una caminata que dice, "los que van adelante no son más rápidos, es que los de atrás corren muy lento". Una estrategia en una carrera a distancia es esperar que los que salen muy desbocados se cansen, reservar resistencia para el último tramo y como se dice en el lenguaje deportivo, echar el resto. No siempre el que llega primero obtiene el premio, pues puede que haya transgredido algún reglamento. Ha sucedido en las olimpiadas que atletas condecorados, después que se les han tomado pruebas de dopaje y se les ha detectado substancias controladas, sus premios han sido rescindidos. Bien lo dijo Pablo, el atleta no es coronado si no lucha legítimamente (2 Timoteo 2:5). Recuerdo de mis días preuniversitarios en los días de una prueba o examen, algunos estudiantes querían ser los primeros en entregar al profesor sus pruebas ya terminadas, quien las corregía inmediatamente. Algunos estudiantes se afanaban por entregarle al maestro la prueba y cuando este devolvía las pruebas ya corregidas, se observaban caras largas y tristes en aquellos que quizás su intención era impresionar de su agilidad mental al maestro y demás estudiantes. Lo cierto es que la velocidad en una prueba escrita no cuenta para la puntuación final.

El Siervo del Señor de principio a fin corrió su carrera con humildad, paciencia, sabiduría, sujetándose y haciendo la voluntad de su Padre. No había prisa, no se quejó del sufrimiento, no abrió su boca. Lo maldijeron, le escupieron, se burlaron de Él, permaneció callado y se mantuvo en el tiempo de Dios. Él seguía el itinerario de Dios ya preparado antes de la fundación del mundo. La Escritura dice que el Hijo de Dios "a su tiempo murió por los impíos" (Romanos 5:6). Lo envió "cuando vino el cumplimiento del tiempo" (Gálatas 4:4) y en el tiempo del acercamiento del reino de Dios (Marcos 1:14-15). En sus últimos días en la tierra Jesús demostró lo que dijo Pablo, no depende del que quiere, ni del que corre, sino de Dios que tiene misericordia (Romanos 9:16) y eso es cierto. Las profecías tenían que cumplirse. Dios estaba en control. Las fuerzas del furioso diablo estaban en declive ante la culminación del camino a la cruz. La traición llegó y la crucifixión tocó las puertas y llegaba a su destino en el plan de Dios. Pero los lazos y dolores de la muerte no lo pudieron detener: "*A él, Dios le resucitó, habiendo desatado los dolores de la muerte; puesto que era imposible que él quedara detenido bajo su dominio.*" (Hechos 2:24; cf. Salmo 18:4-5; 116:3).

La Voluntad de Dios en el Siervo

"Con todo eso, el SEÑOR quiso quebrantarlo, y lo hirió. Cuando se haya puesto su vida como sacrificio por la culpa, verá descendencia. Vivirá por días sin fin, y la voluntad del SEÑOR será en su mano prosperada." (Isaías 53:10).

El Señor Quiso Quebrantarlo. En la celebración de la Pascua la noche antes de morir, Jesús les dijo a los apóstoles que uno de ellos lo iba a entregar, el traidor Judas, y enseguida les reiteró — *el Hijo del Hombre va tal como está escrito de Él* (Mateo 26:21-24).

Todo lo que le sucedió a Jesucristo desde el anuncio de su nacimiento, su desarrollo y hasta que se dio el encuentro con Juan el Bautista, el escoger a los discípulos, el hacer milagros, el sanar a los enfermos, el dar de comer a los pobres, el ser burlado y rechazado por su pueblo, el llegar a Jerusalén durante la semana pascual antes de la crucifixión, el pasar por un juicio injusto que terminó en su condenación; todos esos acontecimientos no fueron pura casualidad pues ya estaban programados por el Señor. Como dijo Pedro, los profetas y los que escribieron la gran cantidad de salmos mesiánicos, al recibir el mensaje de parte del Espíritu Santo sobre lo que acontecería al Siervo del Señor, quedaron atónitos (1 Pedro 1:10-12).

Verá su Descendencia. Una de las epístolas más repleta acerca del conocimiento del sufrimiento del Mesías es la Epístola a los Hebreos. El ambiente en que se produce esta misiva es de incredulidad en cuanto al alcance de la naturaleza de Jesucristo. A muchos cristianos judíos les era difícil entender que Jesús fuese parte de la Divinidad. Su concepto mesiánico era más político que espiritual, un héroe que los sacara del dominio romano y los llevara de nuevo a la época de oro que Israel disfrutó durante el reinado de David y Salomón. Para ellos oír que Jesús era superior a Moisés era muy controversial. La forma abrupta sin un saludo fraternal y sin mencionar destinatarios, nos da una idea clara que el autor no perdió tiempo en dejarle saber quién es el Hijo de Dios y que no se trata de un profeta más en las historias de Israel. Comienza la epístola diciéndoles que Dios habló en los tiempos pasados a los padres y a los profetas de muchas maneras, pero que ahora en los últimos días es a través de su Hijo que ha hablado; si no lo escuchan, tendrán que enfrentarlo cuando regrese por segunda vez (1:1-2).

Otro argumento del autor es la superioridad de Jesucristo. Jesús es superior a los ángeles (1:4), a Moisés (3:5), al sumo Sacerdote (4:14), Jesús es fiador de un pacto superior (7:22), el sacrificio de Cristo es mejor que los sacrificios que se ofrecían en el Antiguo Testamento (9:23-24), su gloria es superior a la de Moisés (3:3) y el oprobio del sacrificio de Jesucristo son riquezas mayores (11:26). El mensaje estaba dirigido a aquellos judíos mesiánicos que pensaban que el evangelio era inferior a la Ley de Moisés, — rechazar al Hijo, Jesucristo, por quien Dios está hablando hasta el fin tiene el mismo peso que rechazar al Padre.

Isaías escribió del Siervo que cuando Él haya puesto su vida en expiación por el pecado verá su descendencia. ¿Cuál es su descendencia? En la Epístola a los Hebreos encontramos todo un tratado sobre el Autor de la salvación, Jesucristo (2:5-18). Primeramente, dice que Dios hizo a Cristo menor que los ángeles (habitó en un cuerpo de carne), y después de ser resucitado, coronarlo de gloria y honra le dio toda autoridad (v. 7, 9; cf. Mateo 28:18). Ahora bien, en el versículo diez, el escritor dice algo que nos deja con la boca abierta: *"Porque le convenía a Dios —por causa de quién y por medio de quien todas las cosas existen — perfeccionar al Autor de la salvación de ellos, por medio de los padecimientos, para conducir a muchos hijos a la gloria."* Nuestra reacción podría ser, ¡Gloria a Dios por la salvación! Y sí que debemos estar agradecidos por el sacrificio de Cristo.

Pensemos por un momento, ¿Cómo fue posible nuestra salvación? Dice el pasaje que para que Jesucristo tuviera una descendencia y llevar muchos hijos a la gloria fue necesario que Él fuera perfeccionado por medio de aflicciones; un cordero sin mancha aceptable a Dios y listo para ser sacrificado. Dice el autor en la misma carta que fue necesario que *las cosas celestiales* fueran purificadas con "mejores sacrificios" que los que se ofrecían en el Antiguo Testamento (9:23). Pablo dijo que Dios nos ha hecho sentar en lugares celestiales pues Cristo nos purificó con su sangre (Efesios 2:6).

Y en el versículo 2:11, dice que Jesucristo no se avergüenza de llamarnos hermanos, y en el v. 13b, *"Aquí estoy yo con los hijos que Dios me dio"*; tampoco debemos avergonzarnos de Él. ¡Gracias Señor, gracias Jesucristo por ese infinito amor!

El beneficio que tuvo el sacrificio de Jesucristo y su resurrección fue más allá de lo que podemos imaginarnos, fue más transcendental que aquellos sacrificios de animales que fueron ofrecidos con obediencia y fe. Dice la Escritura que Jesucristo, *"anuló la muerte y sacó a la luz la vida y la **inmortalidad** por medio del evangelio."* (2 Timoteo 1:10). Para las fuerzas de la obscuridad fue devastador. El diablo ya no nos puede separar del amor de Cristo. La muerte no tiene poder para encerrarnos en la tumba y, el pecado, como dijo Pablo, no se enseñoreará de nosotros (Romanos 6:14). *"Por tanto, puesto que los hijos han participado de carne y sangre, de igual manera él participó también de lo mismo para destruir por medio de la muerte al que tenía el dominio sobre la muerte (esto es el diablo), y para librar a los que por el temor de la muerte estaban toda la vida condenados a esclavitud."* (Hebreos 2:14-15).

La Voluntad del SEÑOR Será en su Mano Prosperada. Dice un dicho que no es cómo empezamos sino cómo terminamos. Jesús tuvo dos comienzos: cuando hizo su aparición en la tierra y después de haber resucitado. Se presentó en carne y hueso. ¡Un bebé que nace y es perseguido por el rey Herodes quien movido por las fuerzas de las tinieblas quería matarlo! De su juventud no tenemos mucha información pues es un misterio y sabemos que hasta su muerte fue rechazado y después criticado.

En su primer comienzo su cuerpo humano tenía que ser entregado para ser avergonzado, maltratado y darle muerte cumpliendo los requisitos de un sacrificio por el pecado. La muerte no lo podía detener. No era su destino final. Era imposible que la muerte triunfara y quedara encerrado en el sepulcro porque el plan de Dios era precisamente que Jesús venciera y resucitara, y así destruir a las tres murallas en contra de la felicidad del ser humano: el pecado, la muerte y Satanás.

La resurrección de Jesucristo lo elevó a una nueva etapa. Su cuerpo no vio la descomposición y fue glorificado como ya es-

Las Pisadas de Cristo en el Antiguo Testamento Parte III

taba profetizado (Hechos 2:31). Entró al mundo en cuerpo humano para ser crucificado, fue enterrado y resucitado al tercer día; pero ahí no terminó, subió al cielo con un cuerpo celestial y glorificado, y se sentó en el Trono de su Padre. **Un nuevo comienzo** como intercesor entre Dios y los seres humanos. Desde su resurrección es Rey y sumo Sacerdote de orden celestial para interceder ante Dios por su iglesia aquí en la tierra y poner a sus enemigos por estrado de sus pies. Cuando los tiempos del fin se cumplan entregará su reino al Padre y después que haya suprimido todo poder engañoso y haya juzgado todas las cosas se unirá a la Divinidad para que Dios sea uno, *"Escucha, Israel: el SEÑOR nuestro Dios, el SEÑOR uno es."* (Deuteronomio 6:4; cf. Marcos 12:29). *"Pero, luego que todas las cosas le estén sujetas, entonces también el Hijo mismo se sujetará al que le sujetó a él todas las cosas, para que Dios sea todo en todos."* (1 Corintios 15:28; Reina-Valera 1995). Al final de todas las cosas la Divinidad volverá a reunirse a lo que era antes del principio de la creación.

Jesucristo obedeció y cumplirá la voluntad de Dios y le estará sujeto hasta que entregue el reino a su Padre. Su trayectoria en la tierra fue de acuerdo con lo dicho por los profetas en el Antiguo Testamento. A los discípulos, después de haber resucitado, les hizo un resumen de todo lo acontecido de acuerdo con las Escrituras: *"Y comenzando desde Moisés y siguiendo por todos los profetas, les declaraba en todas las Escrituras lo que de él decían."* (Lucas 24:27). Y llegó a la meta y triunfó porque obedeció e hizo la voluntad de Dios como lo escribió Isaías, *la voluntad de Jehová será en su mano prosperada*. El autor de Hebreos lo describe así, acerca de Jesús dice, *"He aquí, vengo, Dios, para hacer tu voluntad."* (10:9) y continúa diciendo: *"Es en esa voluntad que somos santificados mediante la ofrenda del cuerpo de Jesucristo hecha una vez para siempre."* (10:10).

La prosperidad que Jesucristo recibió de parte de Dios no es en el sentido de más riquezas, —¡al Hijo de Dios no le falta nada! — tampoco anhela romper el récord de Salomón, pues en Él mismo fueron creadas y descansan todas las cosas, según dijo

Pablo (Colosenses 1:16, 17). Su prosperidad es el resultado de lograr dos acontecimientos que son claves para que todas las cosas sean restauradas: la salvación y la restauración de Israel y también la de los gentiles. Simón, un hombre piadoso en Jerusalén visitó al niño Jesús en el Templo y viniendo el Espíritu Santo sobre él dijo: *"Ahora, Soberano Señor, despide a tu siervo en paz conforme a tu palabra; porque mis ojos han visto tu salvación que has preparado en presencia de todos los pueblos; luz para revelación de las naciones y gloria de tu pueblo Israel."* (Lucas 2:29-32; cf. Isaías 49:6; Lucas 26:23).

El Siervo del Señor Glorificado

"Por tanto, yo le daré parte con los grandes, y con los fuertes repartirá despojos. Porque derramó su vida hasta la muerte y fue contado entre los transgresores, habiendo él llevado el pecado de muchos e intercedido por los transgresores." (Isaías 53:12).

La Grandeza de Jesucristo. Cristo terminó su misión en este mundo en buena lid. No dejó nada incompleto. Salió victorioso. Resucitó y se transformó regresando a su anterior morada y como bien dijo Pablo, ya no lo conocemos en la carne (2 Corintios 5:16). Ahora está con los grandes. No con los poderosos terrenales sino por encima de todo poder e imperio en los cielos de donde se origina todo poder y se dirige la historia y el funcionamiento del universo. El destino del mundo está en las manos de Jesucristo no en la de los políticos por más poderosos que aparenten ser. Él es el que controla la historia —no las masas como dijeron los comunistas: *"¡Digno eres de tomar el libro y de abrir sus sellos! Porque tú fuiste inmolado y con tu sangre has redimido para Dios gente de toda raza, lengua, pueblo y nación. Tú los has constituido en un reino y sacerdotes para nuestro Dios, y reinarán sobre la tierra"*. (Apocalipsis 5:9-10).

¿Cómo Jesús llegó a ser glorificado? Mantuvo su actitud de siempre hacer la voluntad de Dios, ser humilde, y nunca vengarse. Los hechos de Jesucristo para ser glorificado son lo opuesto de lo que se espera de un héroe militar o político. Y es que Dios actúa diferente; sus acciones son opuestas al mundo. Tres hechos de Jesucristo que lo llevaron a la gloria: 1) *derramó su vida hasta la muerte,* 2) *fue contado entre los transgresores,* 3) *intercedió por los transgresores*. El Siervo de Dios fue crucificado en medio de dos malhechores. Jesús pidió al Padre que perdonara a los que lo condenaron y crucificaron, dijo al Padre —perdónalos porque no saben lo que hacen. ¡De Siervo a ser coronado Rey de reyes!

17

EL NUEVO PACTO

"Beban de ella todos; porque esto es mi sangre del pacto, la cual es derramada para el perdón de pecados para muchos."
(Mateo 26:27-28).

Un pacto en la antigüedad era más bien una idea comunitaria. Un sistema de gobierno donde el rey y la comunidad entrelazaban sus intereses trabajando juntos para el bienestar común. Lo podríamos comparar a una unión obrera entre el patrón y los obreros. La compañía busca proteger sus intereses buscando en cualquier negociación que su futuro no sea impactado negativamente por las exigencias de los trabajadores. Al otro lado, los trabajadores buscarán que la corporación les ofrezca mejores condiciones de trabajo y que mejoren sus salarios. Por lo general, antes de que surja un acuerdo o pacto que sea aceptable a ambas partes, surgen conflictos que en ocasiones son violentos. En muchos países existe un sistema parecido, en el ambiente político, con el agravante que cada cuatro o seis años nos prometen que van a velar por los intereses del pueblo y sin darle mucho pensamiento pactamos a través del voto. Después del primer año en el poder los gobernantes nos decepcionan al informarnos que el presupuesto no se puede cuadrar y culpan al gobernante anterior. El problema se repite como círculo vicioso en los futuros comicios electorales.

Es necesario que en un pacto (ya sea en lo político, laboral o espiritual) para que se cumpla y beneficie a ambas partes y tengan mutuamente buenas intenciones, haya franqueza y deseo de ver el bienestar o progreso entre los participantes. En la Biblia, Moisés instruyó a Israel de qué manera un pacto entre Dios e Israel sería todo un éxito (Deuteronomio 6:1-8). Debían entender que Dios es uno, hay que obedecerle y temerle (v. 1-4), amar a Dios de todo corazón con toda el alma y con todas las fuerzas (v. 5) y, poner por obra sus mandamientos (v. 6-8).

Los Pactos en el Antiguo Testamento

Aunque según Oseas 6:7, donde dice que los israelitas al igual que Adán "violaron el pacto", este no se considera como el primer pacto entre Dios y el hombre. Adán en este texto, del hebreo *adam* o generación humana, probablemente es una referencia a la raza gentil que en esa época (del profeta) no conocían a Dios, es decir, Israel pecaba imitando a los que no habían conocido a Dios ni lo adoraban.

Pacto de Dios con Noé. En los pactos que Dios ha hecho con los seres humanos encontramos el elemento de protección, bendición y cuidado de parte de Él hacia la parte pactante, es decir, a su creación. El pacto con Noé fue el primer pacto registrado en la Escritura después que los hombres practicaron el pecado en gran manera; un pacto hecho con aquella generación y las futuras después de Noé, con todo ser viviente que salió del arca incluyendo a los animales (Génesis 6:8-17). El pacto era incondicional y a perpetuidad, consistía en que, *"Ninguna carne volverá a ser exterminada jamás por las aguas del diluvio ni habrá otra vez diluvio para destruir la tierra"* (9:11; cf. Isaías 54:9).

Dios se comprometió a no destruir la tierra otra vez por un diluvio. Los cielos y la tierra ya están reservados para el día del Señor en el futuro: *"Por esto el mundo de entonces fue destruido, inundado en agua. Pero por la misma palabra, los cielos y la tierra que ahora existen están reservados para el fuego; guardados hasta el día del juicio y de la destrucción de los hombres impíos."* (2 Pedro 3:6-7). La señal del pacto de Dios con Noé fue el arco iris. Cada vez que este aparece en el cielo, Dios se acuerda del pacto hecho con Noé y todo ser viviente de no volver a destruir a todo ser vivo con un diluvio de aguas (Génesis 9:12-17; 2 Pedro 2:5).

El Pacto con Abraham. Cuando Dios se reveló a Abram para apresurarlo a que saliera de su tierra en Mesopotamia y de su parentela a la tierra que le mostraría (Canaán) le hizo una promesa concerniente al destino de Abraham, Jacob (o Israel) y todas las naciones. En dicha promesa estaban enmarcados los futuros pactos hechos con Abraham, Moisés, David y el Nuevo Pacto de Jesucristo. Él le dijo: *"Yo haré de ti una gran nación. Te bendeciré y engrandeceré tu nombre, y serás bendición. Bendeciré a los que te bendigan, y a los que te maldigan maldeciré. Y en ti serán benditas todas las familias de la tierra."* (Génesis 12:2-3). Una gran nación, Israel, para engrandecer el nombre de Dios. Israel recibiría la Ley como testimonio al Mundo de ser una nación distinta a las demás. Dios prometió a David una dinastía de donde emergería un Rey de reyes, eternamente, que establecería un pacto eterno para bendecir a través del evangelio a todos los seres humanos. ¡Y todo ese paquete presentado en solo dos versículos!

El pacto con Abram tiene dos partes. La *primera*, Dios promete incondicionalmente[1] que la tierra habitada por los cananeos será dada a la futura nación de Israel, desde el río de Egipto hasta el río grande, el Éufrates (Génesis 15:18). En la *segunda*, el Señor redacta cuatro cláusulas, las discute con Abram, debiendo estas ser aceptadas por su siervo (Génesis 17:1-14).

Las cuatro cláusulas son:

1) **Dios le repite a Abram que llegará a ser padre de muchas gentes** y le cambia el nombre de Abram a Abraham —significando que Abraham entra en una relación muy cercana a Dios— como si ya Abraham se aprestaba a coger en su mano el bolígrafo para firmar el contrato; su fe

comenzaba a desarrollarse (v. 1-5).

2) **El pacto hecho con Abraham es perpetuo** —Dios promete ser el Dios de Abraham y de la nación de Israel y su descendencia para siempre (v. 6-7).

3) **Renueva la promesa de darle la tierra prometida** (v. 8).

4) **Dios establece la circuncisión como señal del pacto**, todo varón entre ellos será circuncidado (v. 9-14; Romanos 4:11).

El Pacto Mosaico o Sinaítico. Las leyes que Moisés recibió en el monte Sinaí son el fundamento del pacto hecho entre Dios e Israel después que salieron de la esclavitud en Egipto. El corazón del pacto fue los diez mandamientos el cual fue mediado por Moisés (Deuteronomio 4:13). Todas las leyes o mandamientos, en total unos 613 mandatos, de los cuales una mitad aproximadamente eran positivos y los otros negativos, tenían que ser obedecidos; la obediencia resultaba en bendiciones y la desobediencia en consecuencias desastrosas (Deuteronomio 28:1-68).

El pueblo israelita salió de Egipto la noche del 14 del primer mes (Nisán), llegaron al monte Sinaí tres meses más tarde: *"En el mes tercero después de la salida de los hijos de Israel de la tierra de Egipto, en ese mismo día llegaron al desierto de Sinaí."* (Éxodo 19:1; cf. Éxodo 12:6, 21-22; cf. Números 33:3-5; Deuteronomio 16:1). Un año después abandonaron ese lugar camino hacia la tierra prometida (Números 10:11-12). El pacto finalizado en el Sinaí reafirmaba la promesa incluida en el pacto con Abraham por la cual Dios se comprometió unilateralmente a juzgar a la nación egipcia por haber oprimido a su pueblo esclavizándolo por más de cuatrocientos años (Génesis 15:13-14).

La parte sobresaliente en este pacto es el comportamiento, testimonio y conducta del pueblo israelita para dar honor a Jehová. Dios les dijo a los Israelitas: *"Ustedes han visto lo que he hecho a los egipcios, y cómo los he levantado a ustedes sobre alas de águilas y los he traído a mí. Ahora pues, si de veras escuchan mi voz y guardan mi pacto, serán para mí un pueblo especial entre todos los pueblos. Porque mía es toda la tierra, y ustedes me serán un reino de sacerdotes y una nación santa."* (Éxodo 19:4-6). Un pueblo especial, de reyes, de sacerdotes, una nación santa, diferente a las demás naciones; no esclavos de la vanidad pues su Dios es el Todopoderoso, el Santo de Israel. Dios le dijo a Israel que los había puesto "por luz de las naciones" (Isaías 49:6). Más tarde en su historia, el pecado y la desobediencia a los mandamientos de Dios llevarían a Israel cautivo a Babilonia por unos setenta años.

Antes de que Moisés marchara hacia la eternidad les recordó la importancia de la obediencia a Dios guardando el pacto de las leyes de Dios. Las naciones se sorprenderían al conocer por el buen testimonio de ellos la grandeza y poder de Jehová, los pueblos vecinos exclamarían diciendo que Israel es "pueblo grande y entendido" (Deuteronomio 4:6-8).

Dios de antemano ya había anunciado que en la manera que la descendencia de Abraham se condujera en los caminos del Señor facilitaría el cumplimiento de la promesa hecha a su siervo Abraham: *"Porque yo lo he escogido y sé que mandará a sus hijos y a su casa después de él que guarden el camino del SEÑOR, practicando la justicia y el derecho, para que el SEÑOR haga venir sobre Abraham lo que ha hablado acerca de él."* (Génesis 18:19).

Pacto con el Sacerdote Finees. La Escritura dice que Dios es celoso. No quiere competencia. Exige a los que lo acepten y le rindan culto que no se prostituyan adorando a otros dioses: *"Porque no te postrarás ante otro dios, pues el SEÑOR, cuyo nombre es **Celoso**, es un Dios **celoso**"* (Éxodo 34:14; cf. 20:5; Deuteronomio 5:9). Israel se llegó a prostituir con la idolatría a tal extremo que en los días del profeta Ezequiel se había construido en el Templo una imagen (junto a la puerta del altar) que para colmo y provocación a Dios, le pusieron como nombre *la imagen del celo* (8:3, 5-6).

Cuando los israelitas en su trayectoria hacia la tierra prometida se estacionaron en Sitim empezaron a prostituirse con las hijas de Moab. Ellas los invitaron a los sacrificios de sus dioses a los cuales sirvieron y adoraron (Números 25:1-15). Hicieron enojar al Señor quien encendido en ira mandó a Moisés a que reuniera a los príncipes del pueblo y los ahorcaran por permitir tan grave pecado en una forma descarada y desafiante al Dios eterno. Zimri, su padre llamado Salu, era jefe de una familia de la tribu de Simeón, tomó a una mujer madianita llamada Cozbi, hija de Zur, un príncipe de pueblos en Madián. Mientras el pueblo se lamentaba y lloraba por esa desgracia, Zimri entró con Cozbi a la congregación en presencia de Moisés. El sacerdote Finees, nieto del primer sumo Sacerdote Aarón, tuvo celo por Jehová y fue hasta la tienda donde estaban y allí los mató.

Finees actuó valerosamente y con celo por las cosas de Dios. Él pudo haber provocado una guerra de grandes proporciones al matar, en términos políticos actuales, a un hijo de un principal líder en Israel y a una hija de un jefe de estado en Madián, pero no le importó. Para Finees era el momento de acabar con la idolatría en una nación creada muy reciente y que cuyo propósito de existencia era dar testimonio ante las naciones de la grandeza y poder del maravilloso Dios creador de todo el universo.

Por esa acción, a Finees Dios le dio el sacerdocio a perpetuidad en un pacto de paz. *"Finees hijo de Eleazar, hijo del sacerdote Aarón, ha hecho que mi furor se aparte de los hijos de Israel, manifestando entre ellos mi celo. Por eso yo no he consumido en mi celo a los hijos de Israel. Por tanto digo: 'Yo le concedo mi pacto de paz. Él y su descendencia después de él tendrán un pacto de sacerdocio perpetuo, porque tuvo celo por su Dios e hizo expiación por los hijos de Israel."* (v. 11-13).

Pacto de Dios con David. David fue un hombre muy valiente. En el arte de la guerra no tenía igual; ni tan siquiera el gigante Goliat a quien derrotó sin mucho esfuerzo, matándolo con la honda y una piedrita. Llegó el día en que Dios le concedió paz con todos sus enemigos por su fidelidad y consagración a Dios, ¡pues las batallas son de Jehová! Y a David se le ocurrió la gran idea de construir una casa a Dios pues David habitaba en casa de cedro mientras el Arca de Dios o la Presencia de Dios estaba entre cortinas. Tal idea, la cual había comunicado al profeta Natán, fue rechazada de inmediato pues no había necesidad de analizarla (2 Samuel 7:1-17).

Dios a través del profeta le hace saber a David que Él a nadie le ha pedido que le construya una casa —es Dios el que va a construir una casa a David (v. 4-11). Dicha *casa* sería un pacto incondicional hecho con David donde el Señor se comprometería a construir el Templo por medio de su hijo Salomón y establecer una dinastía para siempre de donde según la carne vendría el Mesías, el Hijo de Dios.

En el pacto davídico se habla de dos casas: una terrenal (el Templo) y la otra, la dinastía davídica. La primera casa fue construida por el sabio Salomón. No era eterna pues fue destruida dos veces en la misma fecha, —en el mes noveno, el 9 de Av (Tish B'Av), fecha que celebran los judíos hasta hoy en día como un día muy triste en su historia. Primero, fue destruida por los babilonios y por segunda vez y en la misma fecha en el año 70 d.C. por los romanos. La segunda casa —la dinastía real de David— prometida en el pacto fue construida por el Señor. Es eterna pues de ella desciende Jesucristo como el Rey de reyes. *"Tu casa y tu reino serán firmes para siempre delante de mí, y tu trono será estable para siempre."* (v. 16).

¿Cuándo se reafirmó y comenzó el cumplimiento de la eternidad del reino de David? El cumplimiento tuvo su inicio al final del reinado de David y durante el de Salomón y culminó con la llegada de Jesucristo a la tierra. El reino de Israel, con David y Salomón como reyes gozó momentáneamente de una época de paz y dominio sobre todos los reyes existentes. Dice la Escritura que Judá e Israel eran como la arena junto al mar y que todos bebían y se alegraban. También dice que Salomón llegó a tener dominio sobre todos los reinos desde el Éufrates hasta el territorio de los filisteos —grandes enemigos de Israel— y colindando con Egipto (1 Reyes 4:20-21; 5:3-4).

En el anuncio del ángel a la virgen María se da a conocer la eternidad del reino de Jesucristo: "*Entonces el ángel le dijo: —¡No temas, María, porque has hallado gracia ante Dios! He aquí concebirás en tu vientre y darás a luz un hijo, y llamarás su nombre Jesús. Este será grande, y será llamado Hijo del Altísimo; y el Señor Dios le dará el trono de su padre David. Reinará sobre la casa de Jacob para siempre, y de su reino no habrá fin.*" (Lucas 1:30-33). Con la aparición de Jesucristo, su sacrificio en la cruz y resurrección, DIOS ETERNIZÓ A ISRAEL Y AL REINO PROMETIDO A DAVID, un reino de paz. Pablo escribió en su Epístola a los Romanos que todo Israel será salvo (11:26).

El Salmo 89 es todo un canto exaltando al futuro Rey prometido en el pacto davídico en el cual el salmista señala de principio a fin el ministerio del Mesías en la tierra:

1) La misericordia de Dios es para siempre — v. 1-2.

2) Dios confirma la eternidad de la descendencia de David y el Trono a través de su Escogido — v. 3-4.

3) El Hijo es el único que puede igualarse a Jehová haciendo posible el cumplimiento de la promesa hecha a David — v. 6.

4) La justicia y el derecho será el fundamento del Trono del Rey — v. 14.

5) Se presenta a David como símbolo real del Mesías, un varón conforme al corazón de Dios — v. 19-21; cf. Hechos 13:22.

6) El Mesías o Jesucristo se dirigirá a Dios como su Padre y tendrá la primacía sobre todos los reyes de la tierra — v. 26-28; cf. Apocalipsis 1:5.

7) Otra vez reafirma el Señor que la descendencia de David es para siempre — v. 35-37.

8) Dios desecha a Cristo y se enoja porque en Él cargó todos nuestros pecados, por nosotros lo hizo pecado, dijo Pedro — v. 38; cf. 1 Pedro 2:24).

9) Jesús durante su proceso judicial permanecería cal-

lado y no recurriría a levantar resistencia, esto es, una espada sin filo — v. 43; cf. Mateo 26:51-54.

10) La vida de Jesucristo sería acortada, murió a los 33 años — v. 44-45.

El Nuevo Pacto

A través del profeta Jeremías, al Israel rebelde el Señor le anunció un pacto de gracia e incondicional *"Porque este será el pacto que haré con la casa de Israel después de aquellos días, dice el SEÑOR: Pondré mi ley en su interior y la escribiré en su corazón. Yo seré su Dios, y ellos serán mi pueblo. Ya nadie enseñará a su prójimo ni nadie a su hermano, diciendo: 'Conoce al SEÑOR'. Pues todos ellos me conocerán, desde el más pequeño de ellos hasta el más grande, dice el SEÑOR. Porque **yo perdonaré su iniquidad y no me acordaré más de su pecado.**"* Énfasis mío, (31:33-34).

Relación entre el Nuevo Pacto y el Evangelio. El Nuevo Pacto resume el cumplimiento de los anteriores: el acordado con Abraham, Moisés y con David. Dios prometió a Abraham el establecimiento de una nación con su propio territorio, Moisés recibió la Ley cuyo fin, como dijo Pablo, era dirigirnos a Jesucristo (Romanos 10:4). A David se le dio la promesa del establecimiento de una casa o dinastía para producir al Mesías según la carne y morir crucificado como la única ofrenda aceptable a Dios por el pecado y así, bendecir a todas las naciones.

Si Jesucristo no hubiese venido a este mundo no habría esperanza. El caos sería peor de lo que estamos presenciando en la actualidad. No habría esperanza en el sufrimiento. El cautiverio de Israel hubiese sido final y el reino animal sería superior a los seres humanos. Sin la llegada del Mesías, Israel fuera una nación simplemente existencial, sin rumbo y muy probable no hubiera sobrevivido a tantos intentos de exterminación de parte de sus enemigos. No se hubiese producido el milagro de restauración y regreso a la tierra prometida y gozar en la actualidad de ser una nación libre y soberana y que al fin estarán cobijados por la gracia de Dios (Romanos 11:26).

Y el universo, ¿Cómo marcharía? Si tomamos en cuenta lo escrito por Pablo que en Jesucristo descansan todas las cosas o que Cristo mantiene todas las cosas unidas, entonces, el movimiento del universo ya hubiese causado una verdadera guerra entre las galaxias. Pero no ha sido así, porque Pablo también escribió que parte del plan de Dios en los últimos tiempos es de *reunir todas las cosas en Jesucristo, las que están en el cielo como las que están en la tierra* (Efesios 1:7-10).

El evangelio o las buenas noticias de salvación es la reunión de todos los seres humanos que ponen su fe en Jesucristo, como dijo Pablo, *primero al judío y luego al griego* o los gentiles (Romanos 1:16). De ambos pueblos, judío y gentil, Dios a través del evangelio de Jesucristo los ha unido en uno solo (Efesios 2:14-18). El apóstol ve en esta reunión un misterio, literalmente dice: *"Por tanto, leyéndolo, podrán entender cuál es mi comprensión en el misterio de Cristo. En otras generaciones no se dio a conocer este misterio a los hijos de los hombres, como ha sido revelado ahora a sus santos apóstoles y profetas por el Espíritu, a saber: que en Cristo Jesús los gentiles son coherederos, incorporados en el mismo cuerpo y copartícipes de la promesa por medio del evangelio."* (Efesios 3:4-6). ¡Misterios de Dios!

¿Por qué Falló el Pacto de la Ley recibida en el Sinaí? Pablo dice que por la Ley es el conocimiento del pecado, más allá de eso, la Ley no nos ayuda a vencer los deseos de la carne; y añade que la Ley es espiritual, más nosotros carnales y vendidos al pecado (Romanos 7:14; 8:1-3). Para que un pacto funcione es necesario que ambas partes lleguen a un nivel de compromiso, entendimiento y respeto mutuo; de lo contrario el que incumpla estará menospreciando a la otra parte no tomando en cuenta lo acordado. Dios es santo, verdadero, no es hombre para que mienta, Él no va a faltar a sus promesas (2 Corintios 1:20; Hebreos 6:16-18).

El profeta Ezequiel dice que Israel va a ser acepto ante Dios; no por su propia iniciativa y ni por su propia conducta, sino por la gracia del Señor. Jehová por causa de su Nombre va a crear un *corazón nuevo* en ellos para que puedan alcanzar su misericordia y gracia (36:22-32). Por otro lado, Isaías dice que Dios hará con Israel un *pacto eterno* y lo titula "las misericordias firmes a David" (55:3).

¿Qué son las misericordias firmes de David (o a David)? *Primero,* David fue un hombre con muchas faltas pecaminosas que hicieron enojar a Dios, más, sin embargo, Dios le extendió su misericordia todo el tiempo; su gracia lo rescató en los momentos de pecado y nunca David se apartó de Jehová. Dios lo escogió como símbolo real de Jesucristo. *Segundo*, todas las promesas hechas en su pacto fueron cumplidas en Jesucristo y aplicadas a todo aquel que se entrega a Él (Hechos 13:34). Las misericordias de David son toda esa gracia, promesas, favores y misericordia que él recibió aun siendo hombre cometiendo tan horribles pecados. Esos mismos beneficios de la gracia de Dios la reciben todos aquellos que entregan su vida al Hijo de Dios porque Él ha perdonado nuestras faltas.

El Perdón de Pecados: Fundamento del Nuevo Pacto. El perdón de pecados bajo la vigencia del Antiguo Testamento, al igual que la gracia, el Espíritu Santo, misericordia y la Justicia de Dios no era otorgado a todo el pueblo. Era una bienaventuranza alcanzarlo pues David dice: *"Bienaventurado aquel cuya transgresión ha sido perdonada y ha sido cubierto su pecado. Bienaventurado el hombre a quien el SEÑOR no atribuye iniquidad, y en cuyo espíritu no hay engaño."* (Salmo 32:1-2). El sacrificio de Jesucristo fue tan perfecto y abarcador, pues era el Cordero de Dios sin mancha seleccionado por el Padre, que perdonó todos los pecados bajo el Antiguo Pacto y los que se cometen ahora bajo el Nuevo: *"Por eso, Cristo es mediador de un nuevo pacto, para que, interviniendo muerte para la remisión de **los pecados cometidos bajo el primer pacto**, los llamados reciban la promesa de la herencia eterna."* énfasis mío, (Hebreos 9:15).

18

RESURRECCIÓN DE JESUCRISTO

"Se burlarán de él, lo azotarán, lo escupirán y lo matarán; pero al tercer día resucitará."

(Marcos 10:34).

Frank Morison, seudónimo del periodista y escritor británico Albert Henry Ross (1881-1950) fue un ateo que emprendió la tarea de investigar sobre la veracidad de la resurrección de Jesucristo con el fin de escribir un libro desmintiendo lo que la Biblia dice relacionado a la resurrección de Jesús. En su búsqueda encontró tanta evidencia contundente sobre la resurrección que le obligó a cambiar sus planes originales. En lugar de escribir un libro que probara sin lugar a duda que Jesús nunca resucitó, lo descartó, y publicó el libro titulado, *Who Moved the Stone* o ¿Quién Movió la Piedra? Se enfrentó con la verdad, abandonó el ateísmo y se convirtió al Señor.

Desde que Jesús anunció que era necesario que el Hijo del Hombre fuera crucificado, sepultado, y resucitado al tercer día hubo cierta resistencia a creer que tal profecía tuviera su cumplimiento. Sus discípulos fueron los primeros escépticos. La reacción de Pedro no se hizo esperar y tomándole aparte le dijo: *"Señor, ten compasión de ti mismo. ¡En ninguna manera esto te acontezca!"* (Mateo 16:22). La segunda vez que Jesús anunció su muerte y resurrección dice la versión de Mateo que "Ellos se entristecieron mucho." (17:23b). En el camino hacia Jerusalén antes de ir a la cruz, Jesús por tercera vez les anuncia que resucitará al tercer día, según Mateo no hubo reacción alguna (20:17-19) y de acuerdo con Marcos tampoco hubo reacción de parte de los discípulos; Marcos añade que ellos, quizás inciertos por lo que sucedería al llegar a Jerusalén, caminaban con asombro y le seguían con miedo (10:32-34).

En la versión de Lucas encontramos un detalle que los otros evangelistas omiten y dice: *"Sin embargo, ellos no entendían nada de esto. Esta palabra les estaba encubierta, y no entendían lo que se les decía."* (18:34). ¿Y qué diremos de Tomás? El muy científico quería ver y tocar con sus propias manos —no bastó que el Señor Jesús estaba frente a él ya resucitado, sino que demandaba una prueba visible; quería ver y tocar las heridas (Juan 20:24-29). Pablo dijo que tenemos que caminar por fe, no por vista (1 Corintios 5:7).

Doctrina de la Resurrección en el Antiguo Testamento

En una ocasión los saduceos, partido político-religioso que representaba a la clase sacerdotal y que se distinguían por la negación de la resurrección, preguntaron a Jesús sobre dicho tema (Mateo 22:23-33; cf. Hechos 4:1-2; 23:8). Para ello se valieron del concepto de matrimonio levirático del cual Moisés habló en el libro de Deuteronomio (25:5-10), resumido en un versículo dijo: *"Si unos hermanos viven juntos y muere uno de ellos sin dejar hijo, la mujer del difunto no se casará fuera de la familia con un hombre extraño. Su cuñado se unirá a ella y la tomará como su mujer, y consumará con ella el matrimonio levirático."* (v. 5).

La situación presentada por los saduceos fue acerca de un hombre que tenía seis hermanos. Este hombre murió sin procrear hijos y el siguiente hermano tomó por mujer a la viuda de este y no dejó descendencia. De igual manera sucedió con los próximos cuatro hermanos en línea hasta que el séptimo se casó con la viuda y no tuvo hijos, murió y después de todos ellos murió la mujer. Los saduceos preguntaron a Jesús, *"En la resurrección, puesto que todos la tuvieron, ¿de cuál de los siete será mujer?* (Mateo 22:28). Jesús les contestó que en la resurrección ni se casarán ni se darán en casamiento pues todos serán como ángeles (v. 30). Y para sacarlos de toda duda, puesto que los saduceos solo aceptaban la Torah o Ley como autoridad de Dios, les citó un pasaje de la Ley, Éxodo 3:6 donde dice que *Dios es el Dios de Abraham, el Dios de Isaac y el Dios de Jacob* y añade que Dios no es Dios de muertos sino de vivos (v. 32). En verdad que erraron ignorando las Escrituras (v. 29).

El salmista comienza el salmo 16 hablando de su confianza en Dios y le pide que lo guarde porque en Él ha confiado. Dice que Jehová es la porción de su herencia y de su copa, expresando así, que Jehová es la fuente de sus bendiciones. David quien escribió este bello salmo bendice a Dios en todo momento porque aun en las noches su conciencia le enseña las cosas de Dios. Su confianza en Dios es tal que su corazón se goza y su cuerpo descansa. El salmo termina un tanto discordante —pues súbitamente hace referencia a la muerte. Dice David que después de morir su alma no será dejada en el sepulcro ni su cuerpo verá corrupción y añade que tendrá gozo para siempre por la resurrección. ¡Imposible que el salmista se esté refiriéndose a la resurrección de sí mismo!

En el libro de los Hechos de los Apóstoles está escrito que no se trata de David pues dice que el sepulcro de David permanecía todavía en Jerusalén (2:29-32). *"Pero siendo profeta, y sabiendo que con juramento Dios le había jurado que de su descendencia en cuanto a la carne levantaría al Cristo para que se sentara en su trono, viéndolo antes, habló de la resurrección de Cristo, que su alma no fue dejada en el Hades ni su carne vio corrupción. A este Jesús resucitó Dios, de lo cual todos nosotros somos testigos."* (v. 30-32). En el salmo 17, David sí se refiere a su propia resurrección al final de los tiempos diciendo que él estará satisfecho cuando despierte a la semejanza de Dios (v. 15).

Job, en su angustia por entender la causa del sufrimiento deseaba vehemente la intervención de un redentor —un personaje en su mente que como un abogado defensor pudiera llevar su causa ante Dios. El clama y dice: *"Pero yo sé que mi Redentor vive y que al final se levantará sobre el polvo. Y después que hayan deshecho esta mi piel, ¡en mi carne he de ver a Dios!"* (19:25-26). En este pasaje el Redentor no es Dios. Es una referencia a alguien que le puede ayudar a llevar su caso ante el tribunal de Dios, pues dice acerca del Redentor —*que al final se levantará sobre el polvo*. Alguien divino, —al Hijo de Dios que está sentado a la derecha de su Padre. En otro pasaje ya Job lo había mencionado (9:33-34); entendiéndose que se estaba refiriendo a un abogado, a Jesucristo, que es el único que puede justificar al ser humano ante Dios (1 Juan 2:1).

Daniel (profeta con un mensaje mayormente escatológico) en su último capítulo de su libro profético, hablando del fin de todas las cosas dedica un solo versículo muy escatimado al tema de la resurrección de entre los muertos: *"Y muchos de los que duermen en el polvo de la tierra serán despertados, unos para vida eterna y otros para vergüenza y eterno horror."* (12:2). Es posible que Daniel no tuviera en mente la resurrección universal o de todos los humanos por haber escrito que "muchos", no "todos", resucitarán al final; o que se esté refiriendo exclusivamente a los israelitas. El evangelio según Juan inspirado en lo escrito por Daniel habla de la resurrección de "todos" al final del siglo presente (5:28-29).

Todos los que presenciaron el milagro cuando Jesús sanó a un endemoniado, ciego, y mudo, quedaron atónitos y asombrados y pensaban que Jesús era el hijo de David que habría de venir; los fariseos no reaccionaron así, y dijeron, *"Este no echa fuera los demonios sino por Beelzebul, el príncipe de los demonios."* (Mateo

12:24; cf. v. 22-37). Jesús les hizo ver que cualquiera que le atribuya a Satanás lo que Jesucristo estaba haciendo por el poder del Espíritu Santo comete el pecado imperdonable o blasfemia contra el Espíritu. En lugar de arrepentirse, le pidieron a Jesús una señal que demostrara de una vez por todas que Él era/es el Mesías (v. 38). Jesús respondió que ellos, los fariseos, son una generación mala y adúltera que la única señal que se les dará será la señal del profeta Jonás: *"Porque así como Jonás estuvo tres días y tres noches en el vientre del gran pez, así estará el Hijo del Hombre en el corazón de la tierra tres días y tres noches."* (v. 40).

Pruebas Indubitables en la Escritura

El médico Lucas en su segundo escrito, el libro de los Hechos, a su amigo Teófilo le dice que en el primer escrito (su evangelio) resumió todas las cosas acerca de Jesús desde el comienzo hasta el día que fue recibido en el cielo. Y continúa diciendo en la salutación en los Hechos que Jesús se presentó con muchas pruebas indubitables a sus discípulos después de haber padecido y resucitado (1:1-3).

Pablo hace un análisis muy detallado sobre la resurrección de Cristo en el capítulo 15 de la primera Epístola a los Corintios, pues ya algunos habían sido engañados por falsos discípulos que no creían en la resurrección (v. 12). El apóstol inicia su apologética de la resurrección de Jesucristo diciendo que Él murió, fue sepultado y resucitó al tercer día, todo conforme a las Escrituras (v. 4). Como prueba de la resurrección del Salvador, Pablo hace una lista de esas pruebas irrefutables (1 Corintios 15:5-8):

    1) El primer testigo de haber visto a Jesucristo ya resucitado fue Cefas (Simón Pedro) (v. 5; Lucas 24:34).
    2) Después se apareció a los 12 discípulos (v. 5; Lucas 24:36).
    3) Luego a más de 500 hermanos de los cuales algunos

todavía estaban vivos al momento de escribir la primera Epístola a los Corintios (v. 6).

4)   Jesús se le apareció a Jacobo, probablemente el llamado, *hermano del Señor* (v. 7; Gálatas 1:19; Hechos 12:17; cf. Mateo 12:46).

5)   Y por último al Apóstol Pablo quien no era parte del grupo de los 12 discípulos (v. 8; Hechos 9:3-6; 1 Corintios 9:1).

El Sepulcro del Señor. Ya dicho anteriormente —Pedro en su discurso en el día de Pentecostés dijo que David murió, fue sepultado y su sepulcro permanecía en Jerusalén. Nadie se robó su cadáver ni tampoco se evaporó. No sucedió así con el cuerpo de Jesucristo, el Cordero de Dios, la ofrenda aceptable por el pecado. Todos los evangelistas dan testimonio que los primeros testigos que llegaron a ver el sepulcro (pasado el sábado) fueron mujeres, quienes iban temprano en la mañana del primer día para ungir el cuerpo del Señor con especias aromáticas (Mateo 28:1-10; Marcos 16:1-8; Lucas 24:1-12; Juan 20:1-10). Mateo dice que "María Magdalena y la otra María" fueron al lugar del sepulcro. Marcos informa que eran tres: María Magdalena, María la madre de Jacobo, y Salomé. Lucas se limita a decir "algunas otras mujeres con ellas". Juan sólo menciona a María Magdalena. Todas esas damas llenas de fe —suficientes testigos para dar credibilidad de los hechos ocurridos en los últimos tres días— encontraron la tumba vacía. Mateo el más detallista en el relato dice que cuando llegaron las mujeres hubo un gran terremoto y que un ángel removió la piedra. Ni por un instante hay que pensar que las mujeres se confabularon para mentir —si hubiesen encontrado el cuerpo para ungirlo de seguro lo hubiesen hecho pues era la costumbre judía.

Resurrección de Jesucristo

¡La culminación, el triunfo, victoria, graduación y coronación del anunciado Mesías fue hecho realidad por haber resucitado! Si no se hubiese levantado de entre los muertos, todo lo profetizado en el Antiguo Testamento acerca de Él quedaría como una falsedad. Una religión más ocupando páginas en la literatura ficticia que no ofrece esperanza alguna. Bien acertó Pablo:

"Si los muertos no resucitan, tampoco Cristo resucitó; y si Cristo no resucitó, vuestra fe es vana: aún estáis en vuestros pecados. Entonces también los que murieron en Cristo perecieron." (1 Corintios 15:16-17).

¿Qué Sucedió al Resucitar Jesucristo? Satanás, como boxeador que está perdiendo su pelea en el último asalto, sacó todas sus armas —de mentira, engaño, atropello, poder político y religioso, militar, perjurio— para evitar, tramando muy equivocadamente, que Jesús llegara a ser coronado como el Rey de reyes. Le falló desestimando las Escrituras pues de principio a fin Jesús iba cumpliendo lo anunciado por los profetas. Todo lo que Jesucristo hacía, o decía, o le sucedía, comenzando con su nacimiento, milagros, sanaciones, parábolas, sermones —estaba respaldado por referencias en el Antiguo Testamento. Aun la traición de Judas se cumplió de acuerdo con la Escritura, Él dijo: *"A la verdad, el Hijo del Hombre va, tal como está escrito de él. Pero ¡ay de aquel hombre por quien es entregado el Hijo del Hombre! Bueno le fuera a aquel hombre no haber nacido."* (Mateo 26:24).

Y entregó su espíritu al Padre. El velo del Templo se rasgó. Los sepulcros se abrieron como señal que la muerte iba a ser derrotada y tembló la tierra porque el que moría y estaría por tres días en ella no era cualquier ser humano, ¡era el Hijo de Dios! Triunfando y destruyendo a la misma muerte, al diablo mismo y al pecado (Hebreos 2:14). Ya dicho, Mateo dice que cuando resucitó el Maestro también hubo un gran terremoto. Y no ha de sorprenderle a nadie pues las buenas noticias de la tumba son muy buenas, —el evangelio para todo el mundo menos para el diablo, —que en el último asalto no esperó el sonido del campanazo. Salió, como dice ese dicho muy popular, corrió como pillo de película. Y ahora sí, hay de los moradores de la tierra, los que *no han sido sentados con Cristo en lugares celestiales* (Efesios 2:6-10). *"Y fue arrojado el gran dragón, la serpiente antigua que se llama diablo y Satanás, el cual engaña a todo el mundo. Fue arrojado a la tierra, y sus ángeles fueron arrojados junto con él."* —— *"Por esto, alégrense, oh cielos, y los que habitan en ellos. ¡Ay de la tierra y del mar! Porque el diablo ha descendido a ustedes y tiene grande ira, sabiendo que le queda poco tiempo."* (Apocalipsis 12:9, 12).

Y, Después de la Resurrección, ¿Qué? Jesús resucitó un primer día de la semana en la celebración de la fiesta de las Primicias cuando se ofrecían las primicias de la primera cosecha en Israel, la cebada (Levítico 23:10). En la celebración de la fiesta de las Semanas o Pentecostés —fiesta también de primicias pues se presentaba al Señor una ofrenda de la segunda y más importante cosecha en Israel, el trigo— vino el Espíritu Santo sobre los apóstoles, fueron llenos del Espíritu y el Reino de Dios se extendió a la tierra (Levítico 23:15-21; Hechos 2:1-13). *"Pero ahora, Cristo sí ha resucitado de entre los muertos, como primicias de los que durmieron."* (1 Corintios 15:20).

Juan dijo, en el principio (en Génesis 1:1) era el Verbo con Dios. Ese Verbo se vistió de carne y habitó entre nosotros, murió y resucitó, subió a los cielos y el Verbo regresó a estar con Dios. Volver al cielo como el Rey de reyes. La inauguración del reino de Dios en todo el universo incluyendo en la tierra. En la gran comisión a los discípulos, antes que el Verbo regresara a los cielos, Jesús les dijo que "toda autoridad me es dada en el cielo como en la tierra" y los envió a predicar el evangelio (Mateo 28:18). Ahora nuestra esperanza es eterna, traspasa el tiempo, no es solamente para esta vida sino para la venidera: *"¡Si solo en esta vida hemos tenido esperanza en Cristo, somos los más miserables de todos los hombres!"* (1 Corintios 15:19.

19

UNIFICACIÓN DEL REINO Y EL SACERDOCIO

"Tú eres sacerdote para siempre según el orden de Melquisedec."
(Hebreos 7:17).

Dios ya llamaba a Israel su pueblo mucho antes de que fuera libertado de la esclavitud en Egipto y naciera como nación libre, diciéndole a Moisés: *"Yo soy el Dios de tus padres: el Dios de Abraham, el Dios de Isaac y el Dios de Jacob."* (Éxodo 3:6). A Abraham le había dicho que de su descendencia haría una nación para bendecir a todas las familias de la tierra (Génesis 12:2-3). En el monte Sinaí cuando Moisés recibe la Ley, Dios le dice que Israel será para Él, *un reino de sacerdotes y gente santa* (Éxodo 19:6).

Josué quien fue el sucesor de Moisés después de su muerte gobernó desde la perspectiva de administrar a un pueblo bajo el control de Dios como única autoridad y así se lo hizo saber con mucho énfasis a los israelitas cuando les dijo en su último discurso antes de morir aquellas palabras que quedaron como el fundamento de una dedicación total a Dios: *"Pero si les parece mal servir al SEÑOR, escojan hoy a quién sirvan: si a los dioses a los cuales servían sus padres cuando estaban al otro lado del Río, o a los dioses de los amorreos en cuya tierra habitan. Pero yo y mi casa serviremos al SEÑOR."* (24:15). Su ejecución como líder después de morir quedó resumida en un solo versículo: *"Israel sirvió a Jehová durante toda la vida de Josué, y durante toda la vida de los ancianos que sobrevivieron a Josué y que sabían todo lo que Jehová había hecho por Israel."* (v. 31). ¡Un gobierno de dos generaciones! Pasados los días de la segunda generación, el obedecer a Dios quedó en el olvido y la nueva generación no conoció a Jehová ni la obra que Josué había hecho por Israel cayendo en un caos político (Jueces 2:10).

La anarquía en el pueblo israelita llegó a su colmo. El autor del libro de los Jueces, probablemente Samuel, resumió la condición espiritual en un refrán muy adecuado a la realidad espiritual que vivía Israel en aquel entonces, "En aquellos días no había rey en Israel y cada cual hacía lo que bien le parecía" (17:6).

Durante esa anarquía Dios levanta a un profeta —también sacerdote y juez— para gobernar al pueblo, aunque el Señor era quien reinaba sobre ellos. Samuel fue el último juez de Israel y su ejecutoria fue de gran estima ante Dios: *"Así los filisteos fueron sometidos y no volvieron más a invadir el territorio de Israel. La mano del SEÑOR estuvo contra los filisteos todo el tiempo de Samuel."* (1 Samuel 7:13). ¡Y no bastó! Israel tuvo la osadía de pedirle a Samuel que les nombrara un rey como tenían todas las naciones circunvecinas en abierto desafió a Dios como el Rey de Israel (8:1-21). Con esa petición Israel movió la administración de su gobierno de la casa Blanca en el cielo (el Trono del Señor) a la tierra, quedando en manos de reyes terrenales. ¡Un día triste en la historia de la nación israelita!

El sistema de gobierno real llegó a tener su época de oro con el rey David y su hijo Salomón y duró hasta la deportación de los israelitas a Babilonia por causa de la desobediencia a Dios y la decadencia espiritual, mayormente cayendo en la idolatría.

Jeremías más tarde escribió refiriéndose al abandono espiritual de Israel que dos males habían hecho como pueblo: abandonaron a Dios (la fuente de agua viva) y cavaron para sí cisternas rotas que no retienen agua (2:13).

Dios ordenó a Moisés que eligiera a su hermano Aarón como familia sacerdotal estableciendo que un descendiente de Aarón sería el único que podía ser nombrado sumo Sacerdote —quien era la autoridad espiritual encargada de la adoración a Dios en el Tabernáculo. *"Harás que se acerque a ti, de entre los hijos de Israel, tu hermano Aarón y sus hijos con él, para que Aarón y sus hijos Nadab, Abihú, Eleazar e Itamar me sirvan como sacerdotes."* (Éxodo 28:1; Números 3:3; 1 Crónicas 23:13; 2 Crónicas 13:10). Antes del comienzo del periodo de los reyes, Dios había advertido a los israelitas de las consecuencias cuando pidieran y eligieran a un rey —este tendría control total de ellos (Deuteronomio 17:14-29; 1 Samuel 8:9-18). El oficio de sumo Sacerdote quedó subordinado al rey en turno con el nombramiento de un rey en Israel. Y ya para los tiempos de la aparición de Jesucristo, tal oficio era uno de corte político-religioso y corrupto. ¡Una desgracia! El sacerdocio, el eje entre el pueblo y Dios, se suponía que funcionara como un departamento independiente reportando directamente a Dios.

Melquisedec: Sacerdote Celestial

Melquisedec es un personaje misterioso del cual encontramos escasa información en la Biblia. Solo tres libros lo mencionan: Génesis (14:17-20), Salmos (110:4) y Hebreos (4:14-5:10; 7:1-28). En el Génesis se dice que Melquisedec salió a recibir a Abram en el valle de Save o del Rey, cuando éste regresaba de derrotar al rey Quedorlaomar y sus acompañantes reyes. El valle del Rey estaba localizado al norte de Jerusalén y donde Absalón —que no tenía hijos— preocupado por la memoria de su propio nombre construyó una columna a la cual llamó "Columna de Absalón" (2 Samuel 18:18).

A Melquisedec se le conoce como rey de Salem —ciudad que más tarde se le llamó Jerusalén. Fue conquistada por David y llegó a ser la capital de su reino (Salmo 76:2). Melquisedec también era el sacerdote del Dios Altísimo o *El Elyon*. Sorprendentemente en ese encuentro con Abram, Melquisedec saca *pan y vino* y lo bendice; dos símbolos del Nuevo Pacto y de la celebración de la cena del Señor (1 Corintios 11:23-26).

El Salmo 110 —un salmo real y el más citado en el Nuevo Testamento— describe la entronización de un rey de la descendencia de David; sin lugar a duda refiriéndose a Jesucristo. Jehová le da el poder al rey para poner a sus enemigos por estrado de sus pies. Dios juzgará a todas las naciones y las destruirá con su poder. En sólo un versículo en este salmo se toca el sacerdocio de Jesucristo: *"El SEÑOR juró y no se retractará: "Tú eres sacerdote para siempre, según el orden de Melquisedec."* (v. 4). El único que puede cumplir con esa profecía es Jesucristo como veremos más adelante.

Jesucristo: Sacerdote Según el Orden de Melquisedec

El autor de la Epístola a los Hebreos, como ya se ha discutido, presenta argumentos a favor de la superioridad del Hijo __entre ellos dice que Jesús es superior a los ángeles (1:5-14), a Moisés (3:1-6) y su sacerdocio es superior al aarónico proveniente de la tribu de Leví (4:14-5:10; 7:1-28). En el Antiguo Testamento nos encontramos que en ocasiones al ofrecer un sacrificio a Dios no se obedeció el mandamiento con respecto al culto, a sacrificios y presentación de las ofrendas a Jehová. La descendencia de Aarón por decreto del Señor fue separada para ejercer el sacerdocio en el Tabernáculo y más tarde en el Templo, dice la Escritura: *"Pero en cuanto a nosotros, el SEÑOR es nuestro Dios, y no lo hemos abandonado. Los sacerdotes que sirven al SEÑOR son los hijos de Aarón, y los levitas están en la obra."* (2 Crónicas 13:10).

De ninguna otra tribu podían acercarse al santuario para servir como sacerdotes. El primer rey de Israel, Saúl, fue destituido de su cargo por haber ofrecido un sacrificio a Dios cuando se encontró en aprietos en un ataque militar de parte de los filisteos. Samuel lo confrontó y le hizo saber que a él no le correspondía realizar tal ofrecimiento a Dios. Lo exhortó diciéndole que *locamente había actuado* y que su reino terminaría y Jehová buscaría a otro hombre conforme a su corazón, refiriéndose a David (1 Samuel 13:6-14). Otro ejemplo fue Uzías, rey de Judá, quien entró al Templo e intentó ofrecer incienso en el altar de Jehová (2 Crónicas 26:16-21). El sacerdote Azarías le advirtió diciéndole, "*¡No te corresponde a ti, oh Uzías, quemar incienso al SEÑOR, sino a los sacerdotes hijos de Aarón, que han sido consagrados para ello! ¡Sal del santuario, porque has actuado mal! ¡Esto no te servirá de gloria delante del SEÑOR Dios!* (v. 18). Esas palabras cayeron en oídos sordos y cuando empezó a ofrecer el incienso Dios lo castigó con una lepra que le duró hasta su muerte.

Jesucristo no procedía de la tribu de Leví y por lo tanto no podía ser sacerdote en el Templo. El argumento en la Epístola a los Hebreos es que Jesucristo tiene un mejor sacerdocio que el sacerdocio aarónico. Las diferencias entre los dos sacerdocios presentados en la carta se detallan a continuación:

1) Jesucristo, el gran sumo Sacerdote, traspasó los cielos (4:14).

2) Cristo fue tentado en todo según nuestra semejanza y puede ayudarnos en nuestras debilidades (4:15-16; cf. 1 Corintios 10:13).

3) Todos los sumos sacerdotes en Israel fueron constituidos a favor de los hombres ante Dios presentando ofrendas y sacrificios por el pecado, por lo tanto, ellos tenían que ofrendar primero sacrificios por sus pecados y luego por los del pueblo (5:1-3).

4) Los sumos sacerdotes del orden de Aarón no se nombraban por sí mismo —fueron llamados por Dios (5:4).

5) Jesucristo no se glorificó a sí mismo en su sacerdocio, sino que Dios de antemano, lo anunció a través del salmista (5:5-6; Salmo 110:4).

6) Jesús para llegar a ser sumo Sacerdote e intervenir por nosotros ante Dios sufrió en la cruz ofreciendo súplicas con gran temor a Dios. Por sus sufrimientos aprendió la obediencia. Fue perfeccionado. Llegó a ser autor de nuestra salvación y declarado por Dios sumo Sacerdote según el orden de Melquisedec (5:7-10).

7) El autor de Hebreos describe a Melquisedec como:

    a) Sacerdote del Dios Altísimo. Rey de Salem (Jerusalén). Abraham se sujetó a él dándole los diezmos y demostrando así que Melquisedec era superior (7:1-2; cf. v. 4-11).

    b) Melquisedec significa "Rey de Justicia" y "Rey de Paz" (v. 2).

    c) Es un personaje misterioso pues de él no se conoce quién fue su padre o madre. Tampoco nada de sus antepasados; ni de su principio y fin de su vida (v. 3). Para el judío el conocer y saber de su linaje siempre fue y ha sido parte de su orgullo como raza. Así que, me atrevo a pensar que Melquisedec no fue israelita.

    d) Por lo tanto, Melquisedec es semejante al Hijo de Dios (v. 3b).

El autor de Hebreos cierra su discusión sobre Jesucristo como el sumo Sacerdote intercediendo a favor de los pecadores ante Dios argumentando que ya la ley, en cuanto al sacerdocio aarónico, no está vigente. Por lo tanto, tuvo que haber un cambio de Sacerdote, esto es, del aarónico al de Jesucristo. Uno de orden celestial, que se vistió con un cuerpo humano y fue Él mismo la ofrenda perfecta y agradable a Dios por el pecado. Jesucristo fue el candidato ideal: perfecto, eficiente, intercesor ante Dios por los pecadores. Y dice: *"Porque tal sumo sacerdote nos convenía: santo, inocente, puro, apartado de los pecadores y exaltado más allá de los cielos."* (7:26).

Príncipe o Gobernante de Israel

La última visión que el profeta Ezequiel recibe la encontramos en los capítulos 40 al 48 en su libro profético. Estos tratan del restablecimiento del culto una vez regresen los exiliados a Jerusalén y el Templo fuese restaurado. Ezequiel ofrece detalles de la reconstrucción del Templo (caps. 40-42). Nos dice que la gloria de Dios regresará, —la cual ya había abandonado la Casa de Dios (cap. 43; cf. 10:18-19). Nos habla del verdadero culto de Adoración (caps. 44-46) y la recuperación de la tierra perteneciente a Israel (caps. 47-48). En la visión, Dios lo lleva a la tierra de Israel; a un monte muy alto donde se encuentra con un hombre (40:2-3; cf. 44:2, 5). Desde allí Ezequiel recibe las instrucciones de lo que tiene que escribir sobre la reconstrucción del Templo y la restauración de la Adoración al Señor. La profecía enmarcada en la visión tiene como finalidad presentar la restauración del Templo, pero también encierra el futuro de la nación israelita a través de la historia. También ofrece detalles en forma chispeada sobre la aparición del Mesías como el *gobernante o príncipe*, el cual es mencionado en los capítulos finales del libro (34:22-24; 45:17, 22; 46:2-4, 8, 12-17; 48:21).

Este gobernante es identificado como pastor de las ovejas ("mi siervo David"), gobernante o príncipe, y rey sobre Israel para siempre. Un lenguaje muy simbólico y claro para identificar al Mesías (34:20-24; 37:24-25; cf. Daniel 9:25). Entre las actividades normales del gobernante en el Templo restaurado se dice que los sacrificios que ofrezca en el altar tiene que proveerlos él mismo, no así los sumo sacerdotes levíticos que recibían las victimas para sus sacrificios de los diezmos del pueblo israelita __quizás una referencia y profecía del sacrificio de Jesucristo por el pecado quien se ofreció a sí mismo (45:13-17; cf. Hebreos 10:10). Los sumo sacerdotes en el Antiguo Testamento tenían la suerte de seleccionar un becerro para sacrificarlo en lugar de ellos en la celebración del Dia de Expiación (Levítico 16:11).

Otro detalle que identifica al gobernante con Jesucristo es que su herencia la comparte con sus hijos (46:16-18). De la misma manera Pablo dice que somos coherederos con Jesucristo, *"El Espíritu mismo da testimonio a nuestro espíritu, de que somos hijos de Dios. Y si hijos, también herederos; herederos de Dios y coherederos con Cristo, si es que padecemos juntamente con él, para que juntamente con él seamos glorificados"* (Romanos 8:16-17). ¡Nadie comparte una herencia con extraños, sólo Jesucristo lo hace!

En la profecía de Ezequiel encontramos un detalle un tanto misterioso en la repartición de la tierra a todas las tribus de Israel muy distinto a la manera cuando Josué repartió el territorio de la tierra prometida (Canaán) después de conquistarla. En aquel entonces cada tribu recibió su porción asignada exceptuando a los levitas que estaban encargados de las operaciones del Tabernáculo y no se le asignó un territorio en particular. A ellos se le asignaron unas 48 ciudades de las cuales seis fueron ciudades de refugio (Números 35:6, 9-30; Josué 14:4; 21:1-43). En la visión de Ezequiel, además del territorio fijado a cada tribu, el gobernante también recibe un territorio y en medio de ese territorio está localizado el Santuario (45:7; 48:21-22).

En la Escritura, desde que se construyó el Templo, a ningún rey se le adjudicó el territorio del Templo. La profecía explícitamente dice: *"Para el gobernante será lo que quede de un lado y del otro de la porción consagrada y de la posesión de la ciudad, a lo largo de los doce mil quinientos metros hasta el extremo oriental, y delante de los doce mil quinientos hasta el extremo occidental de la tierra. <u>Lo que está junto a estas partes le corresponderá al gobernante. Será una porción consagrada y el santuario del templo estará en medio de ella</u>."*, énfasis mío (48:21). Esto es indicación de que el gobernante es un personaje de la talla de un Rey, y si tiene posesión y control del Santuario o Templo de Dios entonces es **Rey y sumo Sacerdote**, __¡solo Jesucristo posee esos dos títulos! La unificación del reino y el sacerdocio, un hecho posible por los méritos de Jesucristo.

La Puerta Oriental o Puerta Dorada

Esta puerta también llamada del Este (de la Misericordia o la Eternidad) está localizada en la parte oriental de la muralla alrededor de la ciudad antigua de Jerusalén que hasta el día de hoy permanece cerrada. Fue sellada por los musulmanes turcos en el año 1530 por la razón de que los turcos llegaron a conocer la creencia de los rabinos que por tal puerta entraría el Mesías cuando llegara a Jerusalén. En adición, Suleiman el Magnífico, ordenó que se construyera un cementerio enfrente de la puerta para que el Mesías no pudiera entrar por ella.

Durante la guerra de los Seis Días en el año 1967, los árabes trataron de abrir la puerta, pero al final de la guerra los judíos tuvieron éxito en ocupar la antigua ciudad de Jerusalén, cumpliéndose así lo profetizado por Ezequiel, *"Y me dijo Jehová: «Esta puerta estará cerrada; no se abrirá y no entrará nadie por ella, porque Jehová, Dios de Israel, entró por ella; estará, por tanto, cerrada."* (44:2). Se dice que fue a través de esta puerta que Jesús entró triunfantemente a la ciudad de Jerusalén montado en un pollino, señal de humildad y ya dispuesto a morir como el Cordero de Dios en la cruz (Mateo 21:1-11).

De acuerdo con la profecía de Ezequiel, por la puerta Dorada fue que salió la gloria de Jehová por causa del pecado de Israel (10:18-19; 11:23) y de acuerdo con la visión del profeta, sobre la adoración en el Templo, la gloria de Jehová regresa por la misma puerta (43:4).

Unificación del Reinado y Sacerdocio de Jesucristo

La intercesión de Jesucristo a favor de los pecadores arrepentidos y que le han entregado su vida es posible porque el Hijo está sentado a la derecha de su Padre, cercano a Él para ser nuestro abogado, *"Por esto también puede salvar por completo a los que por medio de él se acercan a Dios, puesto que vive para siempre para interceder por ellos.*" (Hebreos 7:25; 1 Juan 2:1-2). En el presente y hasta el final cuando la trompeta suene, Jesucristo tiene dos oficios los cuales los ejerce simultáneamente para garantizar el triunfo de su iglesia aquí en la tierra. Por su sacrificio y su resurrección subió a su Padre victorioso y dijo Pablo que hasta su regreso por segunda vez estará y no descansará de luchar hasta que ponga a sus enemigos por estrado de sus pies. Esto es, ejerce dos trabajos simultáneamente pues es sumo Sacerdote para interceder por la iglesia y es Rey, para enfrentar a las fuerzas malignas de oscuridad.

Como hemos analizado en los últimos ocho capítulos de Ezequiel hay un personaje, el gobernante, que se le ha concedido ser Rey (actúa como Dios) y sumo Sacerdote (tiene control de la adoración en el Templo). De acuerdo con el evangelista Juan la gloria de Dios y la de Cristo es la misma. No existen dos glorias divinas, "*Ahora pues, Padre, glorifícame tú en tu misma presencia con la **gloria** que yo tenía en tu presencia antes que existiera el mundo.*" (17:5, cf. v. 22, 24). La gloria de Dios entra por la puerta Dorada (43:4) porque ningún otro ser puede entrar por ella excepto el gobernante: "*Luego me hizo volver hacia la puerta exterior del santuario, la cual da al oriente, y estaba cerrada. Entonces el SEÑOR me dijo: "Esta puerta ha de permanecer cerrada. No será abierta ni nadie entrará por ella, porque el SEÑOR Dios de Israel ha entrado por ella. Por eso permanecerá cerrada. Pero el gobernante, **porque es gobernante**, se sentará allí para comer pan en la presencia del SEÑOR. Entrará por la vía del vestíbulo de la puerta y saldrá por la misma vía*"; énfasis mío (44:1-3).

Es claro que el gobernante es Rey. Nadie le sobrepasa pues está al nivel de Dios. El santuario o Templo se encuentra en el medio de su territorio asignado por Dios mismo, ni al sacerdote aarónico se le dio tal privilegio o autoridad (48:21-22). El hecho que en la visión se asocie al gobernante (un puesto político) con la descendencia de David __símbolo máximo del Mesías como Rey__ es indicación que Dios ya había planificado para con su Hijo el fusionar esos dos oficios, el del Rey y el del Sacerdote, que a través de la historia no cumplieron con los propósitos de Dios para llevar a Israel a ser una nación de reyes y sacerdotes. El cántico dedicado al Cordero de Dios, sacrificado y resucitado, dice: *"Ellos entonaban un cántico nuevo, diciendo: "¡Digno eres de tomar el libro y de abrir sus sellos! Porque tú fuiste inmolado y con tu sangre has redimido para Dios gente de toda raza, lengua, pueblo y nación. Tú los has constituido en un reino y sacerdotes para nuestro Dios, y reinarán sobre la tierra"."* (Apocalipsis 5:9-10).

Coronas de Oro y Plata (Zacarías 16:9-15). No hay duda de que los autores usados por Dios para entregarnos su Escritura fueron inspirados por la misma fuente, siendo esta su Espíritu Santo. Ezequiel en su última visión presenta al gobernante como el rey que toma control del Templo reconstruido y la adoración a Dios, combinando los dos oficios.

Como un aparte y súbitamente, el profeta Zacarías en la segunda parte del capítulo seis nos dice que Dios le manda a que haga coronas de plata y oro, y que coloque una en la cabeza del sumo Sacerdote Josué (v. 9-11). Estas dos coronas representan la realeza del Mesías a quien Dios lo designó como un sumo Sacerdote real del orden según Melquisedec quien fue Rey y sumo Sacerdote (Hebreos 6:20). Llama la atención que las otras coronas iban a ser llevadas al Templo de Jehová para que fueran un memorial a cuatro personas que habían regresado de Babilonia: Helem, Tobías, Jedaías y Hen. El significado de estos nombres hebreos describe el carácter del Mesías (v. 14):

1) Helem — sanar, soñar.
2) Tobías — la bondad de Dios.
3) Jedaías — Dios conoce.
4) Hen — favor.

La coronación del sumo Sacerdote Josué es simbólica ya que él no es descendiente de David y representa la entronización de Jesucristo como Rey y sumo Sacerdote (v. 11). La profecía dice: *"Y le hablarás diciendo que así ha dicho el SEÑOR de los Ejércitos:*

'¡He aquí el hombre cuyo nombre es el Retoño brotará de su lugar y edificará el templo del SEÑOR! Él edificará el templo del SEÑOR. Tendrá gloria, se sentará en su trono y gobernará. Habrá un sacerdote junto a su trono, y habrá consejo de paz entre ambos'." (v. 12-13). En esta visión hay dos mensajes. Uno, de primera instancia, la reconstrucción del Templo por los que regresaban del exilio; y segundo, hacia el futuro. La venida del Mesías a restaurar a Israel en su totalidad. Una nación libre. Un templo no material, esto es, el reino de los cielos, para cumplir la promesa hecha a Abraham de bendecir a todas las naciones.

Era inminente que se reconstruyera el Templo del Señor que al igual que la ciudad de Jerusalén estaba en ruinas para que la gloria de Dios regresara y permaneciera en él y que el pueblo de Israel volviera a obedecer y dejara la idolatría honrando a Dios como el único Dios. Un llamado que ya había hecho Zacarías al comienzo de su profecía: "*Pero diles que así ha dicho el SEÑOR de los Ejércitos: 'Vuélvanse a mí, ha dicho el SEÑOR de los Ejércitos, y yo me volveré a ustedes', ha dicho el SEÑOR de los Ejércitos.*" (1:3).

Con tonos mesiánicos el Señor anuncia que su Retoño, un título para el Mesías, será el que ayudará a edificar el Templo junto con el sumo Sacerdote Josué (3:8). En el capítulo cuatro, Zacarías recibió la visión del candelabro y los dos olivos. En ella él ve que un olivo está a la derecha y a la izquierda del candelabro: Josué y Zorobabel. Josué representa al sacerdocio y Zorobabel al príncipe de la dinastía davídica (4:1-3). Ambos como un solo hombre restaurarán la adoración a Dios, no con la fuerza y sabiduría humana, sino con el Espíritu de Dios (v. 6). Ese Templo restaurado (o segundo Templo) fue destruido por los romanos; así que es posible que Dios se esté refiriendo al establecimiento de su reino en la tierra como lo anunció Daniel: "*Y en los días de esos reyes, el Dios de los cielos levantará un reino que jamás será destruido ni será dejado a otro pueblo. Este desmenuzará y acabará con todos estos reinos, pero él permanecerá para siempre.*" (2:44).

El Retoño edificará el Templo. Se sentará en el Trono y tendrá gloria y dominio; y añade que el sacerdote se sienta al lado del Retoño (Zacarías 6:12-13). El simbolismo aquí apunta a la obra redentora de Jesucristo. La labor del sacerdote es interceder por el pueblo ante Dios y el rey domina y pone a los enemigos por estrado de sus pies (1 corintios 15:25). Ambas responsabilidades las tiene Jesucristo ahora mismo y hasta que regrese por segunda vez. *"En resumen, lo que venimos diciendo es esto: Tenemos tal sumo sacerdote que se sentó a la diestra del trono de la Majestad en los cielos, ministro del lugar santísimo y del verdadero tabernáculo que levantó el Señor y no el hombre."* (Hebreos 8:1-2; cf. 7:25; 10:12).

En su primera aparición Jesucristo se presentó como el Cordero de Dios. Llegó humildemente a Jerusalén montado en un pollino. En su crucifixión le pusieron una corona de espinas y se burlaron de Él. Resucitó. Se sentó en el Trono de Dios como sumo Sacerdote para interceder por nosotros y como Rey está venciendo a sus enemigos (1 Corintios 15:24-27). Cuando regrese por los suyos lo hará como un guerrero. Conquistador. Montado en un caballo blanco y con una corona de oro. En su vestimenta, tres nombres escritos: *Fiel y Verdadero, La Palabra de Dios,* y *Rey de reyes y Señor de señores* (Apocalipsis 14:14; 19:11, 13, 16). ¡Sus enemigos huyen de su presencia!

20

RESTAURACIÓN Y REUNIFICACIÓN DE ISRAEL

"Y así todo Israel será salvo, como está escrito: Vendrá de Sión el libertador; quitará de Jacob la impiedad."

(Romanos 11:26).

En la Biblia la doctrina de la elección se refiere a la disposición de Dios quien en su infinito amor y con propósitos para cumplir su voluntad o anticipados planes, selecciona y predestina a un ser celestial o terrenal. Dios escogió a su Siervo, Jesucristo, desde antes de la fundación del mundo (1 Pedro 1:20; Isaías 42:1). Hablando de la predestinación, Pablo dice que Dios primero *conoce* y luego *predestina* a sus hijos para que seamos conforme a la imagen de su Hijo. No se trata de predestinar a unos al cielo y a los demás al infierno sin tener la mínima oportunidad de ejercer el libre albedrío con el que Dios ha creado a cada ser humano. *"Sabemos que a los que antes <u>conoció</u>, también los <u>predestinó</u> para que <u>fuesen hechos conformes a la imagen de su Hijo</u> a fin de que él sea el primogénito entre muchos hermanos."*, énfasis mío (Romanos 8:29).

Israel es el único pueblo escogido por Dios. Su especial tesoro para dar a conocer a las demás naciones lo que Dios es: su naturaleza divina y amor para todos. Ninguna otra nación ha gozado de tal privilegio ni puede anunciar que el Señor es su dios. Jehová les dijo: *"Porque tú eres un pueblo santo para el SEÑOR tu Dios; el SEÑOR tu Dios te ha escogido para que le seas un pueblo especial, más que todos los pueblos que están sobre la faz de la tierra."* (Deuteronomio 7:6; Éxodo 19:5-6; Números 23:9). El profeta Amós escribió que a los únicos que Dios ha conocido de entre todas las familias de la tierra han sido a los israelitas (3:2). Pero Dios les aclaró que no fueron escogidos porque eran los más numerosos, los más poderosos o los más ricos; porque dice la Escritura que eran "los más insignificantes de todos los pueblos"; sino porque Dios los amó y cumplió el juramento hecho a sus padres, —a Abraham y a su descendencia (v. 7-8; 4:37).

La Palabra de Dios solo nos habla de otra institución a parte de Israel. Divina. Es el reino de los cielos o de Dios; integrada por los habitantes celestiales y todos aquellos que han sido salvos por la preciosa sangre derramada por el Cordero de Dios. Bien dijo el salmista, "*¡Bienaventurada la nación de la cual el SEÑOR es Dios, el pueblo al cual escogió como posesión suya!*" (Salmo 33:12).

Por lo general los países alcanzan su independencia en un proceso largo que en ocasiones se libran guerras de independencia que terminan en conversaciones de paz y la firma de tratados entre los invasores y los invadidos. Ya sea por la vía bélica o pacífica, es un largo proceso de sinsabores y de hasta pérdidas de vida humana. El profeta Isaías se preguntaba si era posible que una nación naciera en un instante o en un día (66:8), y no era pura conjetura. Dios, cumpliendo con la promesa hecha a Abraham, envió a Moisés para que los sacara de Egipto. No iba a negociar por mucho tiempo pues el faraón no tenía otras opciones, sino la de dejar ir a los israelitas para celebrar una fiesta en el desierto y luego emprender el camino a la tierra prometida (Éxodo 5:1). Y salieron de la esclavitud, del horno: *"Pero a ustedes el SEÑOR los ha tomado y los ha sacado del horno de hierro, de Egipto, para que sean pueblo de su heredad como en el día de hoy."* (Deuteronomio 4:20). Y en una noche, por decreto del Señor, nació Israel. Nació en un país extranjero para ellos, siendo esclavos y sin llegar a poseer un territorio. Sólo recibiendo la orden de que marcharan hacia su destino final, la tierra prometida a Abraham, Canaán (Éxodo 12:1; 14:15).

Otra vez hago hincapié, el plan de Dios con la nación de Israel fue que se desarrollaran como una nación diferente —de reyes y sacerdotes para que le sirvieran y lo adoraran— a diferencia de las naciones que adoraban a otros dioses de invención humana. La teocracia israelita tuvo su fin pues se rebelaron contra Jehová pidiéndole el nombramiento de un rey, Saúl, con el argumento de imitar el sistema de gobierno de las naciones vecinas. Con los reinados de David y de su hijo Salomón alcanzaron su época de oro: *"Judá e Israel, desde Dan hasta Beerseba, vivían seguros todos los días de Salomón, cada uno debajo de su vid y debajo de su higuera."* (1 Reyes 4:25). Pero como dice el dicho, "todo tiene su final" y la idolatría terminó con toda aquella paz y prosperidad. Como una voz que clama en el desierto, Dios a través del profeta Jeremías les pidió cuenta a los adoradores de ídolos: *"Pero, ¿dónde están tus dioses que te hiciste? ¡Que se levanten, si te han de librar en el tiempo de tu desgracia! Porque según el número de tus ciudades, oh Judá, han sido tus dioses."* (2:28). Y la idolatría como la adicción a la cocaína, arraigada y cimentada en sus corazones y no escuchando a ningún profeta; los arrastró hacia el destierro en Asiria y en Babilonia.

El Amor de Dios por Israel

Como ya se ha mencionado, Dios escogió a Israel porque los amaba incondicionalmente. No había en ellos algo significativo que hubiese sido atractivo para que Él los considerara superiores de entre las demás naciones. Pablo dijo que en cuanto a la elección, *son amados por causa de la promesa hecha a los padres* (Romanos 11:28). El verdadero amor funciona en ambas direcciones —cuando amamos y cuando somos amados. Quizás lo más decepcionante es cuando estamos seguros de que amamos, pero sentimos que ese amor no es recíproco. Dios estuvo en esa situación con el pueblo de Israel y les decía, "Yo los he amado", pero ellos respondían '¿En qué nos has amado?' (Malaquías 1:2). ¡Ingratos!

Promesa de Dios: Defenderlos de los Enemigos. Cuando Dios llamó a Abraham y le prometió una descendencia eterna de donde vendría el Mesías, también incluyó defender a la descendencia israelita de todos los ataques de parte de sus enemigos. Le dijo Dios, "Bendeciré a los que te bendigan, y a los que te maldigan maldeciré" (Génesis 12:3). En toda la historia de Israel pareciera que la paz no perdurara y que no llega a ellos, aunque Dios les prometió que a sus enemigos los castigaría. Los judíos han sido perseguidos por naciones y grupos religiosos con la intención de exterminarlos, pero Dios en su momento apropiado ha intervenido y vencido a sus oponentes.

Dijo el profeta Joel: *"reuniré a todas las naciones y las haré descender al valle de Josafat. Allí entraré en juicio contra ellas a causa de mi pueblo, de Israel mi heredad, al cual esparcieron entre las naciones, y luego se repartieron mi tierra."* (3:2). El profeta Isaías usa el símbolo de un monstruo marino de origen mitológico, el Leviatán, para señalar las tres grandes naciones (principalmente a Asiria, a Babilonia y a Egipto) que oprimieron a Israel las cuales enfrentaron la espada grande, dura y fuerte de Jehová. A los que se opongan a Israel los pisoteará y los quemará a todos juntos (27:1, 3, 4). En cambio, Dios mantiene firme su cuidado y amor por su viña —Israel, la restaurará regándola de noche y de día para que nadie la dañe (v. 2). Isaías también predice un buen futuro para la viña de Dios que en los tiempos venideros echará raíces, florecerá y brotará renuevos (v. 6).

Un Amor Sincero para Israel y la Humanidad. Juan dijo que de tal manera amó Dios al mundo, dando a su Hijo como ofrenda por el pecado (3:16). Israel trajo a Jesucristo según la carne, la simiente de Abraham. Dios juró amor eterno a Israel a través de Salomón: *"¡Bendito sea el SEÑOR tu Dios, que se agradó de ti para ponerte en el trono de Israel! Por causa del eterno amor que el SEÑOR tiene por Israel, te ha constituido rey, a fin de que practiques el derecho y la justicia*" (1 Reyes 10:9; Oseas 11:1). Aun el nombre de Salomón, Jedidías, es una promesa del amor de Dios por Israel, pues significa amado del Señor (2 Samuel 12:25). El Señor permanece fiel a su pueblo a pesar de que Israel no cumplió con el pacto hecho con Dios en Sinaí y se pervirtió adorando a otros dioses, "*Pero ahora, así ha dicho el SEÑOR, el que te creó, oh Jacob; el que te formó, oh Israel: "No temas, porque yo te he redimido. Te he llamado por tu nombre; tú eres mío. Cuando pases por las aguas, yo estaré contigo; y cuando pases por los ríos, no te inundarán. Cuando andes por el fuego, no te quemarás ni la llama te abrasará."* (Isaías 43:1-2).

Regreso del Cautiverio

El pueblo de Israel nunca alcanzó un nivel espiritual agradable a Dios aun después de la división de Israel en dos reinos. Tan degradante era su condición espiritual que Dios a través del profeta Ezequiel se dirige a ellos llamándolos, *prostituta* (16:30-43). Lo que hacían era vergonzoso; menospreciándose y cayendo en lo más bajo. Era muy degradante y Dios en forma de burla les reclama: "*A todas las prostitutas les dan obsequios; en cambio, tú diste regalos a todos tus amantes y los sobornaste para que vinieran a ti de todas partes para tus prostituciones.*" (v. 33). Al reino del Norte, Dios lo llevó en cautividad a Asiria y al reino del Sur, a Babilonia donde habitaron por setenta años, —los pobres y menos afortunados permanecieron en Jerusalén (2 Reyes 17:1-23; 18:9-12; 2 Crónicas 36:17-21; 2 Reyes 25:12).

Regreso del Cautiverio. El mensaje de los profetas mayores y menores se divide en profecías que presagiaron el regreso de la cautividad, la reconstrucción del Templo y la restauración de los israelitas (Judá e Israel) en los últimos tiempos antes de la segunda venida de Jesucristo.

Ezequiel profetizó en medio de los cautivos en Babilonia. Su mensaje se concentra mayormente en la restauración del Templo en la ciudad de Jerusalén y el regreso de los cautivos a su tierra natal. La reconstrucción del Templo fue por decreto de Ciro, rey de Persia, a quien ya Dios había movido para que así se hiciera (2 Crónicas 36:22-23; Isaías 45:1-7; Esdras 1:1-11).

Una profecía muy espeluznante es la visión que recibió Ezequiel sobre el valle de los huesos secos (capítulo 37). Ya en el capítulo 33, los cautivos reconocieron que las rebeliones y pecados fueron la causa de haber sido deportados y se preguntaban: *¿Cómo, pues, viviremos?*; ¡Estamos totalmente destruidos! (v. 10-11). Los desterrados en Babilonia, de acuerdo con la visión, eran un montón de huesos (37:11). El mensaje profético del Señor fue que reviviría a esos huesos haciendo que el espíritu, los tendones, la carne y la piel regresasen a ellos —y así sucedió. Dios mismo restauró a Israel. Volviendo el espíritu en ellos regresaron a su territorio y el Templo fue reconstruido (37:4-6).

Reunión de Judá e Israel

El cautiverio y el destierro de Judá e Israel dejó a la tierra desolada y habitada por extranjeros y por los pobres que permanecieron. Los desterrados fueron exiliados a muchas naciones. El autor del libro de los Hechos de los apóstoles, Lucas, relatando lo sucedido en el día de Pentecostés dice que en la audiencia en Jerusalén reunidos para la celebración de dicha fiesta, estaban presentes, *"Partos, medos, elamitas; habitantes de Mesopotamia, de Judea y de Capadocia, del Ponto y de Asia, de Frigia y de Panfilia, de Egipto y de las regiones de Libia más allá de Cirene; forasteros romanos, tanto judíos como prosélitos; cretenses y árabes"* (2:9-10).

En el Nuevo Testamento encontramos representación de las doce tribus de Israel de forma dispersada en el territorio de Israel y en muchas naciones como se puede testificar de la localización de los judíos o israelitas por todo el mundo habitable hasta nuestros días. Jesucristo habló del juicio a las doce tribus de Israel (Mateo 19:18). Pablo dice que la promesa de salvación alcanzará a las doce tribus (Hechos 26:7). Él mismo dice que es de la tribu de Benjamín (Filipenses 3:5), Ana la profetisa era de la tribu de Aser (Lucas 2:36), Jesucristo era de la tribu de Judá (Hebreos 7:14), los sacerdotes eran de la tribu de Leví (Hebreos 7:5) y Santiago dirige la salutación en su carta a *las doce tribus que están en la dispersión* (1:1).

Israel y Judá, Juntos Como un Solo Pueblo. Isaías profetizando sobre la venida del Mesías, hace un paréntesis y súbitamente intercala un acontecimiento del futuro de Israel como una nación formada nuevamente: *"Asimismo, acontecerá en aquel día que el SEÑOR volverá a poner su mano para recobrar el remanente que habrá quedado de su pueblo, desde Asiria, Egipto, Patros, Etiopía, Elam, Sinar, Hamat y las costas del mar."* (11:11). Ezequiel, que predijo la resurrección de Israel con la visión de los huesos secos, también auguró que el reino de Israel dividido en dos (en el futuro) sería reunido como un solo pueblo. Él escribió: *"Y les dirás que así ha dicho el SEÑOR Dios: 'He aquí, yo tomaré a los hijos de Israel de entre las naciones a las cuales fueron; los reuniré de todas partes y los traeré a su propia tierra. Haré de ellos una sola nación en la tierra, en los montes de Israel, y todos ellos tendrán un solo rey. Nunca más serán dos naciones ni nunca más estarán divididos en dos reinos."* (37:21-22; 34:12-13).

Esta profecía tuvo su cumplimiento en el año 1948 y llegará a su culminación cuando se cumpla lo dicho por Pablo que todo Israel será salvo (Romanos 11:26). El 14 de mayo de 1948, David Ben Gurión, quien más tarde llegó a ser el primer ministro de Israel, proclamó el establecimiento del nuevo estado de Israel desde que dejó de existir como nación soberana, alrededor de 2,000 años antes. Se considera que este hecho fue un verdadero milagro y, aún en la actualidad, la sobrevivencia de la nación israelita depende de la protección de Dios pues Israel sigue rodeado de naciones que quieren su destrucción.

Glorioso Futuro de Israel

Los israelitas han sido un pueblo que su historia se nutre de sus sufrimientos. Su nacimiento como nación fue en medio de la esclavitud. Su travesía por el desierto desde Egipto hasta la tierra prometida duró unos cuarenta años de sinsabores, persecución y guerras con enemigos que querían exterminarlos. Después de haber disfrutado de una época de paz y prosperidad bajo el gobierno de Salomón se entregaron a la idolatría y abandonaron la mano que los protegía y los alimentaba. Les esperaba el cautiverio por unos setenta años sin libertad y regresaron a una Jerusalén en ruinas. Los imperios griego y romano se cargaron de añadir dolor a la herida. Antíoco IV Epífanes rey de Siria de la dinastía Seléucida se propuso en profanar el Templo y la adoración a Dios, y los romanos en el año 70 d.C. se encargaron de destruirlo físicamente, quedando (el Templo) en ruinas. Israel nuevamente tuvo que dispersarse por el mundo sufriendo y siendo atropellado hasta que apareció el feroz Adolfo Hitler que tuvo como meta exterminarlos, pero ¡no lo logró!

Aun su lenguaje, el hebreo, desapareció —obligándolos a aceptar otras lenguas. El hebreo fue su idioma oficial hasta la destrucción de Jerusalén por los babilonios (en el año 587 a.C.). Los judíos hablaron el arameo por un periodo muy largo, desde el s. VI a.C. hasta la edad media. El hebreo sobrevivió a través de los textos sagrados, aunque se publicó la versión del Antiguo Testamento en griego (la Septuaginta), esta no reemplazó la versión en hebreo. Los judíos de la diáspora en Europa se comunicaban en el "Yiddish", un dialecto del alemán con palabras hebreas y eslávicas. Dialecto que todavía lo siguen usando aún en ciudades como Nueva York.

Al lexicógrafo israelita, Eliezer Ben Judá, se le reconoce como el que restauró el idioma hebreo en Israel en el s. XIX. Él se mudó a Israel en el año 1881 y comenzó la tarea de restaurar el hebreo como la lengua oficial de Israel. Algunos comentaristas judíos piensan que la restauración del idioma hebreo es el cumplimiento de lo que escribió el profeta Sofonías, *"Entonces daré a los pueblos un lenguaje puro para que todos invoquen el nombre del SEÑOR y le sirvan de común acuerdo."* (3:9).

El Tabernáculo Caído. El profeta Amós anunció que Dios hará que Israel vuelva a ser una nación como al principio, *"En aquel día levantaré la cabaña caída de David y cerraré sus brechas. Reconstruiré sus ruinas y lo edificaré como en el tiempo pasado"* (9:11). Profecía que fue citada por los apóstoles para demostrar que la predicación del evangelio a los gentiles es parte del plan de salvación a todo el mundo y no solamente a los israelitas (Hechos 15:16-18).

La restauración de Israel como nación política comenzó en el año 1948 y continuará hasta la segunda venida de Jesucristo. Aunque en la actualidad dicha nación sigue rodeada de enemigos que desean su destrucción; aun así, el futuro de los judíos luce brillante y glorioso. Dios jamás permitirá que las naciones los destruyan del todo. Isaías dice que Dios reunirá a todos los dispersos de Israel y añade que se *levante y resplandezca porque la luz ha venido* (56:8; 60:1). Israel habita y habitará seguro hasta que se cumpla todo lo dicho por los profetas. Ninguna nación o imperio por más poderoso que sea, va a impedir que se cumplan los planes que Dios tiene para la nación israelita y su iglesia. Ezequiel describiendo a Israel como las ovejas del Señor dijo: *"Las sacaré de los pueblos, las reuniré de los países y las traeré a su propia tierra. Las apacentaré en los montes de Israel, en las quebradas y en todos los lugares habitados del país."* (34:13).

Israel seguirá siendo la porción de Jehová. No les quitará su vista y los guardará —como dijo Moisés en su cántico, *"Lo halló en tierra desértica, en medio de la soledad rugiente del desierto. Lo rodeó, lo cuidó, lo guardó como a la **niña** de sus ojos"* (Deuteronomio 32:10). Aunque encontramos pasajes en el Antiguo Testamento sobre el castigo de Dios a su pueblo, y otros que hablan de la rebeldía y de su desobediencia, sin embargo, Dios tiene cosas buenas reservadas para los judíos como lo escribió Jeremías, *"Porque yo sé los planes que tengo acerca de ustedes, dice el SEÑOR, planes de bienestar y no de mal, para darles porvenir y esperanza."* (29:11).

Restauración y Salvación de Israel

Rebeliones, desobediencia, y todo pecado (tanto de judíos como de gentiles) cometidos bajo el Antiguo y Nuevo Testamento, fueron perdonados por la sangre derramada por Jesucristo, *"Por esta razón, también es mediador del nuevo pacto, para que los que han sido llamados reciban la promesa de la herencia eterna, ya que intervino muerte para redimirlos de las transgresiones bajo el primer pacto."* (Hebreos 9:15). La salvación y prosperidad de los israelitas y también de los gentiles es posible por la creación de un nuevo corazón, como lo dijo David después de haber cometido adulterio con Betsabé. "¡Crea en mí, oh Dios, un corazón limpio!" (Salmo 51:10a).

El profeta Ezequiel habló sobre la situación de rebelión de Israel. La solución o salvación es un corazón nuevo, lo que hace el evangelio de Jesucristo —una nueva creación: *"Yo, pues, los tomaré de las naciones y los reuniré de todos los países, y los traeré a su propia tierra. Entonces esparciré sobre ustedes agua pura y serán purificados de todas sus impurezas. Los purificaré de todos sus ídolos. Les daré un corazón nuevo y pondré un espíritu nuevo dentro de ustedes. Quitaré de su carne el corazón de piedra y les daré un corazón de carne."* (36:24-26).

El evangelio, es decir, la muerte y resurrección de Jesucristo es la única esperanza que tiene todo ser humano incluyendo a los judíos para vencer la muerte y entrar en la eternidad pues este mundo es pasajero y está lleno de injusticia.

El pueblo judío en su mayoría resistió a Jesucristo en su primera venida y entró en un estado de incredulidad no aceptando el evangelio; pero, no todos los judíos lo han rechazado y prueba de ello es que en el día de Pentecostés cuando se inauguró el reino de Dios en la tierra, unos 3,000 israelitas aceptaron el mensaje del evangelio bautizándose en el nombre de Jesucristo. Ya para cuando el apóstol Pablo ejercía a todo vapor su ministerio a los gentiles había mermado la aceptación del evangelio por parte de los judíos. Pablo se preocupó por el poco recibimiento del mensaje de Cristo por parte de los judíos (sus compatriotas) y dedicó en su Epístola a los Romanos tres capítulos, del 9 hasta el 11, donde analiza las razones del por qué los israelitas han caído en la incredulidad con respecto al mensaje del evangelio.

Elección, Incredulidad, Justicia y Salvación de Israel. Aunque Israel fue escogido por Dios, la salvación de ellos no es automática, tienen que entrar al reino obedeciendo el plan de salvación por medio de Jesucristo teniendo fe en Él al igual que los gentiles. Pablo comienza su análisis con un pesar y tristeza al ver que los gentiles tienen fe en el Hijo de Dios y sus compatriotas siguen la Ley, pero rechazan el evangelio.

Israel Distanciado del Reino de Dios —Un Examen de la Carta a los Romanos, Capítulos Nueve al Once:

➤ (9:1-5) — Pablo expresa su tristeza y el dolor en su corazón a tal punto que él mismo desea ser un anatema (o maldito) por amor a los de su carne. Para él, es de lamentar que siendo Israel una nación escogida por Dios a quienes se les ha dado la adopción, la gloria, que recibieron la Ley, el privilegio de adorar a Dios, que recibieron las promesas de los patriarcas y de donde vino Jesucristo según la carne; en su mayoría, hayan rechazado al Salvador.

➤ (9:6-13) — El apóstol hace la salvedad que la Palabra de Dios no ha fallado. El hecho de que alguien se llame israelita o descendiente de Abraham, no le constituye automáticamente en hijo de Dios. El Señor escogió a Israel por amor cuando dijo, "En Isaac te será llamada des-

Las Pisadas de Cristo en el Antiguo Testamento Parte III

cendencia" (v. 7). Isaac tuvo dos hijos, Jacob (Israel) y Esaú, siendo Israel el seleccionado. Escoger a Jacob sobre Esaú fue un plan divino, no del hombre, pues el nacimiento de Isaac fue un milagro ya que Sara, esposa de Abraham, tenía noventa años cuando lo concibió.

➢ (9:14-26) — Pablo entra en discusión de un concepto incomprensible a la mente humana: la elección (o escoger de antemano a alguna persona o nación) para llevar a cabo sus propósitos. Pero Dios lo hace con misericordia y amor. No lo lleva a votación consultando con sus ángeles. Cuando Dios decide que su pueblo regrese del cautiverio como castigo por su rebelión les dice a través del profeta Ezequiel: *"Por tanto, di a la casa de Israel que así ha dicho el SEÑOR Dios: 'Yo no lo hago por ustedes, oh casa de Israel, sino por causa de mi santo nombre, al cual han profanado en las naciones adonde han llegado."* (Ezequiel 36:22). Dios puede, unilateralmente, llamar a un judío o a un gentil con el propósito de engrandecer su Nombre, y darse a conocer al mundo como el único Dios. Él no tiene que recibir consejo de nadie en cuanto a sus planes y su voluntad. Como dijo Job, ¿Quién le dirá: "¿Qué haces?"?

➢ (9:27-29 — En cuanto a la salvación eterna Dios no hace acepción de personas ni tampoco ofrece privilegios. A Israel también aplica lo que ya el autor de la carta había expresado que "No hay justo, ni aun uno", por lo tanto, Pablo dice que solo un remanente de Israel será salvo y esto concuerda con lo que escribió Isaías (10:22). Pablo afirma que Dios *ejecutará su sentencia sobre la tierra con justicia y prontitud,* indicando que Dios no prefiere a unos y condena a otros.

➢ (9:30-10:1) — *La Gran Diferencia delante de Dios.* La fe es la moneda usada en el reino de Dios. Toda transacción con el Señor está ligada a la fe. Si nos acercamos a Dios y no hay fe, como dice Pablo, tropezaremos en la piedra de tropiezo: el Hijo de Dios. Pablo, apóstol designado directamente por Jesucristo a los gentiles, explica que la razón por la cual los gentiles han alcanzado la salvación es porque caminan por fe. En cambio, los israelitas, de los cuales dice que "tienen celo por Dios, pero no conforme a ciencia", iban tras la Ley no por fe, sino dependiendo de las obras de ella.

➢ (10:2-13) — *Diferencia entre la Justicia de Dios y la de la Ley*. La justicia de Dios es aplicada a toda persona que se acerca a Él por fe mediante Jesucristo quien es *justicia nuestra*. Es decir, somos declarados justos por lo que Jesús hizo y logró muriendo en la cruz y resucitando —*no por nuestros méritos*. Pablo señala el grandísimo error que estaban haciendo los israelitas: estableciendo su *propia justicia* y *rechazando* la de Dios. La diferencia es mucha. La justicia por la Ley es lo que el hombre pueda hacer para agradar a Dios. En cambio, la justicia de Dios es lo que Él ya ha hecho por nosotros a través de Jesucristo en la cruz; el evangelio de salvación que cuando lo obedecemos Dios nos declara justos o justificados. Pablo cita a Isaías el cual dijo que la persona que acepta y confía en la piedra angular y preciosa, Jesucristo —no será defraudado— independientemente de si es judío o gentil (28:16).

➢ (10:14-21) — El apóstol hace hincapié en la predicación del evangelio a los judíos, aunque no todos han creído en el anuncio que se les ha hecho. Dice que, "*la fe es por el oír, y el oír por la palabra de Dios*" (v. 10:17). Pablo ante la realidad de que su ministerio como portador del evangelio hubiese tenido más éxito entre los gentiles que en los judíos; hace eco de lo que profetizó Isaías, "*Yo me dejé buscar por los que no preguntaban por mí; me dejé hallar por los que no me buscaban. A una nación que no invocaba mi nombre dije: '¡Aquí estoy; aquí estoy!'. Todo el día extendí mis manos a un pueblo rebelde que anda por un camino que no es bueno, tras sus propios pensamientos.*" (65:1-2). "Porque mis pensamientos no son vuestros pensamientos", dijo el Señor a través de Isaías (55:8a).

➢ (11:1-10) — Pablo reitera que Dios no ha abandonado a Israel del todo e insiste en que un remanente será salvo por gracia y no por obras; y como evidencia de ello cita la experiencia de Elías en los días en que el pueblo estaba sumido en la idolatría sirviendo a los dioses baales, *"He sentido un vivo celo por el SEÑOR Dios de los Ejércitos, porque los hijos de Israel han abandonado tu pacto, han derribado tus altares y han matado a espada a tus profetas. Yo solo he quedado, y me buscan para quitarme la vida."* (1 Reyes 19:10). Y la divina respuesta fue, *"Pero yo he hecho que queden en Israel siete mil, todas las rodillas que no se han doblado ante Baal y todas las bocas que no lo han besado."* (v. 18).

➢ (11:11-24) — *La Salvación de los Gentiles*. El apóstol se pregunta si los israelitas han tropezado en la piedra angular para siempre, y da a conocer un misterio que ya Moisés había tocado —provocar a celos al pueblo de Israel con un pueblo que no es conocido, esto es, a los gentiles (Deuteronomio 32:21; Romanos 10:19; 11:11). Por la transgresión de Israel vino la salvación a los gentiles a quienes advierte que se mantengan firmes en la fe y no caigan en desobediencia como sucedió con los judíos.

➢ (11:25-32) — Israel será salvo después que haya entrado la plenitud de los gentiles, pues al igual que los gentiles, el rechazo al evangelio ha sido en parte; no todos los gentiles han aceptado el evangelio.

Dios no ha rechazado a su pueblo. Israel está en un proceso de restauración nacional y espiritual. Han regresado a su tierra (1948) y muchos judíos en la actualidad están creyendo en el evangelio. El Señor sujetó a todos, judíos y gentiles, a desobediencia para tener misericordia y perdonarlos a todos, pues está escrito, *"que Dios estaba en Cristo reconciliando al mundo consigo mismo, no tomándoles en cuenta sus transgresiones y encomendándonos a nosotros la palabra de la reconciliación."* (2 Corintios 5:19).

21

JERUSALÉN: CIUDAD ETERNA

"Me llevó en el Espíritu sobre un monte grande y alto, y me mostró la santa ciudad de Jerusalén, que descendía del cielo de parte de Dios." (Apocalipsis 21:10).

En la actualidad Jerusalén está catalogada como la décima ciudad más antigua y continuamente habitada. Sus habitantes son principalmente judíos y musulmanes con unos porcientos bajos de otros grupos. En cuanto a su composición religiosa los judíos representan un 74.7%, los musulmanes un 17.7% y los cristianos un 2.0%, otras religiones, aproximadamente un 5.6%. Después de la guerra del 1948, la ciudad quedó dividida en la Jerusalén occidental, habitada mayormente por judíos; y la oriental, habitada por palestinos musulmanes y cristianos.

A lo largo de su historia Jerusalén ha sido conquistada, atacada, destruida, asolada y reconstruida desde su aparición en el libro del Génesis. Es la eterna ciudad que se levanta de las ruinas a esperar su próximo conquistador, pues el Señor la ha usado una y otra vez como escenario para mostrar su voluntad y planes para la salvación del mundo hasta que envíe de nuevo a su Hijo, el Rey de reyes.

Historia Bíblica de Jerusalén

Origen de Jerusalén. Es la ciudad elegida por Dios como expresión de amor hacia su siervo David, *"Pero él tendrá una tribu por amor a mi siervo David y por amor a Jerusalén, la ciudad que yo he elegido de entre todas las tribus de Israel."* (1 Reyes 11:32; Salmo 48:2; Mateo 5:35). En el libro de Génesis capítulo 14 se menciona por primera vez con el nombre de Salem, cuando Abraham regresaba de derrotar a Quedorlaomer y a los reyes que estaban con él — saliendo el rey de Sodoma a recibirlo en el valle del Rey. Entonces el rey de *Salem* y sacerdote, Melquisedec, salió a recibir a Abraham bendiciéndole con pan y vino (v. 17-20). El salmista alaba a Dios por la victoria y el juicio, dice que Dios es conocido en Judá y que en Israel Su Nombre es grande, añadiendo que *en Salem está su Tabernáculo y su habitación en Sión* o Jerusalén (76:1-2).

Otros Nombres para Jerusalén en la Biblia. En adición a Salem, Jerusalén se conoce con otros nombres que describen la naturaleza de su relación con el Señor y sus propósitos en el desarrollo de Israel como nación que produjo al Mesías según la carne:

> ➢ Jebús — Era el nombre de una ciudad cananea cuyos habitantes se llamaban jebuseos y que en Josué 15:8 y Jueces 19:10, se da a conocer con el nombre de Jerusalén. *"Entonces David, con todo Israel, fue a Jerusalén, la cual es Jebús, donde estaban los jebuseos, habitantes de aquella tierra."* (1 Crónicas 11:4).

> ➢ Sión[1] — Se le dio el nombre *Sión* a la fortaleza que el rey David conquistó de los Jebuseos, sus habitantes, los cuales se habían burlado de él diciéndole que, si entraba a Jerusalén, "aun los cojos y los ciegos le echarían" (2 Samuel 5:6-8). En los salmos y la profecía de Isaías, Sión y Jerusalén son sinónimos, representando el encuentro del Señor con su pueblo. En el salmo 48, Sión se describe

como toda la ciudad de Jerusalén (v. 12-14).

➢ Ciudad de David — Fue el nombre dado por David a la fortaleza de Sión después de haberla conquistado donde se instaló para administrar los negocios del reino. Esta fortaleza llegó a ser un lugar independiente para gobernar desde allí a Judá e Israel (2 Samuel 5:7-9).

➢ Monte Moriah — Fue el lugar donde el rey Salomón edificó el Templo dedicado a Jehová y también a donde Abraham fue dirigido por Dios para que sacrificara a su hijo, Isaac (1 Crónicas 3:1; Génesis 22:2). Cuando Dios vio que Abraham estaba decidido a sacrificar a Isaac levantando el cuchillo, el ángel de Jehová lo detiene y el Señor le provee de un carnero para que lo sacrifique en lugar de Isaac; enseguida Dios nombra el lugar llamándole "Jehová proveerá" (v. 14). El salmista dijo que Dios de entre todo Israel escogió a la tribu de Judá como preferida, esto es a Sión, y añade que, "*Allí edificó su santuario como las alturas; como la tierra a la cual cimentó para siempre.*" (78:69; cf. v. 67-72).

➢ Ariel — Isaías es el único autor de la Biblia que usa en su profecía el nombre *Ariel*, que significa *León de Dios*, refiriéndose a Jerusalén frente a sus enemigos. El profeta dice que Dios pondrá en aprietos y tristeza a Ariel o Jerusalén, para que se convierta en un ariel o león de Dios porque al final los enemigos de Jerusalén serán vencidos (29:1-8).

Localización de Jerusalén. En los tiempos de Josué cuando se repartieron ciudades a la tribu de Judá, Jerusalén quedó en control de los Jebuseos porque los hijos de Judá no pudieron conquistarla ni echar fuera a sus habitantes (Josué 15:63; Jueces 1:21). En los mapas bíblicos se observa que Jerusalén es parte del territorio de la tribu de Benjamín, lo cual es cierto de acuerdo con la repartición de la tierra a Benjamín (Josué 18:28). Sin embargo, en Josué 15:8, Jerusalén es parte de las ciudades asignadas a la tribu de Judá. Las tribus de Benjamín y Judá llegaron a fusionarse formando el reino del Sur, siendo Jerusalén su capital (1 Reyes 11:29-36).

Destrucción del Templo en Jerusalén. El Templo construido por Salomón formalizó la adoración a Dios siendo el centro espiritual de la relación entre Israel y Dios. Dice la Escritura que después de haberlo dedicado con un excelente discurso, la gloria del Señor llenó toda la Casa: *"Cuando Salomón terminó de orar, descendió fuego del cielo y consumió el holocausto y los sacrificios,*

y la gloria del SEÑOR llenó el templo. Los sacerdotes no pudieron entrar en la casa del SEÑOR, porque la gloria del SEÑOR había llenado la casa del SEÑOR." (2 Crónicas 7:1-2). Lamentablemente el Templo fue destruido por los babilonios en el año 586 a.C. y, después de setenta años, reconstruido por mandato del rey persa, Ciro.

El exilio en Babilonia por unos setenta años fue el castigo y el pago de los sábados que los judíos no guardaron ni dejaron que la tierra descansara y disfrutara: *"para que se cumpliera la palabra del SEÑOR por boca de Jeremías, hasta que la tierra hubiera disfrutado de su reposo. Todo el tiempo de su desolación reposó, hasta que se cumplieron los setenta años."* (2 Crónicas 36:21; cf. Jeremías 25:11-12).

En el año 169 a.C., Antíoco IV Epífanes, rey de Siria, saqueó la ciudad, destruyó sus muros y cometió el peor de los insultos a los judíos profanando el Templo y la adoración a Dios sacrificando un cerdo en el altar de los sacrificios al dios Zeus. En el año 70 d.C. y por segunda vez en la misma fecha, el día 9 de Av (o agosto en nuestro calendario) el Templo fue demolido y quemado, esta vez, por los romanos.

Jerusalén: Reflejo de la Naturaleza de Dios

Jerusalén es una ciudad muy particular. Su comienzo es diferente a las ciudades actuales y es ciudad escogida como un laboratorio de Dios. Esta ciudad tiene un origen amistoso pues fue fundada por amor de Dios a su siervo David. Su propósito no fue para competir comercialmente con otras ciudades como la rivalidad entre las ciudades existentes hoy en día. Las metrópolis muy ricas y de mucho poder global compiten por ser la más alta en tecnología, finanzas, educación o poder político. Jerusalén ha sido un crisol. El ejército de la tribu de Judá no tuvo mucho éxito en su conquista y sus ciudadanos (los jebuseos) resistieron y permanecieron parte de ella aun después que David la conquistó y la hizo finalmente la capital del reino.

Imperios la han invadido, quemado y destruido —y ha renacido. En la actualidad judíos y musulmanes se la disputan como su capital religiosa, lo cual es como una muralla en cualquier intento de conversaciones de paz entre palestinos y judíos.

Los nombres espirituales dados a Jerusalén en la Escritura reflejan el carácter y la naturaleza del Señor:

> ➢ Ciudad de la Verdad — El profeta Zacarías dice que Jerusalén será restaurada, y Dios habitará en medio de ella y que Dios le pondrá como nombre, Ciudad de la Verdad (8:3). La razón por la cual una ciudad puede tener tal distintivo es porque Dios habita en ella. Israel cayó en una debacle espiritual porque despidieron a Dios como Rey sobre ellos, —porque su deseo fue tener un rey terrenal como las otras naciones. No quisieron ser santos (o distintos) sino terrenales, seculares y libres de la autoridad divina, *"Por mucho tiempo estuvo Israel sin el Dios **verdadero**, sin sacerdote que les enseñara, y sin ley."* (2 Crónicas 15:3). Juan dijo que, conociendo a Jesús, así conocemos al Padre y Dios verdadero, *"Y esta es la vida eterna: que te conozcan a ti, el único Dios **verdadero**, y a Jesucristo a quien tú has enviado"* (Juan 17:3; 1 Juan 5:20).

> ➢ Monte de Jehová — También dijo Zacarías que Dios llamará a Jerusalén, el monte de Jehová (8:3). El Señor es el Dios de montes, queriendo decir que Él está buscando la cercanía a su pueblo. Los montes en la Escritura rep-

resentan la eternidad (Deuteronomio 33:15; Habacuc 3:6), fidelidad de Dios hacia su pueblo (Isaías 54:10) y firmeza (Salmo 125:1). En sentido negativo simbolizan situaciones difíciles (Jeremías 13:16) o cosas que vemos como imposibles de resolver (Marcos 11:22). Dios se encontró con Moisés en el monte Sinaí para recibir la Ley, y Cristo en un monte, el de los olivos, ascendió al cielo y regresará al mismo monte en su segunda venida (Hechos 1:11-12; Zacarías 14:4-5).

➢ Monte de Santidad (8:3) — La Santidad de Dios es lo que lo distingue como único Dios, apartado del mal, Creador del universo, sin Él no hay creación, no tiene comparación. Isaías profetizando del glorioso futuro de Sión o Jerusalén dice: "*Y habrá allí una calzada a la cual se llamará* **Camino de Santidad**. *No pasará por ella ningún impuro. Será para los que siguen el* **camino**, *y los simples no se desviarán.*" (35:8). La santidad es una cualidad de la personalidad de Dios por la cual la Biblia nos dice que sin ella no veremos al Señor (Hebreos 12:14).

➢ Ciudad Fiel y de Justicia — Isaías escribió, "*Luego restauraré tus jueces como al principio, y tus consejeros como al comienzo. Y después serás llamada Ciudad de Justicia, Urbe Fiel*" (1:26). La mayoría del contenido de la profecía de Isaías resalta la injusticia, la infidelidad y maldad en Israel y desobediencia a Dios. El profeta habla directamente y con un mensaje fuerte a Jerusalén diciéndole que se ha convertido en una ramera y que sus gobernantes practican la injusticia dejando sin cuidado o protección a los pobres y huérfanos (v. 21-25). En un tiempo fue una ciudad que la justicia era su sello de distinción, pero ahora el mensaje de Dios es que la va a limpiar de sus maldades y de toda impureza para que refleje lo que Dios es: amor, justo y misericordioso; entonces Él la llamará una *ciudad fiel y de justicia*.

➢ Justicia Nuestra — Jeremías, quien fue menos

mesiánico que Isaías, profetizó la restauración de Israel y Judá diciendo que cuando suceda, Dios levantará al Renuevo de David (Jesucristo) para que gobierne con derecho y justicia, y añade, *"En aquellos días será salvo Judá, y Jerusalén habitará segura. Y este es el nombre con el cual será llamada: 'El SEÑOR, justicia nuestra"* (33:16). Interesante es el hecho que ya en su profecía Jeremías había presentado al Renuevo de la casa de David como justo; el Rey conforme al derecho y la justicia en la tierra, haciendo de Jerusalén un tipo o símbolo mesiánico para Jesucristo. Escribió el profeta: *' En sus días será salvo Judá, e Israel habitará seguro. Y este es el nombre con el cual será llamado: "SEÑOR, justicia nuestra" '* (23:5-6). Jesucristo vino para justificarnos por su fe, esto es, hacernos justos ante Dios y, siendo Jerusalén la ciudad que Dios eligió para la venida y regreso de su Hijo, ella tiene que ser justa y practicar la justicia.

➢ Ciudad Deseada, No Desamparada — Isaías habla de una transformación que sufrirá Jerusalén en el futuro con la llegada del Mesías —serán días gloriosos para Sión. Desde que Jesucristo se presentó la primera vez, Jerusalén fue sacudida con el mensaje del evangelio. También fue saqueada y destruida por los romanos y no ha descansado de las amenazas de guerras contra ella. Jerusalén ha sido probada como crisol. Y es que las ciudades que destruyen y no son reedificadas no son importantes para las grandes potencias a no ser que descubran yacimientos de petróleo. Los vecinos de Israel tienen pozos de petróleo —los israelitas no— pero Jerusalén tiene algo mejor que eso, es pues el lugar donde fue testigo y recipiente del Mesías, también el lugar de su muerte y de donde ascendió al cielo a reunirse con su Padre; de allí salió la Palabra para todo el mundo y a donde regresará por segunda vez para recoger a los salvados. No puede ser destruida del todo porque es ciudad de Dios, —es el aeropuerto donde aterrizará Jesucristo. *"He aquí que el SEÑOR ha proclamado hasta lo último de la tierra:*

"Digan a la hija de Sión: '¡He aquí tu Salvador viene! ¡He aquí, su recompensa viene con él; y delante de él, su obra!'". Entonces los llamarán Pueblo Santo, Redimidos del SEÑOR. Y a ti te llamarán Buscada, Ciudad No Desamparada." (Isaías 62:11-12).

➢ Jehová está Allí o Jehová-Sama — *"El perímetro será de nueve mil metros. Y desde aquel día el nombre de la ciudad será: EL SEÑOR ESTÁ ALLÍ"* (Ezequiel 48:35). En este último capítulo de su profecía, Ezequiel da instrucciones del territorio asignado a las tribus de Israel en la Jerusalén del futuro. Los primeros siete versículos detallan la repartición territorial a todas las tribus de la parte norte y luego el territorio correspondiente a la Santa Ciudad, cuyos habitantes incluye a los levitas, sacerdotes y al Príncipe o Jesucristo (v. 8-22). El perímetro de la ciudad de Jerusalén de acuerdo a la visión del profeta es de unos 9,000 metros o un poco menos de 6 millas. Considerando que la Jerusalén actual tiene un área de 48.3 millas cuadradas o aproximadamente 125,000 metros, la ciudad en la visión es muy pequeña. ¿Qué hace la diferencia? Que Jehová está allí, en ella, la Jerusalén nueva o celestial. Como escribió Isaías, cuando Dios restablezca a Jerusalén llegará a ser una tierra de alabanza para el Señor (62:7). David dedica el salmo 122 a la ciudad eterna, comienza diciendo que él se alegra con los que a él decían: "¡A la casa de Jehová iremos!" (v. 1). Continúa su canto, *"Ya se posan nuestros pies ante tus puertas, oh Jerusalén. ¡Oh Jerusalén, que ha sido edificada como una ciudad toda **compacta**",* (v, 2-3, 6; énfasis mío).

Las ciudades modernas son muy bellas pues impresionan con sus edificios, sistemas de transporte; son muy tecnológicas, ofrecen entretenimiento, pero están llenas de pecado. La ciudad de Las Vegas, en el estado de Nevada, se le conoce como *The Sin City* o ciudad del pecado y, ¡sí que le cae bien ese nombre! A ninguna ciudad en la actualidad, incluyendo el Vaticano, se les puede llamar Ciudad Santa. Jerusalén es única, porque es la ciudad del Señor y a donde regresará el Rey de reyes.

Jerusalén y las Naciones

Siendo Jerusalén la ciudad de Dios y a donde regresará su Hijo por segunda vez no es de extrañar que Satanás no desista de reunir sus huestes de oscuridad para atacarla y destruirla. Actualmente el conflicto árabe e israelí no cesa de ser una incógnita para los políticos y religiosos que buscan una solución pacífica, la cual se les esfuma en las conversaciones de paz que han intentado desde que Israel volvió a establecerse como una nación nuevamente en el año 1948. Ya Rusia ha establecido presencia militar en Siria y parece que llegó para quedarse. Preocupante es la situación que existe ahora mismo (2018), que el presidente de Rusia (Vladimir Putin) está cimentando alianza con Irán y su homólogo, Hassan Rouhani. Es alarmante para los que no tienen fe en Dios ni se han entregado a su Hijo; no así para los que hemos puesto nuestra mirada en Jesús, quien dijo: "*Cuando estas cosas comiencen a suceder, erguíos y levantad vuestra cabeza, porque vuestra redención está cerca.*", Reina-Valera 1995 (Lucas 21:28). ¡No hay que alarmarse! La victoria y celebración con Jesucristo se acerca y nadie la va a detener.

La versión de Lucas sobre la tentación de Jesús, al final, dice que cuando Satanás terminó de tentar a Jesús se apartó de Él "por un tiempo" (4:13). Antes de que comenzara el juicio a Jesús, dice Lucas también que Satanás entró en Judas esa misma noche que entregó al Maestro (22:3). Ha de esperarse que el mismo Satanás haga todo lo posible para la destrucción de Jerusalén moviendo naciones e imperios alrededor de ella con el propósito de ver frustrados los planes de Dios enviando a su Hijo por segunda vez y que lo reciba la Ciudad Eterna. ¡Satanás y sus aliados, apártense! No importa lo fuertes y estratégicos que sean, ¡se llevarán tremenda sorpresa!

Dios a través del profeta Joel ha anunciado que las naciones se juntarán para destruir a Jerusalén con toda su furia, *"He aquí que en aquellos días y en aquel tiempo, cuando yo restaure de la cautividad a Judá y a Jerusalén, <u>reuniré a todas las naciones</u> y las haré descender al valle de Josafat. Allí entraré en juicio contra ellas a causa de mi pueblo, de Israel mi heredad, al cual esparcieron entre las naciones, y luego se repartieron mi tierra."* (3:1-2; énfasis mío).

Los que persiguen a los hijos de Dios, Él los hará que paguen por sus hechos inicuos pues Dios es justo. Babilonia y Asiria atropellaron a Israel, y Dios las hizo desaparecer del mapa quedando en ruinas. De la misma manera hará con todas las naciones que se junten contra Jerusalén nuevamente pues dice Isaías que Dios se ha enojado contra ellas, *"Porque el SEÑOR tiene furor contra todas las naciones, e irá contra todo el ejército de ellas. Él las destruirá por completo; las entregará a la matanza."* (34:2). En la misma línea profética, Zacarías dice: *"Sucederá en aquel día que yo haré de Jerusalén una piedra pesada para todos los pueblos; todos los que la levanten de hecho quedarán lacerados. Y todas las naciones de la tierra se juntarán contra ella."* (12:3); *"Esta será la plaga con que el SEÑOR golpeará a todos los pueblos que acamparán con sus ejércitos contra Jerusalén: Hará que se pudra su carne, aun estando ellos sobre sus pies. También sus ojos se pudrirán en sus cuencas y su lengua se pudrirá en sus bocas."* (14:12).

Jerusalén y Jesucristo

Jerusalén es la ciudad que Dios escogió para que su gloria habite en ella por amor a David. El profeta Zacarías escribió sobre el celo de Dios por ella. Él es un muro de fuego a su alrededor y que en medio de la ciudad mostrará su gloria (2:5). Pero esta ciudad eterna ha sido escenario de muchos acontecimientos que la han probado y ha resistido, asemejándose a la iglesia que también ha sido y será perseguida. El primer intento de conquista y ocupación por parte de la tribu de Judá fracasó y sus habitantes (los jebuseos) quedaron en pie, y cuando David por fin la conquista, permanecieron como ciudadanos israelitas.

Conquistada por grandes imperios, ha sido saqueada, quemada, destruida y reconstruida; Jerusalén resucita como la hierba quemada. En medio de disturbios, disputas, y con la presencia del imperio más poderoso en la historia, se presentó a ella el Mesías entrando triunfalmente después de haber caminado hacia ella por varios meses. Era su destino entrar a la ciudad de David, Jerusalén, símbolo mesiánico. Y arribó humildemente montado en un pollino porque era el Cordero de Dios, ofrenda por el pecado del mundo (Mateo 21:1-8; cf. Zacarías 9:9-10).

No tuvo un recibimiento oficial de parte del gobierno o de las autoridades religiosas, sino que la gente humilde que estaba al tanto de las profecías mesiánicas se tiró a la calle. Le pusieron en su paso algo más que una alfombra roja; porque la multitud, que era numerosa y mayormente de peregrinos que asistían a Jerusalén con motivo de la celebración de la Pascua, se quitaron sus mantos y los tendían en el camino y otros cortaron ramas de árboles para adornar el camino (Mateo 21:8; cf. 2 Reyes 9:13). La gente que iba delante y detrás de Él, clamaban alabando a Jesús, cantando, "*¡Hosanna al Hijo de David! ¡Bendito el que viene en el nombre del Señor! ¡Hosanna en las alturas!*" (v. 9; Salmo 118:24-26). Una alabanza muy apropiada para la ocasión, pues "Hosanna" quiere decir, "sálvanos ahora".

Antes de ir a la cruz, el Maestro se despidió de Jerusalén y lo hizo con un lamento; un recordatorio de lo que la ciudad había sido capaz, esto era, perseguir a los que le son enviados. Y aun Jesús, no fue la excepción, la ciudad no le dio un buen trato, —ya lo esperaba con la misma suerte de los que le precedieron, con la singularidad de que fue crucificado. Pero le advirtió que "vuestra casa", el Templo (Jeremías 22:5), sería dejada desierta (Mateo 23:37-39). Y se cumplió la Palabra dicha por Jesús cuando los romanos en el año 70 d.C. destruyeron el Templo en Jerusalén.

Su triunfo y coronación como Rey de reyes y Señor de señores le esperaba en la tumba pues la piedra puesta para cerrarla no fue lo suficientemente pesada para retenerlo, y resucitó —

venciendo lo imposible para todo ser humano, la muerte; que como dijo Salomón, en la guerra contra la muerte, no valen las armas. Y ascendió a los cielos desde el Monte de los Olivos localizado aproximadamente 900 metros al este de Jerusalén (Hechos 1:11-12) y a ese mismo monte regresará por segunda vez (Zacarías 14:4-5).

Jerusalén en el Futuro: Eterna y con la Gloria de Dios

La ciudad que le dio la espalda al Hijo de Dios no escuchando su mensaje, después de su muerte subió a otro nivel. Lo terrenal se transformó en nueva ciudad, eterna y celestial, *"Al que venza, yo le haré columna en el templo de mi Dios, y nunca jamás saldrá fuera. Y escribiré sobre él el nombre de mi Dios, y el nombre de la ciudad de mi Dios —la nueva Jerusalén que desciende del cielo, enviada por mi Dios— y mi nombre nuevo."* (Apocalipsis 3:12).

Una Visión Futura de Jerusalén (Apocalipsis 21:9-22:5). En la visión que recibió el apóstol Juan nos presenta una Jerusalén totalmente muy distinta como la encontrada en el resto de la Escritura. Es otra ciudad, la cual desciende del cielo, descrita en términos diferentes, presentando detalles de la Jerusalén terrenal como emblemáticos de la celestial. La visión describe pormenores de la construcción y funcionamiento de la nueva vida en la Jerusalén celestial, en los cielos nuevos y tierra nueva:

> ➢ *Es la Esposa del Cordero* — Uno de los ángeles dijo a Juan, *"Ven acá. Yo te mostraré la novia, la esposa del Cordero"* (v. 9). Pablo dijo que la iglesia es la esposa de Jesucristo, y Él, la cabeza de ella, reflejando la unión matrimonial, una sola *carne* (Efesios 5:22-33).

> ➢ *La Santa Jerusalén* — Lo que a Juan se le muestra como la esposa del Cordero es la ciudad santa de Jerusalén, no una mujer, *"Me llevó en el Espíritu sobre un monte grande y alto, y me mostró la santa ciudad de Jerusalén, que descendía del cielo de parte de Dios."* (v. 10). La ciudad lucía esplendor-

osa con la gloria de Dios en ella (v. 11).

➢ *Edificación de la Ciudad* — Su construcción es muy simbólica que representa al pueblo de Dios habitando con seguridad. Tiene un muro alto y grande con doce puertas, y en las puertas doce ángeles, y los nombres de las doce tribus de Israel inscritos en las puertas. El muro de la ciudad tiene doce cimientos sobre los cuales los nombres de los apóstoles del Cordero están escritos (v. 12-14).

➢ *Las Medidas de la Ciudad* - EL ángel que habla con Juan mide la ciudad, la cual tiene forma de cuadrado (su longitud igual a su anchura) significando la perfección y pureza de lo que la ciudad representa, al pueblo de Dios (v. 15-17).

➢ *El Material de la Ciudad*—La construcción de la ciudad es incomprensible en nuestra imaginación e inalcanzable a cualquier presupuesto de las naciones más poderosas en la actualidad. Los materiales usados son de metales preciosos. El muro está construido de jaspe, la ciudad de oro puro, los cimientos de la ciudad están adornados con piedras preciosas (v. 18-21).

➢ *Templo* — No tiene templo porque el Dios Todopoderoso y el Cordero, es su templo (v. 22).

➢ *Sistema Eléctrico*—Ninguno, ni tampoco solar, porque la gloria de Dios la ilumina y el Cordero es su lumbrera, la luz del mundo (v. 23; cf. Juan 8:12).

➢ *Pureza de la Ciudad* — Una ciudad sin fronteras. Sus puertas nunca se cerrarán. No habrá noche. No entrará en ella ninguna cosa impura o abominable; no hay lugar para los mentirosos. Solo los que están inscritos en el libro de la vida serán sus habitantes (v. 25-27).

➢ *El Rio* - La ciudad tiene un río limpio de agua de vida cuyas aguas fluyen del Trono de Dios y del Codero — (22:1). Jesús es la fuente de agua de vida eterna, dijo Juan en su evangelio (4:13).

➢ *El Árbol de la Vida* — En el libro del Génesis (después que Adán y Eva pecaron y fueron expulsados del huerto del Edén) el acceso al árbol de la vida quedó prohibido y una espada encendida que se revolvía por todos lados, lo guardaba (3:24). En la nueva Jerusalén, el árbol de la vida se encuentra en medio de la ciudad; ahora todos los habitantes de la ciudad pueden comer de él (v. 2).

➢ *Presencia Divina* — Dios habitará con su pueblo redimido; cuidándolo y bendiciéndolo para siempre pues un río de agua de vida fluye del Trono de Dios y del Cordero (v. 2).

Jesús dijo a sus discípulos, *"En la casa de mi Padre muchas moradas hay; voy pues, a preparar lugar para vosotros"* y, ¡Qué gran mansión ha preparado ya para los que le aman! (Juan 14:2). No es malo soñar, sentir que algún día nuestros sueños se hagan una realidad, pero las visiones de Dios no son sueños, son sus promesas en las cuales podemos confiar en su cumplimiento. ¡Amen! Ven pronto Señor Jesús.

22

VICTORIA FINAL DEL CORDERO

"Ellos harán guerra contra el Cordero, y el Cordero los vencerá, porque él es Señor de señores y Rey de reyes, y los que están con él son llamados y elegidos y fieles". (Apocalipsis 17:14).

Una canción del género salsa tropical de los cantautores Willie Colón y Héctor Lavoe, lleva el título "Todo tiene su final", muy hermosa, enfatiza que la vida es breve y que "nada dura para siempre". La segunda ley de la termodinámica establece que todo va en camino al caos y la destrucción; se envejece y desaparece. Lo cual va acorde con la postura de la Biblia en cuanto al fin del universo. El salmista dijo: *"Tú fundaste la tierra en la antigüedad; los cielos son obra de tus manos. Ellos perecerán pero tú permanecerás. Todos ellos se envejecerán como un vestido; como a ropa los cambiarás, y pasarán."* (Salmo 102:25-26). Les guste o no a los escépticos o incrédulos, esta tierra ya no aguanta más, y Dios ya ha preparado unos cielos nuevos y tierra nueva. No hay que culpar al calentamiento global. Dios no creó la tierra para la eternidad pues le ha puesto fecha de expiración.

El universo va a ser destruido y no por el calentamiento global. Pedro dice que el tiempo llegará cuando el Señor cumpla lo que a través de sus profetas ha anunciado, y esto es, que la tierra será destruida y los elementos ardiendo desaparecerán y también todas las obras en ella (2 Pedro 3:9-10). También Pablo nos habla que la misma creación anhela liberación, "*está con dolores de parto*", porque no aguanta más los efectos del pecado. El problema de nuestro medio ambiente no es causado por el bióxido de carbono, sino por la desobediencia de una sociedad que no glorifica a Dios ni respeta las leyes de la naturaleza y que está embuchada con un materialismo desenfrenado (Romanos 8:18-23).

Jesús desde que fue presentado al mundo como el Cordero de Dios que quita el pecado no recibió tregua de las huestes de maldad y desde su nacimiento comenzó el ataque feroz del diablo. Antes de iniciar su ministerio, Satanás se le presentó disfrazado como buen negociador tratando de convencerlo de un futuro mejor si le obedecía a sus pedidos. Le sugirió al Maestro que convirtiera piedras en panes, un buen negocio lucrativo —pero la Palabra dice que Dios proveerá el pan de cada día y Él es la fuente de nuestro pan y bendiciones de toda clase. No nos promete que seamos dueños y administremos una panadería, pues una dieta muy alta en carbohidratos no es aconsejable.

Le pidió también que hiciera un acto acrobático tirándose desde el pináculo del Templo pues los ángeles le sostendrían para que sus pies no sufrieran lesión alguna. La respuesta de Jesús fue sencilla y suficiente para destruir tan ridícula propuesta pues el poder de Dios no es para usarlo haciendo cualquier obra que impresione al mundo, llame la atención o hacerse famoso. Jesucristo no vino a participar en un certamen para calificar y ser seleccionado el actor principal de una película. Su destino fue el del rechazo, del desprecio, el de un juicio injusto, la muerte de cruz y llegar al sepulcro y resucitar al tercer día —venció la muerte, el pecado y a Satanás que tenía y controlaba el imperio de la muerte (Hebreos 2:14).

La misión de Jesucristo fue hacer la voluntad de su Padre. Cumplir el mensaje de los profetas quienes anunciaron de antemano las cosas en las cuales los ángeles anhelaban mirar, es decir, el evangelio de la salvación eterna (1 Pedro 1:10-11).

Jesús vino también para ser coronado *Rey de reyes y Señor de señores* y destruir al mentiroso y padre de la mentira, al diablo, a quien el mundo sigue ciegamente ignorando sus maquinaciones rechazando al que da la vida y salvación eterna. Desde la resurrección del Mesías hasta que regrese por segunda vez, el maligno perseguirá a la descendencia de la promesa, la iglesia. Como Satanás sabe que ya no puede hacer nada contra Jesucristo, pues Él está sentado ahora mismo a la derecha de su Padre, ha dirigido sus cañones hacia la iglesia. Inició tal guerra con la persecución e intentos de destruir a Israel, de donde procede Jesucristo según la carne: *"Y cuando el dragón vio que había sido arrojado a la tierra, persiguió a la mujer que había dado a luz al hijo varón."*, énfasis mío (Apocalipsis 12:13).

"Persiguió a la mujer", esto es, a Israel (Hechos 2:29-31). Luego a la iglesia, moviendo primero a las autoridades judías que rechazaron al Mesías, y después al poder del imperio romano. *"Por lo cual alegraos, cielos, y los que moráis en ellos. ¡Ay de los moradores de la tierra y del mar!, porque el diablo ha descendido a vosotros con gran ira, sabiendo que tiene poco tiempo.»* (Apocalipsis 12:12).

¡Ay de los moradores de la tierra!, o aquellos que no tienen ciudadanía celestial, cuya residencia es solamente en este mundo que pasará como el movimiento de las nubes en los cielos. Pablo dijo que nuestra ciudadanía está en los cielos de donde también esperamos al Salvador (Filipenses 3:20).

Satanás no va a descansar. Moverá a las naciones para destruir la ciudad de Jerusalén. Tratará de erradicar de la tierra a todos los judíos y a los hijos de Dios. Los fustigará con todo su ímpetu, pero al final se encontrará de nuevo con el Cordero y, entonces, no será para negociar sino para destruir al enemigo de las almas y lanzarlo al infierno de fuego preparado para él y los ángeles caídos.

El Apocalipsis de Isaías

Los capítulos 24 al 27 son considerados por ciertos comentaristas como "El Pequeño Apocalipsis de Isaías", por su contenido de corte apocalíptico o temas "escatológicos". Un análisis de estos capítulos nos ayuda a entender el desarrollo de los acontecimientos que se están cumpliendo en la actualidad y que continuarán cumpliéndose hasta la segunda venida de Jesucristo quien enfrentará con todo su poder a Satanás y a todas las naciones que hagan alianza con las fuerzas de oscuridad. Será la última batalla para ambos participantes. *"Ellos harán guerra contra el Cordero, y el Cordero los vencerá, porque él es Señor de señores y Rey de reyes, y los que están con él son llamados y elegidos y fieles".* (Apocalipsis 17:14).

Capítulo 24 — Juicios de Jehová Sobre la Tierra:

> ➤ Se anuncia que Jehová destruirá la tierra completamente. La devastará y trastornará su faz a tal punto que sus moradores serán esparcidos de sus moradas. No habrá preferencia para nadie; el pueblo y el sacerdote, esclavo y su amo, el que compra y el que vende o el acreedor como el deudor, todos sufrirán el mismo castigo (v. 1-3).
>
> ➤ La razón por la cual Dios determinó destruir y echar maldición sobre la tierra es debido al efecto negativo que ha tenido el pecado (v. 4-6), *"La tierra ha sido profanada por sus habitantes, porque han transgredido las leyes, han falseado el derecho y han quebrantado el pacto eterno."* (v. 5). Como escribió Pablo; la tierra ya no aguanta más por los efectos del pecado, está con dolores de parto, da gemidos deseando ser liberada por tanto daño, contaminación a la naturaleza y la desobediencia a las leyes de Dios (Romanos 8:22).
>
> ➤ Los efectos de este este castigo son notables. Se pierde el vino, *símbolo de alegría*, las vides se enferman y el gozo se va del corazón (v. 7). Es como asistir a una fiesta funeral, pues se apaga el regocijo de los instrumentos musicales (v.

8), no habrá música para beber el vino y se oye un grito de clamor en la calle por la escasez del vino, y la sidra le amargará a los que la tomen (v. 9).

➤ Se apagó el gozo, "la alegría se desterró de la tierra" (v. 11).

➤ El quebranto en la ciudad ha sido extremadamente desastroso. Las puertas de las casas se han cerrado para que nadie entre y no hay quien las administre pues "con ruina fue destrozada la puerta" (v. 10, 12). Tal devastación a la tierra la compara con un olivo que ha sido sacudido y como rebuscos después de la vendimia o cosecha de la uva (v. 13).

➤ Los que no creen en Dios ridiculizan la justicia de Dios cuando hay algún desastre de grandes proporciones y hacen el comentario ya esperado: ¿Dónde estaba Dios, o por qué Él lo permitió si es el Todopoderoso? Dios es justo y su justicia es parte de su naturaleza, así como lo es el amor. Los desobedientes protestan, pero los redimidos cantan a Dios un cántico por haber hecho justicia a causa de las consecuencias del pecado (v. 14-16).

➤ Se repite que la tierra será destruida del todo. Desmenuzada por terremotos. Sus cimientos temblarán como un borracho; y será removida como una choza y no se podrá levantar por el peso del pecado (v. 18-20).

➤ Jehová también castigará a los astros o el ejército de los cielos, a los cuales los paganos les rinden adoración pagana, así como también a los reyes de la tierra (v. 22-23).

➤ Por el castigo que recibe la tierra, la luna sentirá vergüenza, y el sol se confundirá. Pero al final de esta era, Dios reinará con su pueblo en el monte de Sión, con su gloria brillando en Jerusalén (v. 23).

Capítulo 25 — Un Cántico a Jehová por sus Portentosas Obras:

➤ Comienza el himno alabando a Dios porque hace justicia venciendo a los enemigos de su pueblo (v. 1-5). La devastación a ciudades fortificadas ha sido catastrófica pues no podrán ser reedificadas. El pueblo que lo alaba es el *pueblo fuerte* (v. 3), la ciudad de gente poderosa que confía en Él glorificando su Nombre para siempre. Y como se nota en la profecía de Isaías, el Señor no se olvida del cuidado de los pobres, Dios es la fortaleza de los pobres, refugio ante la tormenta y sombra contra el calor (v. 4). Por el contrario, el orgullo de las naciones extranjeras será humillado a tal punto que no podrán renacer (v. 5).

➢ Dios hará un banquete en el monte, en Jerusalén (v. 6-7). Es una fiesta en grande, sustanciosa, de manjares suculentos y vinos refinados porque las naciones que se han arrepentido llegan a Jerusalén. *"Muchos pueblos vendrán y dirán: "Vengan, subamos al monte del SEÑOR, a la casa del Dios de Jacob, para que él nos enseñe sus caminos, y nosotros caminemos por sus sendas". Porque de Sión saldrá la ley, y de Jerusalén la palabra del SEÑOR."* (Isaías 2:3). Alguien que estaba sentado a la mesa con Jesús en la Parábola de la Gran Cena, le dijo: "Bienaventurado el que coma pan en el reino de Dios" (Lucas 14:15; 22:29-30).

➢ Destrucción de la muerte (v. 8-9). *"Destruirá a la muerte para siempre, y el SEÑOR Dios enjugará toda lágrima de todos los rostros. Quitará la afrenta de su pueblo de sobre toda la tierra, porque el SEÑOR ha hablado."* (v. 9; cf. Oseas 13:14). Sin la destrucción de la muerte la salvación no es posible, todo termina en el sepulcro como sostiene el materialismo y el comunismo. Como dijo el sabio Salomón, en la batalla contra la muerte, no hay armas para combatir ni se inventarán, aunque la tecnología avance a pasos agigantados (Eclesiastés 8:8). Con la resurrección de Jesucristo desapareció la muerte, el pecado y el diablo destronado (Hebreos 2:14). Pablo dijo que, si nuestra esperanza en Cristo es solamente para esta vida terrenal, entonces somos los más dignos de lástima entre todos los seres humanos, nos igualamos a los que no tienen esperanza ni tienen sus nombres escritos en el libro de la vida (1

Corintios 15:19).

➢ Una alabanza a Dios por la salvación que ha hecho a favor de su pueblo (v. 9). *"¡He aquí, este es nuestro Dios! En él hemos esperado, y él nos salvará: ¡Este es el SEÑOR! En él hemos esperado. ¡Gocémonos y alegrémonos en su salvación!"*

➢ La destrucción de Moab (v. 10-12). Moab es la nación que surgió de una relación incestuosa entre Lot y su hija primogénita (Génesis 19:37). Llegó a ser un pueblo vecino de Israel convirtiéndose en su eterno rival. Moab en las profecías representa a aquellas naciones que se rebelan contra el Señor y persisten obstinadamente en desobedecer a Dios. No importa cuán altos sean los muros de las ciudades que se rebelan contra Dios, Él las hará polvo (v. 12).

Capítulo 26 — Un Cántico de Confianza en el Señor por su Protección a su Pueblo:

➢ En el capítulo anterior los israelitas fueron testigos del juicio de Dios sobre las naciones enemigas que no se arrepintieron de sus rebeldías y orgullo. Ahora que el pueblo del Señor ha experimentado salvación, expresan a través de un salmo su gratitud a Dios (v. 1-6). Dios ha amurallado la ciudad y las puertas están abiertas, —simbolizando paz y seguridad— para que entre la gente justa y guardadora de verdades, por la intervención del Señor la ciudad goce de una paz inigualable o Shalom (v. 2-3). La confianza en Jehová debe ser perpetua porque en Él está la fortaleza por los siglos y ha humillado a los altivos, aquellos que lo han desafiado y no le dan el honor y gloria que se merece.

➢ Dios es alabado por el cuidado a los justos. Ellos encuentran en el Señor refugio y seguridad, es este el deseo de sus almas (v. 7-8).

➢ Efecto de los juicios del Señor (v. 9-11). Los justos, los que obedecen al Señor, le buscan desde la mañana y entienden sus juicios; pero los soberbios tienen que recibir castigo directo del Señor para que lleguen a reconocer al Señor como el único Dios grande en justicia, *"porque luego que hay juicios tuyos en la tierra, los moradores del mundo aprenden justicia"* (v. 9). Los enemigos de Dios están ciegos; solo cuando se den cuenta de cómo Dios trata a su pueblo, entonces se asombrarán (v. 11).

➢ Una alabanza y oración a Dios porque ha dado paz a su pueblo y obrado grandes maravillas a favor de ellos (v. 12).

➢ Una bonita reflexión por parte de los israelitas que a pesar de haber sido oprimidos por muchos señores (o dictadores) y servido a otros dioses, el Señor los sigue amando, pero los enemigos ya han muerto y desaparecido (v. 13-15).

➢ En la tribulación, el pueblo ha buscado a Dios en oración comparando ese sufrimiento a los dolores de una mujer encinta cuando se acerca el alumbramiento. Sintieron el embarazo, tuvieron dolores de parto, pero al dar a luz, lo que *salió fue viento*, no hubo liberación o salvación (v. 18).

➢ Primera vez que se menciona —en el Antiguo Testamento, la resurrección de entre los muertos en referencia a los justos redimidos por el Señor (v. 19-21). El mensaje es que la resurrección tardará un poco, *"Anda, oh pueblo mío, entra en tus habitaciones; cierra tras de ti tus puertas. Escóndete por un breve momento hasta que pase la ira"* (v. 20); pero primero el Señor tiene que castigar al morador de la tierra. De acuerdo con el profeta Oseas, Israel también será castigado y después resucitará, *"¡Vengan y volvámonos al SEÑOR! Porque él arrebató pero nos sanará; él hirió pero nos vendará. Él nos dará vida después de dos días; al tercer día nos levantará y viviremos delante de él."* (6:1-2).

Capítulo 27 — Castigo Fuerte contra las Naciones Enemigas de

José A Quiñones

Israel:

> ➢ Otra vez se afirma que las naciones opresoras y enemigas de Israel principalmente Asiria, Babilonia y Egipto, las cuales están simbolizadas por legendarios monstruos de la mitología, serán destruidas por el Señor (v. 1).

> ➢ Los versículos del 2 al 5 son una canción de alabanza al Señor porque cuida a Israel, su viña, con tierno amor. A cada momento la riega, de noche y de día, para que nadie le haga daño; su ira se esfuma y los protegerá de los enemigos pues a los tales los pisoteará y quemará juntos. La alabanza finaliza con un deseo profundo de parte del Señor esperando que Israel se arrepienta y haga la paz con Dios.

> ➢ Se anuncia que en el futuro Israel se arrepentirá, echará raíces, florecerá y echará renuevos, y se dará la gran bendición que toda la faz del mundo se beneficiará de su fruto (v. 6). Con este pronunciamiento profético se están anunciando dos acontecimientos: la llegada del Mesías y el restablecimiento y salvación de Israel. De Jerusalén saldrá la Palabra o el evangelio, ya lo había dicho el profeta, y Pablo hablando de la restauración de Israel en el futuro, dijo, *"Y si su transgresión es la riqueza del mundo y su fracaso es la riqueza de los gentiles, ¡cuánto más será la plena restauración de ellos!"* (Romanos 11:12).

> ➢ Por el amor tan grande que tiene Dios por Israel no los exterminará del todo como a las demás naciones, sino que los castigará sin hacerlos desaparecer, perdonará la iniquidad de Jacob y su pecado será removido (v. 7-12).

> ➢ Finalmente, cuando se toque la gran trompeta, el Señor recogerá a Israel de todas las naciones de donde fueron cautivos; regresarán a casa, a la ciudad santa, Jerusalén (v. 13).

Los 144,000: El Cordero e Israel

En el libro de Apocalipsis un ángel, que subía desde donde sale el sol, tiene la misión de sellar a 144,000: *"Y vi que otro ángel, subiendo del oriente, tenía el sello del Dios vivo. Y llamó a gran voz a los cuatro ángeles a quienes les fue dado hacer daño a la tierra y al mar, diciendo: "¡No le hagan daño a la tierra, ni al mar, ni a los árboles, hasta que marquemos con un sello la frente de los siervos de nuestro Dios!"* (7:2-3). Los sellados son identificados como los "siervos de nuestro Dios", no específicamente judíos. El número de los sellados se presenta como los miembros de las 12 tribus israelitas, 12,000 de cada tribu. Si se multiplica 12 tribus (en el Antiguo Testamento) por 12 apóstoles (en el Nuevo Testamento), obtenemos 144, y si multiplicamos el resultado por 1,000 (representa lo mucho, multitud, inmensidad o lo completo) llegamos a la cifra de 144,000 o el pueblo de Dios.

La lista de las tribus es interesante y ofrece información que nos ayuda a entender el simbolismo que representa, a los *siervos de nuestro Dios*:

> ➢ En esa lista está ausente la tribu de Dan. La razón más aceptada por la ausencia de la tribu de Dan es por la idolatría que comenzó a practicar desde que conquistó y adquirió su territorio de la ciudad de Lais (Jueces 18:27-30). Al territorio de Lais le pusieron el nombre de Dan; conforme al nombre del padre de la tribu —uno de los doce hijos de Israel (v. 29). Cometieron un gran pecado al erigir una imagen de ídolo; la adoraron hasta el día del cautiverio (v. 30), desafiando a Dios que aborrece a los ídolos e imágenes hechas por los hombres, *"Así tuvieron instalada para ellos la imagen tallada que Micaías había hecho todo el tiempo que la casa de Dios estuvo en Silo."* (v. 31).
>
> ➢ El primero en la lista es Judá, no Rubén (que fue el hijo primogénito de los hijos de Israel). La explicación por la cual Rubén perdió su primogenitura se encuentra en el primer libro de Crónicas, *"Los hijos de Rubén, primogénito de Israel (pues él era el primogénito; pero cuando profanó el lecho*

de su padre, su derecho de primogenitura fue dado a los <u>hijos de José</u> hijo de Israel, de modo que no fue registrado como primogénito", énfasis mío (5:1; Génesis 35:22).

➢ José no era incluida como parte las doce tribus en el Antiguo Testamento, se incluían en su lugar a sus hijos, Efraín y Manasés; pero en la lista en el Apocalipsis es incluido.

➢ Sorprende también el hecho de que habiendo José recibido la primogenitura por la acción incestuosa de Rubén, Judá encabece la lista y no José. Dice la Escritura acerca del reinado de David quien descendía de la tribu de Judá: *"No obstante, el SEÑOR Dios de Israel me eligió de entre toda la familia de mi padre para que fuera rey de Israel para siempre, porque escogió a Judá como caudillo. De la tribu de Judá escogió a la casa de mi padre, y entre los hijos de mi padre se complació en mí para constituirme rey sobre todo Israel."* (1 Crónicas 28:4; cf. 5:2). A través de las páginas del Antiguo Testamento nos encontramos con esta verdad: Dios tiene un propósito en la historia de Israel. Las historias, positivas o negativas, son parte del plan de Dios para traer al Mesías a la tierra y ser el Salvador del Mundo.

➢ La tribu de Leví no era contada entre las doce porque eran herencia de Jehová (Números 18:20; Josué 13:33), sin embargo, sí aparece en la lista en el Apocalipsis. Una posible explicación es que puede estar acentuando el sacerdocio de los cristianos. Jesús dijo que Dios nos ha hecho sacerdotes (Apocalipsis 5:10).

➢ Manasés, que era incluida como tribu, puede estar representando a los gentiles como parte del pueblo de Dios porque su madre era gentil, hija del Faraón de Egipto.

Simbolismo de los 144,000 Sellados. El libro del Apocalipsis pertenece al estilo literario *escatológico*, o cosas del futuro. En este género, el contenido del mensaje se presenta en símbolos, por lo tanto, la cifra de 144,000 no debe interpretarse literalmente. Representa, ya mencionado, a los sellados o siervos del Señor; a los israelitas y a los gentiles. Pablo dice que Dios ha reunido en un solo pueblo a judíos y gentiles (Efesios 2:14). En el cielo no habrá murallas de separación —allí habitaremos los salvos y el Cordero. Hay que indicar que los sellados aparecen por primera vez en la tierra (7:3) y luego aparecen delante del trono y de la presencia del Cordero como una multitud, *"Después de esto miré, y he aquí una gran multitud de todas las naciones y razas y pueblos y lenguas, y nadie podía contar su número. Están de pie delante del trono y en la presencia del Cordero, vestidos con vestiduras blancas y llevando palmas en sus manos."* (7:9).

Los 144,000 aparecen de nuevo en el capítulo 14 reunidos con el Cordero de Dios en el monte de Sión. El monte que representa la reunión de Dios con su pueblo. Ellos tienen el nombre del Cordero y el de su Padre escrito en la frente. Juan describe claramente a quienes representa los 144,000: *"Estos son los que nunca se mancharon con mujeres, pues son vírgenes. Estos son los que siguen al Cordero por dondequiera que vaya. Estos fueron redimidos de entre los hombres, primicias para Dios y para el Cordero."* (14:4). Ser virgen en la Escritura es ser puro, santo, dedicado o apartado para el Señor y que ya ha entrado al reino de Dios. Son los redimidos por la sangre del Cordero, de quienes dijo Jesucristo en su oración antes de ir a la cruz: están en el mundo, pero no son del mundo (Juan 17:14-16).

Pablo dijo de Israel que todos serán salvos no solamente indicando un número en específico, en algún momento en el futuro los israelitas serán iluminados y el velo de incredulidad caerá (Romanos 11:26; 2 Corintios 3:15-16). El pueblo de Dios es justo y santo por los méritos de Jesucristo. Él es el Cordero de Dios sacrificado por los pecados del mundo. Es nuestra justicia para que seamos aceptos a Dios como perfectos, sin pecado (Romanos 3:21-25).

Victoria Final del Cordero

El diablo desde que fue expulsado del cielo ha estado haciendo guerra contra todo lo que es bueno y pertenece a Dios. Es de esperarse que sabiendo que ya no tiene la mínima esperanza de triunfar, pues ya fue derrotado por la muerte y resurrección de Jesucristo, hará todo lo que esté a su alcance para deshacer los planes de Dios con su pueblo. Satanás reunirá a sus huestes espirituales como mensajeros por los cuatro puntos cardinales para convencer y agrupar a los enemigos del Cordero. Todos unidos como un ejército darán la última batalla enfrentándose al Rey de reyes. Satanás sabe que tiene poco tiempo y que no recuperará su poder sobre el mundo (Apocalipsis 12:12). Es obstinado y tonto. No tiene sabiduría de lo alto, sino de los lugares obscuros.

Esta última batalla es parte de la profecía de Ezequiel quien dedica dos capítulos (38 y 39) describiendo a Gog como un príncipe de dos pueblos, Mesec y Tubal, en la tierra de Magog, el cual organiza una coalición de unas seis naciones del norte con el propósito de lograr invadir masivamente a Israel. Ezequiel sólo da a conocer cinco naciones de las seis mencionadas (38:5-6) las cuales son:

> ➢ Persia —lo que es en la actualidad es el país de Irán.
> ➢ Cus o Etiopia — No es la Etiopia actual, sino el área conocida como Nubia, una región en noreste de África, perteneciente a Sudán. Hoy en día se reporta mucha persecución de cristianos en Sudán el cual está convirtiéndose en un estado islámico.
> ➢ Fut — Actualmente Libia, también un estado islámico no muy amigo de Israel.
> ➢ Gomer — país de los cimerios y habitantes en el norte de las montañas Caucásicas en lo que hoy es la Rusia moderna.
> ➢ Togarma — Hoy en día se conoce como el territorio de Turquía.

En el libro de Apocalipsis se profetiza la gran batalla del Armagedón y se menciona que los reyes del Oriente se preparan para atacar a Israel, *"El sexto ángel derramó su copa sobre el gran río*

Éufrates, y sus aguas se secaron para que fuese preparado el camino de los reyes del Oriente." (16:12; v. 16). El diablo por medio de espíritus de demonios incita a las naciones para pelear contra el Cordero, *"Pues son espíritus de demonios que hacen señales, los cuales salen a los reyes de todo el mundo habitado para congregarlos para la batalla del gran día del Dios Todopoderoso."* (16:14). En estos momentos, el año 2018, en Siria (el enemigo acérrimo de Israel), Rusia ha movido sus fuerzas militares a Siria para ayudarle en la guerra contra la oposición al gobierno sirio. Rusia también está haciendo alianza con Irán un enemigo de Israel que ha hecho público que tiene el propósito de construir una bomba nuclear con la intención de lanzarla contra Israel. Ya también en Siria el gobierno iraní ha construido una base militar en operación con unos 1,000 soldados y de donde ha lanzado misiles a Israel. ¡Tranquilos, Jehová de los ejércitos está en control y sus planes nadie los va a terminar o cambiar! No hay que entrar en pánico, Dios está en control de la historia y del futuro.

Es hora de confiar en el Señor, Él es el que quita y pone gobiernos, y como dice un dicho rabino, "Dios prepara la medicina, antes que la enfermedad". Toda coalición de naciones contra Israel o la iglesia será derrotada por el Todopoderoso. Dios a través de Ezequiel anunció la derrota de Gog y sus aliados, *"He aquí, yo estoy contra ti, oh Gog, príncipe soberano de Mesec y Tubal. Te haré dar vuelta y pondré ganchos en tus quijadas. Te sacaré a ti y a todo tu ejército"* (38:3-4). De lo demás se encargará el Cordero, *"Ellos harán guerra contra el Cordero, y el Cordero los vencerá, porque él es Señor de señores y Rey de reyes, y los que están con él son llamados y elegidos y fieles."* (Apocalipsis 17:14). Dios le dijo a Sión que sus "destructores y asoladores se marcharán" (Isaías 49:17). Pablo, hablando de la aparición del hombre de pecado o anticristo, dice que Jesucristo en su segunda aparición y como cumplimiento de lo profetizado por Isaías (11:4), lo matará y destruirá con *el espíritu de su boca* y el *resplandor de su venida* (2

Tesalonicenses 2:8-10).

El Último Enemigo Derrotado. El Cordero, el Rey de reyes, está reinando y no descansará hasta poner a todos sus enemigos por estrado de sus pies, *"Porque es necesario que él reine hasta poner a todos sus enemigos debajo de sus pies."* (1 Corintios 15:25). Un enemigo más llegará a su fin *"El último enemigo que será destruido es la muerte."* (15:26). Lo que va a suceder después de la destrucción de todas las cosas y el juicio de Dios, —será muchos más que el final de una película. Cuando estemos enfrente del Cordero, algo jamás presenciado por ningún ser humano; sucederá lo que es imposible de comprenderlo estando en la carne, siendo esto, la reunión y unidad de la Divinidad: *"Pero cuando aquel le ponga en sujeción todas las cosas, entonces el Hijo mismo también será sujeto al que le sujetó todas las cosas, para que Dios sea el todo en todos."* (15:28; cf. Deuteronomio 6:4). ¡Misterios de Dios!

Las Bodas del Cordero

El libro de Revelaciones está organizado en segmentos de acuerdo con los propósitos de Dios. Los eventos no están arreglados cronológicamente. El primer capítulo es la presentación del Cristo resucitado y victorioso, ya no en carne sino como un Ser de la Divinidad, dispuesto a poner a sus enemigos bajo sus pies. El mensaje de los capítulos 2 y 3 va dirigido a la iglesia, — un mensaje de reflexión y examen de las diferentes situaciones, problemas y persecución que enfrentará a través de la historia. El capítulo 4 nos ofrece una probadita; la cortina media abierta del cielo mismo donde está el Trono de Dios y la adoración a Él. Desde el capítulo 5 hasta el 18 es el desenvolvimiento de la historia del mundo incluyendo la lucha del pueblo de Dios contra las fuerzas malignas terminando con el juicio contra la bestia. Y los últimos cuatro capítulos presentan un mensaje distinto, muy alentador porque se habla mayormente del triunfo de Jesucristo y de su iglesia sobre las fuerzas malignas. De las siete bienaventuranzas encontradas en todo el libro, cuatro aparecen en estos últimos capítulos.

La cuarta bienaventuranza es una invitación a una cena o fiesta de bodas, un hecho muy común en el Nuevo Testamento (19:7-9). Mateo nos habla de la celebración de una fiesta de bodas que un rey hizo a su hijo (22:1-14). La celebración de la cena del Señor es una conmemoración de la muerte de Jesucristo como cordero que quita el pecado y en ella se *parte el pan*. La expresión —partir el pan— se usa en el Medio Oriente en la celebración de reconciliación de dos enemigos que han decidido restaurar la amistad perdida (1 Corintios 11:23-26). Pablo escribió que antes de conocer a Jesucristo éramos enemigos de Dios y ahora estando en Jesús hemos sido reconciliados con Dios por medio de la muerte de su Hijo (Romanos 5:10; Colosenses 1:21).

La primera parte del capítulo 19 en el Apocalipsis es una alabanza a Dios porque al Señor pertenece la salvación, honra, gloria, poder, sus juicios son verdaderos y justos, ha juzgado a la gran ramera o Babilonia, y Él reina y es Todopoderoso (v. 1-6). Luego nos habla del gozo en la celebración de la boda de la novia (la iglesia) con el Cordero, "*Oí como la voz de una gran multitud, como el ruido de muchas aguas y como el sonido de fuertes truenos, diciendo: "¡Aleluya! Porque reina el Señor nuestro Dios Todopoderoso. Gocémonos, alegrémonos y démosle gloria, porque han llegado las bodas del Cordero, y su novia se ha preparado. Y a ella se le ha concedido que se vista de lino fino, resplandeciente y limpio". Porque el lino fino es los actos justos de los santos.*" (v. 6-8). Son bienaventurados los que son invitados a las bodas del Cordero (v. 9). Esta cena es el preámbulo a la eternidad unidos al Cordero. ' "*El Espíritu y la esposa dicen: "¡Ven!"* ' (22:17). "!Amen! ¡Ven, Señor Jesús!"

23

ÚLTIMAS PALABRAS

He llegado al final desde aquel sábado temprano en la mañana en el 2010 cuando me levanté con la intensión de escribir, sin un tema en particular, pero sí —sobre Jesucristo en el Antiguo Testamento. En esa ocasión lo que me motivó fue la insistencia por mucho tiempo de una hermana en Cristo, Gloria Baroni (de Chile) quien hizo crecer en mi mente el deseo de algún día predicar, *no escribir un libro*, un sermón que cubriera todo lo relacionado con mi Salvador en toda su trayectoria en el Antiguo Testamento. Esta hermana cada vez que terminaba de predicar o de enseñar en la iglesia, —y lo hacía constantemente— me decía, *"hermano usted tiene que escribir un libro"*. En verdad, esas palabras se las llevaba el viento y no las consideraba. Pensaba que eran un elogio y estímulo para continuar lo que debe hacer todo cristiano conforme a la medida del don que recibimos del Espíritu Santo; enseñar la Palabra de Dios. Así, por mucho tiempo ignoré la sugerencia de mi querida hermana hasta aquel sábado que me levanté temprano en la mañana sin tener la menor idea de lo que estaba iniciando.

Mi pensamiento en un principio fue que lo podía lograr en una predicación de unas tres o cuatro horas, quizás durante una despedida de año. Nunca es malo soñar y tener ideas, aunque nos parezcan imposibles. Lo importante es dar el primer paso. En mi caso fue comenzar a escribir de algún tema sin tener la menor idea de que estaba dando comienzo a la producción

José A Quiñones

de lo que desde un principio titulé: Las Pisadas de Cristo en el Antiguo Testamento, *no tres partes*. Cuando había escrito el capítulo trece de la primera parte y todavía me encontraba en el libro de Génesis, me di cuenta de que no podía ser posible escribir un solo libro cubriendo la trayectoria del Mesías desde Génesis hasta Malaquías. Entonces cambié el título a *Las Pisadas de Cristo en el Antiguo Testamento, Parte I*; subtitulado —*El Ministerio de Jesucristo en los Primeros Cinco Libros de La Biblia*.

¿Por qué *Las pisadas de Cristo en el Antiguo Testamento*? Soy de opinión que el Antiguo Testamento es la historia de Jesucristo siendo el pueblo de Israel el vehículo utilizado por el Señor para traer a la tierra a su Hijo como el Salvador del mundo. Jesús después de haber resucitado y encontrado con los once discípulos, les dijo: "*Estas son las palabras que les hablé estando aún con ustedes: que era necesario que se cumplieran todas estas cosas que están escritas de mí en la Ley de Moisés, en los Profetas y en los Salmos.*" (Lucas 24:44). Jesucristo es ese personaje misterioso detrás de muchas historias en el Antiguo Testamento dejando huellas en ellas del cual Pedro habla en su primera carta (1 Pedro 1:10-11). Una huella dejada por Jesucristo es la aparición del Varón con una espada encendida —el cual se identifica como el Príncipe del ejército del Señor— a Josué antes de invadir a la ciudad de Jericó y derribar sus murallas (Josué 5:13-15). Josué reconoció que lo que estaba en frente de él, era más que una visión, pues lo reconoce como *mi Señor* y lo adora (v. 14). No así sucedió con el ángel como mensajero de Dios en el libro de Apocalipsis el cual anuncia a Juan la cuarta bienaventuranza. Al oír Juan la voz angelical, postrado a sus pies quiere adorarlo, pero el ángel se lo prohíbe y le dice: "*¡Mira, no lo hagas! Yo soy consiervo tuyo y de tus hermanos que tienen el testimonio de Jesús. ¡Adora a Dios!*" (19:10). En la Escritura sólo Dios y el Cordero (su Hijo) reciben la gloria, la alabanza y son adorados —porque son Divinos (Apocalipsis 5:13).

En la profecía de Ezequiel se usa la figura de David como el Siervo del Señor y futuro Pastor de Israel prefigurando al Príncipe de Dios o Mesías (34:23-24). Otro ejemplo de las huellas dejadas por Jesucristo se encuentra en el Pacto que Dios hizo con David en el cual le prometió que su hijo Salomón construiría una casa o templo para siempre, que dejó a David muy pensativo y confundido. No es sino hasta el final de la negociación de Dios con él que reconoce que no se trataba de su hijo, pues Salomón ni construyó un Templo para siempre, tampoco una dinastía real eterna ya que el reinado de los reyes en Israel duró hasta el cautiverio de Israel en Babilonia los cuales destruyeron el Templo construido por Salomón (2 Samuel 7:25-29). A quien se estaba refiriendo el Señor fue a Jesucristo en quien se cumplieron todas las promesas referentes a la dinastía real según la genealogía de David (Hechos 2:29-36).

El libro de los Salmos catalogado como un escrito de la literatura sapiencial bíblica es más que eso; es un libro de profecía que de principio a fin declara el ministerio de Cristo en la tierra. Mayormente detalla sus sufrimientos, rechazo, traición, juicio, crucifixión, muerte, sepultura y resurrección. Por su gran contenido profético, digo, que este libro debe estar incluido junto con los profetas. David como el rey de Israel, dice el libro de los Hechos de los Apóstoles, que fue profeta, y siendo profeta de Dios pudo profetizar la vendida del Mesías, su descendencia de acuerdo a la carne y la resurrección de entre los muertos. Este hecho lo valida como verdadero profeta de Dios pues la crucifixión era una práctica no conocida en Israel durante su reinado.

Los profetas mayores y menores los cuales dedicaron gran parte del contenido de su mensaje a exhortar al pueblo de Israel, Judá e Israel (o reino del sur y del norte) a que se arrepintiera y obedeciera al Señor, profetizaron acerca del Mesías, desde su nacimiento hasta que resucitó y fue recibido en los cielos. Una parte de esa profecía mesiánica está dedicada al periodo de tiempo de los últimos días de la era presente, la cual Pablo describe como el reinado de Jesucristo *hasta que ponga a todos sus enemigos bajo sus pies* (1 Corintios 15:25).

De principio a fin todos los profetas en la Escritura cumplieron lo anunciado por Moisés antes de que su carrera como el gran liberador de Israel terminara, *"El SEÑOR tu Dios te levantará un **profeta como yo** de en medio de ti, de entre tus hermanos. A él escucharán."* (Deuteronomio 18:15).

Los profetas entretejieron en sus cortos o extensos mensajes la figura del Mesías. Él sobresalía y era imposible ocultarlo, pues el propósito era de hacerlo resaltar en las páginas de la Escritura. Frases en pasajes como Génesis 1:1, "en el principio", "enemistad entre la simiente de la serpiente y de la mujer" (3:15); la tribu de Judá nombrada como "cachorro de león" y que su "cetro no le será quitado" (49: 9, 10); selección del cordero pascual (Éxodo 12:1-6), el maná del cielo (16:14-15), "el pueblo que andaba en tinieblas vio gran luz" (Isaías 9:2), "el Deseado de las naciones" (Hageo 2:7), y el "sol de Justicia" (Malaquías 4:2), y muchas más, no podían ocultar lo que Dios ya desde antes de la fundación del mundo había planificado. Y como dijo Isaías, los profetas anunciaron, de renglón en renglón, la aparición del Hijo de Dios. Estos siervos de Dios anunciaron y enseñaron el testimonio de Jesucristo que es el espíritu de la profecía (Apocalipsis 19:10).

"Yo, Jesús, he enviado a mi ángel para darles a ustedes testimonio de estas cosas para las iglesias. Yo soy la raíz y el linaje de David, la estrella resplandeciente de la mañana". El Espíritu y la esposa dicen: "¡Ven!". El que oye diga: "¡Ven!". El que tiene sed, venga. El que quiera, tome del agua de vida gratuitamente. El que da testimonio de estas cosas dice: "¡Sí, vengo pronto!". ¡Amén! ¡Ven, Señor Jesús! (Apocalipsis 22:16-17, 20).

NOTAS

Capítulo 1

[1]Ken Spiro, *Crash Course in Jewish History (Una Vista Panorámica de la Historia de los Judíos)*, pag. 37.

[2]Ibíd., págs., 135-135.

Capítulo 4

[1]No es el alcance en esta obra situar los acontecimientos escatológicos hasta la segunda venida del Señor en forma cronológica. En esta tercera parte nos enfocamos en la obra redentora de Jesucristo a través de los escritos proféticos en el Antiguo Testamento para que le amemos con más intensidad.

Capítulo 6

[1]Francisco Lacueva, *Nuevo Testamento Interlineal Griego-Español*, Libros CLIE, Terrassa, Barcelona, pag. 611. De acuerdo con la nota al calce del autor en el *Interlineal Griego-Español*, la frase "la justicia de Dios por medio de la fe en Jesucristo" en el versículo de Romanos 10:22 debe traducirse, "la justicia de Dios por medio de la fe **de** Jesucristo".

Capítulo 11

[1]*The Complete Jewish Study Bible (Biblia Completa Judía de Estudio)*, Hendrickson Publishers, Peabody, Massachusetts, 2016, pag., 1508.

Capítulo 14

[1]*The Complete Jewish Study Bible (Biblia Completa Judía de Estudio)*,

Hendrickson Publishers, Peabody, Massachusetts, 2016, Isaias 53:8.

Capítulo 15

[1]En el portal de BIBLEGATEWAY.COM se pueden consultar hasta unas 58 versiones de la Biblia en inglés. Unas 17 versiones de ellas traducen correctamente del griego al inglés, la expresión *Fe de Jesucristo* en Romanos 10:22, —las otras traducen *Fe en Jesucristo*, lo cual es incorrecto.

Capítulo 17

[1]Para más información sobre el pacto incondicional de Dios con Abraham, favor de checar *Las Pisadas de Cristo en el Antiguo Testamento*, Parte I, págs., 124-127.

Capítulo 21

[1]Para más información sobre Sión, favor de checar *Las Pisadas de Cristo en el Antiguo Testamento*, Parte II, págs., 101-104.

BIBLIOGRAFÍA

Jonathan Bernis, *A Rabbi Looks at Jesus of Nazareth (Un Rabino Considera a Jesús de Nazaret)*, Chosen, Grand Rapids, Michigan, 2011.

Jonathan Bernis, *A Rabbi Looks at the Last Days (Un Rabino Examina los Últimos Días)*, Chosen, Grand Rapids, Michigan, 2013.

Victor Buksbazen, *The Prophet Isaiah (El Profeta Isaías)*, The Friends of Israel Gospel Ministry, Inc., Bellmawr, NJ, 2008.

Alfred Edersheim, *Bible History Old Testament (Historia Bíblica del Antiguo Testamento)*, Hendrickson Publishers, Peabody, 1995.

Solomon B. Freehof, *Book of Isaiah (El Libro de Isaías)*, Union of America Hebrew Congregations, New York, 1972.

Solomon B. Freehof, *Book of Jeremiah (El Libro de Jeremías)*, Union of America Hebrew Congregations, New York, 1977.

Arthur Green, *These are the Words (Estas son las Palabras)*, Jewish Lights Publishing, Woodstock, 1999.

Walter C. Kaiser, Jr., *The Messiah in the Old Testament (El Mesías en el Antiguo Testamento)*, Zondervan, Grand Rapids Michigan, 1995.

Francisco Lacueva, *Nuevo Testamento Interlineal Griego-Español*, Libros CLIE, Terrassa, Barcelona, 1984.

Ruth Specter Lascelle, *We Have a Great High Priest (Tenemos un Gran Sumo Sacerdote)*, Bedrock Publishing, Arlington, 1997.

Gene Little, *Messiah's Gate (La Puerta del Mesías)*, Crown of Life

Ministries Inc., 2012.

L. Grant Luton, *In His Own Words (En sus Propias Palabras)*, Beth Tikkun Publishing, Akron, Ohio, 1999.

Fred John Meldau, *The Prophets Still Speak (Los Profetas Todavía Nos Hablan)*, The Friends of Israel Gospel Ministry, Inc., Bellmawr, NJ, 1988.

Frank Morison, *Who Moved the Stone? (¿Quién Movió la Piedra?)*, Zondervan, Grand Rapids Michigan, 1930.

Raphael Patai, *The Messiah Texts (Los Textos Mesiánicos)*, Wayne State University Press, Detroit, Michigan, 1979.

Samuel Rolles Driver y Adolf Neubauer, *The Fifty-Third Chapter of Isaiah: According to the Jewish Interpreters (1877) – (El Capítulo 53 de Isaías: De Acuerdo a los Intérpretes Judíos del 1877)*, James Park and Co., 1877.

Tsvi Sadan, *The Concealed Light (La Luz Escondida)*, Vine of David, Missouri, 2012.

Ken Spiro, *Crash Course in Jewish History (Una Vista Panorámica de la Historia de los Judíos)*, Targun Press, Inc., Southfield, Michigan, 2010.

Made in United States
Orlando, FL
10 January 2024